L'HERITAGE DE PAVLOV
Un demi-siècle après sa mort

 *PSYCHOLOGIE ET SCIENCES HUMAINES*

**Corneliu E. Giurgea
En collaboration avec
Marie Bronchart**

l'héritage de pavlov

un demi-siècle après sa mort

PIERRE MARDAGA, EDITEUR
2, GALERIE DES PRINCES - BRUXELLES

© Pierre Mardaga
37, rue de la Province - 4020 Liège
2, Galerie des Princes - 1000 Bruxelles
D. 1986-0024-54

« *Une seule chose dans la vie nous intéresse, notre expérience psychique. Son mécanisme cependant a été et reste entouré d'un profond mystère. Toutes les ressources humaines — art, religion, littérature, philosophie, science de l'histoire — toutes s'unissent pour jeter un faisceau de lumière dans cette mystérieuse obscurité. L'homme dispose encore d'un allié puissant : la science biologique avec ses méthodes objectives.* »

I.P. PAVLOV
Lecture Prix Nobel
Stockholm, 1904

Remerciements

Je remercie très vivement, en premier lieu, Mme Marie Bronchart. Sans sa collaboration efficace et dévouée, cet ouvrage n'aurait pas été achevé. Je remercie également Mmes D. Cornelissen-Wauthy et M. Czerniewicz, ainsi que MM. J. Tavlet et M. Vantroyen pour leur aide dans la mise en page de la bibliographie et dans la réalisation des illustrations.

Je remercie enfin très particulièrement le Professeur Marc Richelle pour avoir accepté cet ouvrage et aussi pour ses précieuses suggestions et critiques.

PREFACE

Il y a un demi-siècle, alors qu'une semaine auparavant il s'était encore rendu au laboratoire, mourait à l'âge de 86 ans Ivan Petrovitch Pavlov. Il est mort en dictant son dernier travail scientifique: l'auto-observation de la dégradation de ses fonctions vitales et de son activité mentale.

Voici par ailleurs une des dernières photos de Pavlov, dans son laboratoire, en train d'observer un chien au cours d'une expérience de réflexes conditionnés.

Fig. 1. I.P. Pavlov, dans son laboratoire à Leningrad, en 1935.

Ce fils d'un modeste prêtre d'une petite ville de province devait atteindre les plus hauts sommets d'une carrière scientifique (voir Annexe C). Prix Nobel en 1904, il surprit à Stockholm le monde scientifique en parlant d'un tout autre domaine que celui pour lequel il recevait la grande consécration internationale. En effet, comme on le verra, ses observations et réflexions sur la physiologie de la digestion l'ont progressivement amené à s'intéresser au cerveau, suite à la découverte du phénomène réflexe conditionné, mais surtout grâce à la compréhension de ce phénomène en tant qu'outil de travail psychophysiologique. C'est ce nouvel outil qui l'a conduit au concept révolutionnaire d'«activité nerveuse supérieure». A Stockholm, il surprit certes son auditoire car, à l'époque, peu de scientifiques étaient au courant de sa nouvelle orientation de recherche.

Pavlov connut bien d'autres honneurs. Il réussit à rester jusqu'à la fin de sa vie à la tête de la Section de Physiologie (actuellement Section I.P. Pavlov) de l'Institut de Médecine Expérimentale de Leningrad et de l'Institut de Physiologie de Koltushi — les deux Institutions qu'il créa lui-même — et titulaire de la chaire de Physiologie au Premier Institut de Médecine de Leningrad (actuellement Institut de Médecine I.P. Pavlov).

Pavlov eut des dizaines de «disciples», au sens antique du mot, et certainement quelque 200 à 300 collaborateurs, élèves de ses élèves, mais dont il suivit très attentivement les travaux (voir fig. 2).

Citons à titre d'exemples, parmi les plus célèbres personnalités de l'école pavlovienne en U.R.S.S.: P.S. Kupalov, E.A. Asratyan, L.A. Orbeli, P.K. Anokhin, K.M. Bykov, F.O. Maiorov, V.K. Fedorov, M.K. Petrova, V.V. Yakovleva, K.S. Abuladze, M.N. Khananashvili, N.A. Kostenetzkaia, N.P. Mouravieva, A.B. Kogan, A.I. Roitbak, etc., Anrep, Babkin (ces deux derniers ont terminé leur carrière à l'étranger). Aux Etats-Unis, mentionnons tout d'abord son élève direct Horsley W. Gantt qui travailla depuis 1920 pendant 6 ans avec Pavlov, et qui plus tard traduit en anglais ses leçons sur l'activité des hémisphères cérébraux, créa le premier laboratoire pavlovien aux E.-U., la

Fig. 2. I.P. Palvov, au milieu de ses élèves en 1926 (dans Maiorov, 1949). Au premier rang, assis, de gauche à droite : A.G. Ivanov-Smolenski, K.M. Bykov, A.D. Speranski, M.K. Petrova, I.P. Pavlov, L.N. Fedorov, I.S. Rosenthal, V.V. Rikman.
Au deuxième rang, debouts, de gauche à droite : S.V. Klechtev, M.A. Usievitch, A.M. Nikitina, A.A. Lindberg, F.P. Maiorov, E.Z. Strogaia, N.N. Nikitin, I.V. Vinogradov, V.P. Golovina, I.O. Narbutovitch, I.I. Filatov, K.S. Abuladze, V.K. Fedorov, S.I. Galperin.
Au troisième rang : L.S. Grigorovitch, L.O. Zevald, E.A. Asratyan, V.I. Pavlova, V.V Iakovleva, S.I. Lebedinskaia, Iu.M. Konorski (Pologne).

société pavlovienne nord-américaine et le journal « Conditional Reflex », devenu plus tard le « Pavlovian Journal of Biological Sciences ». Ensuite H.S. Liddell et J. Masserman qui ont apporté des contributions majeures surtout au chapitre des névroses expérimentales et S.A. Corson qui a créé une méthodologie expérimentale originale pour l'étude des relations cortico-viscérales chez le chien et qui a également réalisé une excellente traduction anglaise de la grande monographie de P.K. Anokhin. Toujours aux E.-U., mentionnons encore les travaux de R.W. Doty, surtout ceux sur la stimulation électrique du cerveau dans un contexte comportemental ainsi que les travaux électrophysiologiques de E. Roy John. Citons enfin d'autres élèves directs ou indirects de Pavlov qui ont développé la théorie de l'activité nerveuse en Europe, chez l'animal aussi bien que chez l'homme, comme par exemple I. Konorski en Pologne, K. Lissak et G. Adam en Hongrie, L. Pickenhain en Allemagne de l'Est, auteur d'un remarquable ouvrage de synthèse sur l'activité nerveuse supérieure, comme par ailleurs, l'ont fait également A. Kreindler en Roumanie, A. Fessard et H. Gastaut en France, J. Bures et O. Buresova en Tchécoslovaquie, ou bien les approches cliniques de C. Cazzullo en Italie et de C. Astrup en Norvège.

Cette liste, qui est loin d'être exhaustive, est néanmoins suffisamment impressionnante, nous semble-t-il, pour se faire une idée de l'extraordinaire rayonnement au niveau mondial de la théorie et de la méthodologie pavloviennes.

De plus, Pavlov s'est permis la suprême dignité de refuser toute collaboration politique avec le nouveau régime, dont il reconnaissait cependant l'effort vis-à-vis de la science russe. Parmi tant d'anecdotes à son sujet, on connaît sa superbe attitude lorsqu'au début des années vingt, alors que la disette régnait, même à Moscou et à Petrograd, Lénine décida de lui octroyer, ainsi qu'à sa famille proche, un régime alimentaire privilégié, comme pour les dirigeants importants du Parti. Pavlov fit alors savoir à Lénine que si ce privilège lui était réservé, il le refuserait. Il l'accepterait cependant, sans aucun engagement politique de sa part, à condition qu'il soit accordé à tous ses collaborateurs, y compris les animaliers et le personnel d'entretien car son travail était un travail d'équipe et que, seul, il ne pouvait rien créer. Lénine céda et un décret célèbre octroya le régime spécial à tout le laboratoire de Pavlov.

Un demi-siècle après la mort d'un personnage de dimensions scientifiques et humaines comme le fut Pavlov, il est légitime de se poser le problème de son héritage créatif. J'écris à dessein « créatif » et non pas scientifique car il s'agit — à mon avis — non seulement de faire le point sur les théories physiologiques et les innovations techniques de Pavlov, mais encore plus de saisir l'héritage de sa pensée créatrice, au sens le plus large du mot.

C'est donc là le thème de ce livre destiné à tous ceux qui s'intéressent aux sciences neurologiques en général : neurophysiologistes, psychologues, psychopharmacologues, neurocliniciens, etc. J'ai l'espoir que l'étudiant le comprendra et que le spécialiste, surtout dans notre monde occidental, y trouvera des points de vue peu habituels ou du moins quelques éclairages insolites.

L'idée générale que nous essayerons de développer est celle de la persistance d'une indiscutable actualité de Pavlov et de son école dans les sciences neurologiques, avec des ajustements inhérents aux découvertes nouvelles. L'espoir qui nous habite est que des lecteurs rendus curieux par cet essai, aussi lacunaire et imparfait qu'il soit, remontent aux sources, lisent ou relisent Pavlov et ses grands élèves et qu'à la lumière des théories neurophysiologiques modernes, ils trouvent dans ces lectures une nouvelle source d'inspiration créatrice pour progresser dans la résolution des mystères de notre cerveau. Les explorateurs de demain, les grands aventuriers, les Marco Polo et les Colomb du XXIe siècle seront tentés par les conquêtes du cerveau, plus encore que par celles de l'espace. Les conséquences de cette aventure pour le bien-être de l'humanité sont actuellement incalculables, mais nul ne peut douter que «se connaître soi-même», c'est devenir à la fois meilleur et plus fort.

Deux types de considérations générales me semblent de plus appropriées dans cette préface. D'abord, pourquoi écrire encore sur quelqu'un qui n'est plus et sur qui, par ailleurs, on a déjà tant écrit? Ensuite, de quel droit puis-je proposer un tel travail, quelles sont mes justifications, mes «lettres de créance»?

Ecrire sur quelqu'un, sur sa vie et son œuvre — ce qui revient au même — sous-entend que ce quelqu'un, mort ou vivant, existe. Et sur quelqu'un qui existe, on peut considérer avec Delacroix, que «ce qui a déjà été dit ne l'a pas été dit assez» (Camus, 1964, p. 302). Exister suppose que, directement ou par des voies subtiles, obscures parfois, la personne qui nous intéresse exerce une influence. Influencer, enfin, est un terme volontairement vague. Admettons en effet que nous nous intéressions à quelqu'un qui a disparu depuis relativement longtemps. Il peut encore avoir de l'influence par l'intermédiaire de ses disciples ou des élèves de ceux-ci, qui respectent sa mémoire et essaient de prolonger l'œuvre du Maître, comme s'il était encore là pour les conseiller. Il peut aussi avoir de l'influence par un développement apparemment spontané, en fait inexorable, de la logique intime de son système de pensée qui, en s'imposant à toute une génération va, par voie de conséquence, en influencer plusieurs. Socrate et Platon guident encore notre dialectique, même si on ne les a pas lus dans la version originale ou étudiés à fond; Hippocrate domine toujours la pensée et la déontologie médicales, même si le médecin qui a accroché dans son bureau le Serment de Cos, ne sait pas lire le grec; Claude Bernard, scientifiquement notre contemporain, est toujours présent dans toute bonne recherche de médecine expérimentale, même si le chercheur n'a pas lu son «Introduction» — ce en quoi il a vraiment tort. Notre personnage peut enfin avoir de l'influence par les controverses qu'il continue de susciter. Quel signe indiscutable de la force d'une pensée que de continuer à irriter, même après la disparition de son auteur! Les Romains l'avaient bien compris quand ils interdisaient toute allusion à Carthage et à Hannibal!

C'est dans ce sens général, dont nous n'avons illustré que quelques facettes, qu'on peut, à notre avis, parler de l'héritage d'un créateur, qu'il soit scientifique ou artistique. C'est donc dans ce sens que nous tenterons de dégager ce qui nous semble, à nous, l'essentiel de l'héritage de Pavlov.

Précisons qu'il s'agit plutôt d'un essai que d'une œuvre d'érudition, essai qui laissera forcément de côté, volontairement ou par erreur, divers aspects de ce très important héritage.

Aussi faut-il encore que j'essaie de justifier la tentative que je livre au jugement de ceux qui me feront l'honneur de la lire. En effet, n'importe qui n'écrit pas n'importe quoi sur n'importe quel sujet. Du moins devrait-il en être ainsi, et ce l'est d'habitude.

Je n'ai pas l'honneur d'être historien et d'ailleurs cet ouvrage ne raconte ni la vie de Pavlov, ni l'évolution chronologique de son école, si ce n'est incidemment. Je n'ai pas connu Pavlov, qui est mort en 1936; cependant, beaucoup plus tard, après avoir terminé mes études médicales à Bucarest en 1949, j'ai eu le privilège de devenir l'élève de P.S. Kupalov, lui-même un des plus proches élèves et continuateurs de Pavlov[1]. De 1949 à 1952, en tant qu'«aspirant» au titre de Candidat en Sciences Médicales, j'ai travaillé sous la direction de Kupalov dans la section pavlovienne de l'Institut de Médecine Expérimentale à Leningrad, à l'Académie des Sciences Médicales. C'est là que se trouvent les célèbres «tours de silence», premières chambres insonores pour chiens, construites en 1912, grâce à un généreux don privé. Le bureau de Pavlov était gardé intact, comme un musée. Là, les mercredis, comme du temps de Pavlov, on se réunissait le matin pour quelques heures, sous la présidence de Kupalov (voir fig. 3), assis devant nous dans le fauteuil de Pavlov. Il y avait là les collaborateurs de Kupalov et quelques invités, soit une quarantaine de personnes en tout. On présentait chaque fois l'évolution du travail d'un ou deux collaborateurs, parfois celui d'un invité. L'auteur faisait le point, expliquait les buts de son travail ainsi que les difficultés expérimentales ou théoriques rencontrées. On interrompait pour préciser des détails techniques et puis on discutait librement. Si la discussion était trop importante — surtout dans le cas d'un collaborateur de l'Institut — on la reprenait le mercredi suivant. Il n'y avait pas de texte préétabli mais chacun, surtout les plus jeunes, consultait au préalable qui il voulait. Les «mercredis de Pavlov» restaient extrêmement informels et poursuivaient quatre buts très précis:

1. obtenir, à des moments «clés» d'une recherche, l'avis direct et ouvert des collègues — jeunes et aînés — intéressés par le même domaine général de recherche;

2. apprendre aux jeunes chercheurs, l'abc d'une présentation scientifique, la manière de faire une communication, c'est-à-dire de communiquer, de se faire comprendre. Apprendre à convaincre mais aussi, si tel était le cas, à comprendre un point de vue opposé au sien et ajuster le tir;

3. continuer le climat créé par Pavlov, celui de l'«appartenance» à une école. Cela voulait dire beaucoup de choses: savoir

Fig. 3. P.S. Kupalov (en 1959): élève et successeur de Pavlov à l'Institut Nr.1. de Médecine de Leningrad, comme titulaire de la chaire de Physiologie ainsi qu'à l'Institut de Médecine Expérimentale de Leningrad comme chef du Département de Physiologie «I.P. Pavlov».

ce que les autres recherchent, savoir en cours de route ce que les autres pensent de son propre travail, communiquer le plus possible dans cette «grande famille» sans aucun risque et se soutenir le plus possible à l'extérieur;

4. maintenir les aînés de l'Institut au courant des nouvelles tendances et les faire participer. Mélanger ainsi, dans un climat de créativité et de respect réciproque, l'expérience et la sagesse avec le courage et la fougue de la jeunesse.

Quant à Pavlov lui-même, son esprit était toujours présent dans cet Institut qu'il avait créé, et cela malgré les diverses innovations techniques (EEG, réflexes conditionnés en comportement libre, stimulation électrique du cerveau, neurochimie comportementale, etc.). Presque chaque jour, on entendait quelqu'un qui disait: «Ivan Petrovitch aurait fait cela, pensé ceci, interprété de telle manière telle observation expérimentale, etc.». Ce n'était pas du culte de la personnalité. En étudiant à fond Pavlov, on était de plus en plus étonné de voir l'étendue et la profondeur de ses pensées sur les plans physiologique, psychologique et neuroclinique, ainsi que leur caractère certes pas infaillible mais moderne et d'avant-garde. (Voir aussi dans l'Annexe B, la traduction d'un essai au sujet de l'impact des concepts théoriques sur l'œuvre de Pavlov).

Pour terminer mes «justifications», je voudrais enfin ajouter deux dernières considérations. Premièrement, depuis la mort en 1980 de Horsley W. Gantt aux Etats-Unis et celle, en 1981, de E.A. Asratyan à Moscou, il ne reste en vie aucun élève direct de Pavlov, mais seulement des élèves de ses élèves, comme moi-même. Ensuite, durant mon séjour à Leningrad, j'ai eu la chance de connaître personnellement un assez grand nombre de ses élèves et de m'entretenir à plusieurs reprises avec eux sur des questions scientifiques, mais aussi sur des scènes de la vie de Pavlov. Parmi ceux-là et sans pouvoir les citer tous, il y avait: L.A. Orbeli, E.A. Asratyan, P.K. Anokhin, K.M. Bykov, V.V. Yakovleva, O.I. Pavlova (la fille de Pavlov), F.O. Maiorov, N.A. Kostenetzkaia, N.P. Mouravieva, K.S. Abuladze, N.Yu. Belenkov, O.S. Rosenthal, etc.

Plus tard, j'ai connu Horsley W. Gantt (voir fig. 4) et S.A. Corson qui m'ont fait l'honneur de leur amitié, ainsi que Y.N. Konorski, A.B. Kogan et A.I. Roitbak.

Fig. 4. W.H. Gantt: élève de Pavlov, Gantt a été le premier à traduire en anglais les œuvres de Pavlov, notamment les «Leçons sur la Physiologie des Hémisphères Cérébraux» et à fonder le premier laboratoire pavlovien aux Etats-Unis. Il a créé également la Pavlovian Society of North America et le Journal «Conditional Reflex», devenu actuellement le «Pavlovian Journal of Biological Sciences».

J'ai donc eu un accès direct aux œuvres de Pavlov, j'ai été formé en tant que neurophysiologiste dans son Institut et, de plus, ayant fréquenté un très grand nombre de ses élèves, j'ai eu accès également aux tendances et ouvertures nouvelles, voire même aux divergences qui n'ont pas manqué de surgir dans cette prodigieuse école.

Ce qui vient d'être dit justifie, à mes yeux, la tentative qui suit et m'enlève, de toute manière, toute excuse quant aux erreurs dont, d'avance, je suis obligé de revendiquer l'entière responsabilité.

Corneliu E. Giurgea
Professeur à l'U.C.L. (Louvain-la-Neuve)
Conseiller Scientifique UCB (Bruxelles)

NOTE

[1] J'ai écrit ailleurs au sujet de Kupalov et de son œuvre et j'y reviendrai plus d'une fois (Giurgea, 1974), c'est pourquoi il nous a semblé utile de donner en Annexe (Annexe A), la traduction d'une synthèse sur l'œuvre de Kupalov.

Chapitre 1
La physiologie accède
à l'activité mentale

« La recherche c'est de voir ce que tout le monde a vu, mais de penser autrement. »

SZENT-GYORGY

La plus grande contribution scientifique de Pavlov restera sans doute le fait d'avoir amené l'activité mentale, la sphère cognitive, noétique, dans le domaine de la physiologie. Il postula sans équivoque que, chez l'homme et chez les mammifères supérieurs, l'activité mentale étant une émergence du cerveau, elle peut être étudiée objectivement par la méthode expérimentale.

Certes, depuis la Grèce Antique, la médecine avait saisi — on ne sait d'ailleurs pas comment — la fonction essentielle du cerveau.

Alkmaion, élève de Pythagore, avait écrit[2] :

« L'œil voit à travers l'eau et l'œil a certainement du feu en lui, car il produit des étincelles lorsqu'on le frappe. Tous les sens sont liés d'une façon quelconque avec le cerveau. Ils sont donc incapables d'agir si le cerveau est en souffrance car lui est le point final des canaux (ou pores) par lesquels les sens agissent. »

Hippocrate, encore plus proche de notre pensée, décrit la fonction cérébrale d'une manière moderne[3] :

« Les hommes doivent savoir que du cerveau et du cerveau uniquement nous viennent nos plaisirs, nos joies, nos rires, nos blagues, ainsi que nos peines, nos douleurs, nos ressentiments et nos larmes. Par le cerveau nous pensons, nous voyons, nous entendons et nous distinguons le laid du beau, le mal du bien, l'agréable du désagréable. Ainsi, j'arrive à soutenir que le cerveau est l'organe le plus puissant du corps humain, car lorsqu'il est en bonne santé, il interprète pour nous les phénomènes d'origine aérienne et c'est bien l'air qui nous donne l'intelligence. Les yeux, les oreilles, la langue, les mains et les pieds agissent suivant le discernement du cerveau. »

Les bases épistémologiques de cette merveilleuse synthèse fonctionnelle du cerveau ne sont cependant pas connues. D'autre part, la pensée grecque fut plutôt dominée par Aristote, dont les idées dans ce domaine étaient totalement divergentes de celles d'Hippocrate. Pour Aristote, comme pour Platon, l'« idée » était plutôt immatérielle, et son dualisme le portait à considérer que l'âme (ou l'idée) et la matière étaient de natures totalement différentes, même si des interactions étaient possibles. Le siège de l'âme, pour Aristote, c'est le cœur. Le cerveau — car il doit bien servir à quelque chose — ne sert qu'à refroidir les passions. Il avait des arguments tels que celui-ci : le cœur est si bien placé au milieu du corps que lorsqu'il s'arrête de battre, tout s'arrête; il n'y a plus d'âme vivante. Il avait surtout une telle autorité que certaines expressions issues de ses opinions sont restées jusqu'à nos jours. Ainsi, par exemple : aimer de tout cœur, au cœur du problème, apprendre par cœur, etc.

Bien sûr, les connaissances ont progressé; ainsi par exemple, William Gilbert, dans la seconde moitié du XVIe siècle, est l'initiateur de la méthode scientifique. Dans son livre, DE MAGNETE, c'est lui qui introduisit le ferment de la méthode empirique qui allait dominer le XVIIe et surtout le XVIIIe siècle. Il s'oppose formellement à l'acceptation non critique des dogmes des maîtres et propose qu'on apporte chaque fois qu'on fait une affirmation scientifique, des expériences sérieuses et des arguments qu'on puisse démontrer.

Francis Bacon, contemporain — plus jeune — de Gilbert, va plus loin dans le développement de la méthode scientifique parce qu'il ajoute, d'une part, à l'observation, le raisonnement inductif et, d'autre part, aux déductions logiques, la vérification expérimentale. C'est là le sens du titre tellement original de son célèbre traité paru en 1620, «Novum Organum», le «nouvel instrument». En effet, avant lui, il était habituel que les scientifiques fassent une expérience pour observer. A partir de cette observation, on proposait des considérations théoriques qui dérivaient chaque fois d'une précédente, par une logique et non par l'expérience. Bacon préconisa une autre approche — son Nouvel Instrument —: un raisonnement inductif basé sur l'accumulation de plusieurs faits et finalement une démonstration des corrélations entre ces faits, parfois en apparence isolés, pour tirer une conclusion générale.

Par ailleurs, Bacon paya de sa vie son incessante curiosité scientifique. Par un jour d'hiver et suite à des raisonnements antérieurs, il voulut vérifier si le froid ne pouvait pas conserver la viande et fit remplir des poules éviscérées avec de la neige. Cependant, il prit part à l'opération, se refroidit et décéda peu après, vraisemblablement suite à une grave broncho-pneumonie.

Harvey découvre la circulation sanguine, en appliquant épistémologiquement le «Nouvel Instrument» de Bacon. Borelli, vers la fin du XVIIe siècle, prouve que les «esprits» qui circulent au travers des nerfs ne sont pas de nature gazeuse. Il conclut que du nerf sortait un liquide qui, d'une certaine manière, se mélangeait au muscle pour provoquer sa contraction. Borelli est ainsi le précurseur lointain des idées actuelles sur la transmission nerveuse.

C'est Descartes cependant qui, avec la notion de réflexe (terme proposé plus tard par Prokhaska), a ouvert la voie aux études modernes sur le système nerveux et le comportement. Cependant, l'homme de Descartes, l'homme-machine, était en quelque sorte un homme décapité, sans cerveau. On ne pensait plus, comme Aristote, que le siège de l'âme était le cœur, on l'avait hissé au cerveau. Notons que Descartes lui-même était relativement fasciné par l'épiphyse ou glande pinéale, considérée comme siège éventuel de l'âme; mais c'était quand même dans le cerveau.

Avec les travaux de Bell et Magendie, de Stephen Hales et de Marshall Hall, on commençait, au début du XIXe siècle, à comprendre la manière dont la moelle épinière et le bulbe rachidien intervenaient dans les réflexes et, à travers les réflexes, dans certains comportements de l'homme et de certaines espèces animales, ainsi que la manière dont on pouvait utiliser la stimulation électrique des nerfs et des muscles pour mieux comprendre leur fonctionnement.

Pour le cerveau, cependant, la situation était moins brillante, bien qu'il fût considéré comme le siège de l'«âme». On était tout de même influencé par l'héritage d'Hippocrate, le «père» de la médecine; par la sagesse populaire («quelque chose ne tourne pas bien dans sa tête»); par des observations fortuites comme celle faite par le physicien Boyle (qui était également médecin et chirurgien): sur un chevalier blessé à la tête, ayant une fracture osseuse au-dessus de la zone dite aujourd'hui zone motrice du cerveau, Boyle observa que chaque fois qu'il appuyait légèrement sur l'esquille osseuse, donc chaque fois qu'il stimulait mécaniquement cette région du cerveau, il provoquait des mouvements bien localisés et reproductibles dans le membre antérieur contra-latéral!

De plus, au début du XIXe siècle, les expériences de Flourens sur des pigeons et plus tard, celles de Munk et de Goltz sur des chiens, ont bien montré que les chiens dont on avait extirpé l'aire visuelle «voyaient mais ne comprenaient rien» (Munk avait même créé le terme de «cécité psychique») (voir pour tous ces aspects historiques, l'excellent ouvrage de Mary Brazier, 1959).

Il y eut aussi, en 1863, le célèbre concept de Setchenov sur l'inhibition centrale, sur lequel nous reviendrons plus loin. Pavlov attribua une très grande importance à la fonction adaptative de l'inhibition dans l'activité nerveuse supérieure. Il eut alors la révélation de la grande signification biologique de la découverte de Setchenov et il rendit l'hommage qui convenait à son prédécesseur.

1.1. LES PREMISSES

1.1.1. La théorie nerviste de Botkin

Ce qui a marqué à jamais la pensée de Pavlov fut le concept clinique du «nervisme» de Botkin.

S.P. Botkin est aujourd'hui, à l'exception de l'U.R.S.S., un nom pratiquement inconnu ou oublié. Et cependant, vers la fin du XIXe siècle, non seulement il fut le grand patron de la médecine interne à St-Petersbourg mais il fut de plus l'auteur d'une théorie générale de la médecine, théorie qu'il appellera lui-même le *nervisme*.

Le «nervisme» de Setchenov, Botkin et Pavlov a des racines philosophiques dans la pensée matérialiste de Tchernishevskii, Hertzen, Dobroliubov et Pisarev. Ces philosophes libéraux russes de la deuxième moitié du XIXe siècle, pratiquement oubliés ou inconnus dans nos pays occidentaux, ont joué un rôle capital sur la jeunesse russe de leur temps. Ils furent, comme je l'ai écrit ailleurs (Giurgea, 1985) (voir Annexe B), les Sartre et les Camus de leur génération et même des suivantes. Ainsi, par exemple, Tchernishevskii développe dans son ouvrage «Le Principe Anthropologique dans la Philosophie», paru en 1860, une théorie unitaire de ce qui est organique et inorganique. Il considère que des configurations spécifiques des éléments chimiques confèrent aux matériaux nouveaux des qualités nouvelles. Pour lui, la meilleure approche à la compréhension de la conscience humaine est le développement historique (évolutionniste) des phénomènes psychologiques dans l'ensemble du règne animal. Les formes supérieures des fonctions psychologiques sont l'expression de l'apparition des profils de plus en plus complexes de la configuration de la matière.

C'est sur ces bases philosophiques, révolutionnaires pour la Russie de l'époque, que Setchenov, Botkin et finalement Pavlov, ont développé leur théorie nerviste qui a mené — et mène encore — à des orientations intégratives dans la pensée biomédicale.

La théorie nerviste énoncée plus haut peut se résumer en trois traits fondamentaux (Corson et Corson, 1976) :

1. Tous les processus vitaux, y compris la conscience, peuvent être analysés sur la base des lois naturelles. La configuration spécifique des composantes de l'organisme vivant, lui confère cependant des propriétés que ne possède pas un composant pris individuellement, isolé de l'organisme. Tout comme le chimiste ne doit pas recourir aux interprétations mystiques pour admettre que l'eau a des propriétés qui n'existent ni dans l'hydrogène ni dans l'oxygène, le biologiste ne doit pas non plus faire appel au « vitalisme » pour avancer dans la connaissance et l'explication des propriétés d'un organisme vivant.

2. La nature comprend plusieurs niveaux d'organisation et de structuration de la matière, chaque niveau montrant des caractéristiques qualitatives différentes. Ce que nous appelons « vie » apparaît à partir d'un niveau donné d'organisation de certains éléments de matière. La conscience et la pensée sont des qualités qui émergent à partir d'un certain niveau d'organisation des neurones, plus probablement disons-nous aujourd'hui, d'organisation des unités neurono-gliales.

3. Les organismes vivants disposent d'une hiérarchie de plusieurs niveaux d'intégration, depuis le niveau intracellulaire jusqu'à celui de l'ensemble des organes et des systèmes par le système nerveux central. Chez les animaux supérieurs, le système nerveux central lui-même dispose de plusieurs niveaux d'intégration, le cortex cérébral acquérant un rôle progressivement dominant suivant l'échelle de l'évolution phylogénétique. C'est l'importance progressive du cortex cérébral qui permet aux mammifères supérieurs et particulièrement à l'homme d'augmenter la multiplicité des réponses physiologiques aux symboles des stimuli physico-chimiques et d'augmenter ainsi la probabilité de l'impact des facteurs psychologiques sur les fonctions somatiques et viscérales.

Ainsi, la théorie nerviste de la médecine, élaborée par Setchenov, Botkin et Pavlov est la première théorie moderne qui souligne le rôle critique que jouent les facteurs psycho-sociaux, individuels, dans le diagnostic, la thérapie et la prophylaxie des maladies. La théorie nerviste a, de plus, ouvert la voie qui aboutit à l'attitude médicale moderne qui tend à considérer, pour le traitement, le malade plutôt que la maladie. C'est par ailleurs toujours l'école de Botkin qui insiste sur le fait que des facteurs psychologiques peuvent non seulement perturber temporairement l'une ou l'autre fonction viscérale mais peuvent aussi être à la base des maladies chroniques. Corson et Corson (*ibid.*) donnent un exemple du raisonnement médical de Botkin. La fièvre, dit Botkin, est un mécanisme de défense important et centralement intégré. Il ne faut donc pas trop utiliser les médicaments appropriés (antipyrétiques) et ne les introduire que lorsque la fièvre, par son intensité et sa durée, devient dangereuse. Soulignons encore une fois la modernité de ces approches et ajoutons qu'elles devraient représenter une véritable ligne nouvelle de recherche dans la pharmacothérapie. Botkin lui-même prenant toujours l'exemple de la fièvre, énonce clairement le but à suivre :

« C'est en étudiant les formes naturellement abortives des maladies (c'est-à-dire les maladies qui guérissent spontanément, grâce aux mécanismes de défense de l'organisme), en comprenant les méthodes que l'organisme utilise pour combattre l'infection, que — me semble-t-il — nous allons trouver le chemin qui va nous conduire vers la découverte des médicaments qui s'attaquent à la maladie même et assurent la guérison » (traduit d'après Corson et Corson, *ibid.*, p. 30).

L'attitude de Botkin est excessivement claire et elle reste d'avant-garde même pour notre époque. Nous savons, en effet, qu'à quelques exceptions près, comme par exemple les antibiotiques, la plupart des médicaments ne traitent pas les vraies causes des maladies mais allègent les symptômes dont souffre le malade. Par ailleurs, comme on le sait, même l'efficacité des antibiotiques dépend en grande partie de l'état général du patient, de sa réactivité individuelle et même, dans une certaine mesure, des facteurs de nature psychologique.

C'est en prolongeant la ligne de pensée de Botkin que, comme nous l'avons dit, Pavlov s'est orienté vers la recherche des aspects psychiques de la physiologie digestive et finalement vers les réflexes conditionnés. Dans le même contexte théorique nerviste et en se basant sur les expériences de l'école de Bykov, lui-même élève direct de Pavlov, d'Airapetianz, d'Usievitch et de bien d'autres, que l'école médicale pavlovienne a développé ce qu'ils ont appelé la médecine « cortico-viscérale ». L'Occident connaît mieux ce qu'on appelle la médecine « phyco-somatique » qui remonte, quant à ses bases théoriques, plutôt à Freud qu'à Pavlov. En fait, quel que soit le terme utilisé, on arrive au même point de départ nerviste, qui souligne l'importance de la somatisation des perturbations de nature psychologique, dans l'origine et/ou l'évolution des maladies. Reproduisons ici — traduit d'après Corson et Corson (1976, *ibid.*, p. 30-31) — quelques passages tout à fait remarquables, publiés en 1876 par Manassein, un des proches élèves de Botkin, à propos de l'environnement hospitalier :

« ... beaucoup d'hôpitaux et de cliniques présentent un tableau très malheureux par l'uniformité hostile des salles et la routine quotidienne, monotone et ennuyeuse. De telles conditions honteuses dans nos hôpitaux ne sont pas moins nocives pour les patients que toutes les autres erreurs... qui font que beaucoup de patients meurent, non pas à cause de leur maladie, mais à cause de leurs hôpitaux... La pensée des patients n'a pas de sujet sur lequel se concentrer... et ils se concentrent donc invariablement sur leurs propres souffrances. »

Manassein, bien en avance sur son temps, préconise encore l'utilisation de la musique dans les hôpitaux, de même que la thérapie occupationnelle et diverses activités physiques. Il écrit :

« Chaque hôpital bien organisé devrait avoir des moyens variés pour occuper et distraire les patients, comme par exemple, des journaux, des livres, des jeux : échecs, cartes, loto, billard. »

Admettons avec joie que, au moins dans nos pays, les hôpitaux font aujourd'hui un important et efficace effort en ce sens. Un autre élève de Botkin, Obraztsov (*ibid.*) attire l'attention sur les relations entre, d'une part, les troubles viscéraux et les fonctions somatiques, les problèmes de douleurs non sous-tendues par des causes organiques et, d'autre part, le rôle de l'autosuggestion et des états névrotiques (appelés à l'époque «neurasthéniques») dans les maladies cardio-vasculaires.

Pour conclure, comme l'enseignait Botkin, le système nerveux assure l'unité de l'organisme et joue le rôle d'intermédiaire entre l'organisme et le milieu environnant. Plus un organisme est évolué, plus son système nerveux central est puissant. Mettez une goutte d'acide sur la peau d'une grenouille, elle montrera un réflexe de grattage: avec une patte, elle va essayer de se débarrasser de cette source d'irritation. Faites la même chose chez une hydre: l'ensemble de l'organisme va s'agiter, tous les tentacules vont bouger, il n'y aura pas d'action réflexe limitée et dirigée dans un but adaptatif.

La maladie exprime en fin de compte, et quelle que soit son origine, une réaction exagérée et, en fait, déficitaire du système nerveux dans son effort adaptatif. Dans tout traitement, enseignait Botkin, il faut essayer de redonner au système nerveux affaibli par cet effort excessif et mal adapté la capacité de lutter contre la maladie.

Il est difficile de ne pas être fasciné par le caractère avant-gardiste du nervisme de Botkin. On peut y voir les germes de certaines théories récentes, comme par exemple, la chirurgie de la douleur de Leriche, le concept de «stress» de Selye, la médecine dite «psychosomatique» ou l'idée de Laborit pour prévenir le choc opératoire, idée qui par sérendipité[4] ouvrit la voie à toute la phychopharmacologie moderne. Botkin fut aussi parmi les premiers cliniciens au monde à développer dans sa clinique un laboratoire de médecine expérimentale, tellement il était convaincu de l'importance des études bien menées chez l'animal pour la résolution de certains problèmes cliniques. Il confie en 1878 à Pavlov, jeune médecin et assistant universitaire, la direction de ce laboratoire[5]. Plus tard, entre 1884 et 1886, Pavlov fait un stage de physiologie circulatoire chez Ludwig à Leipzig et un stage de physiologie digestive chez Heidenhein à Breslau. Il revient chez Botkin et devient, plus tard, Professeur de Pharmacologie et ensuite Professeur de Physiologie à l'Académie Militaire de Médecine à St-Petersbourg, actuellement Leningrad. C'est dans ces laboratoires qu'il développe son talent de chirurgien expérimental et que, imprégné du nervisme botkinien, il introduit les grandes innovations dans les techniques et dans les principes, lui assurant rapidement une réputation mondiale et, en pleine carrière scientifique, le Prix Nobel.

1.1.2. L'expérience chronique

En tant que nerviste, il voulait donner à l'animal d'expérience des conditions aussi proches que possible de la nature, afin de découvrir comment les systèmes physiologiques travaillent en réalité et non pas hors des régulations naturelles, comme c'est le cas lorsqu'on observe un animal anesthésié et encore plus des organes isolés.

Dans son livre sur «Le travail des glandes digestives» (édition russe en 1897, édition française en 1901), il décrit clairement les raisons scientifiques de sa préférence pour l'expérimentation chronique :

«Les interventions sanglantes, pratiquées en un seul temps, comme on le fait d'habitude, peuvent être le point de départ de nombreuses erreurs, dues à l'atteinte profonde portée à l'intégrité de l'organisme et à la mise en jeu consécutive d'un grand nombre d'influences inhibitrices sur le fonctionnement des divers organes. Dans son ensemble, l'organisme représente un grand nombre de parties différentes, unies par des liens délicats et qui font œuvre utile de concert» (Pavlov, 1901, p. 24).

Dès le début de son activité de recherche, il s'appliqua à imaginer et à développer des techniques originales d'expérimentation chronique. Ainsi, dans le domaine circulatoire, il fut le premier à travailler sur des chiens éveillés, habitués progressivement à l'introduction d'une sonde dans une artère ou une veine pour qu'on puisse ainsi étudier l'influence de certains changements dans le milieu environnant sur la tension artérielle. Il fut ainsi un des premiers à préconiser le travail sur des animaux en expérimentation chronique, éliminant de cette manière des effets non spécifiques — par rapport à la fonction étudiée — de la nouveauté, de la peur, de la douleur et de l'agitation locomotrice qui en résulte. Son animal d'expérience préféré devint tout naturellement le chien : habitué à l'homme, facile à dresser, bien évolué au niveau du cerveau, facile à entretenir et disposant d'une longévité suffisante lui permettant ainsi de travailler plusieurs années sur le même animal. Spontanément au début, parce qu'ils étaient plus faciles à obtenir, Pavlov choisit plutôt de travailler sur des chiens bâtards, tout-venant, que sur des chiens de race. Il comprit plus tard que ce choix spontané fut particulièrement heureux parce que ces chiens montraient plus de diversité comportementale, avaient un répertoire éthologique plus étendu et que, dans l'ensemble, ils ressemblaient plus que les « pur sang » au commun des mortels pour lesquels, en fin de compte, il travaillait.

Un autre aspect de l'expérimentation chronique, de nature humanitaire, intéressait également Pavlov. Ainsi, il fit graver sur le Monument au Chien, qu'on peut encore voir à côté de l'ancien laboratoire pavlovien, à l'Institut de Médecine Expérimentale à Leningrad, ce texte qu'il écrivit lui-même :

« Que le chien, aide et ami de l'homme, depuis les temps préhistoriques, soit offert en sacrifice à la science, mais que cela se passe obligatoirement et toujours sans torture inutile. »

1.1.3. L'innervation trophique du cœur

Grâce au développement des techniques d'asepsie et d'antisepsie, semblables à celles déjà utilisées en chirurgie humaine, Pavlov réussit à opérer des chiens à thorax ouvert et à faire sa première découverte physiologique d'importance. Il décrivit l'innervation « trophique » du cœur, à savoir l'existence des filets nerveux qui n'influencent pas le rythme cardiaque mais sont capables d'augmenter la force de contraction du myocarde. Bien que controversée, cette conception mérite — à notre avis — d'être revue par les cardiologues, à la lumière des moyens modernes d'investigation car cela pourrait avoir des conséquences importantes dans le contrôle des malades ayant subi un infarctus du myocarde. Toujours est-il que les données sur l'innervation trophique du cœur sont à la base du concept plus large d'Orbeli sur la fonction adaptative trophique du système sympathique.

1.1.4. Le nervisme de Pavlov et la physiologie de la digestion

C'est toujours en tant que «nerviste» que Pavlov approcha la physiologie de la digestion, celle qui l'a conduit à la fois au Prix Nobel et à l'obtention pour la physiologie du droit de s'occuper objectivement de l'activité mentale.

En effet, comme nerviste, il ne concevait pas que la digestion (sécrétion et motilité des divers segments du tube gastro-intestinal) ne soit pas sous le contrôle régulateur du système nerveux central. Il fallait donc créer des modèles expérimentaux adéquats à la mise en évidence du contrôle central.

1.1.4.1. Le petit estomac

Pavlov modifia d'une manière simple mais radicale le «petit estomac» de Heidenhein. Celui-ci avait eu l'idée de faire une petite poche dans l'estomac du chien, de rétablir la continuité du transit gastro-intestinal et de faire aboucher cette poche gastrique à la peau du ventre. Cela permettait de récolter le suc gastrique en continu, sans qu'il soit mélangé à la nourriture, grâce à un flacon ceinturé sur le ventre du chien et d'étudier ainsi certains aspects de la sécrétion gastrique.

Cependant, la technique opératoire de Heidenhein obligeait à sectionner toute l'innervation vagale de son «petit estomac». Pavlov, nerviste, modifia la technique opératoire de manière à préserver l'innervation vagale de la poche gastrique. De cette manière, le «petit estomac» de Pavlov, qui n'était plus en liaison avec le tube digestif, restait cependant sous le contrôle normal du système nerveux central. L'activité sécrétoire du «petit estomac» reflétait donc exactement l'activité du «grand estomac», celui qui assurait effectivement l'activité digestive.

Ce fut sans doute l'intervention chirurgicale la plus brillante de Pavlov, à la fois par sa justification théorique et par le « brio », par le côté spectaculaire de l'opération elle-même. Bientôt, des spécialistes du monde entier défilèrent dans le laboratoire de Pavlov pour le voir opérer et apprendre à ses côtés. On admirait aussi son bloc opératoire qui, bientôt, devint un modèle mondialement reproduit dans ses lignes générales. Le chien était mis à jeun la veille de l'opération, mais pouvait boire ad libitum. Il était introduit, le jour de l'opération, dans une petite salle où on le lavait, lui rasait le ventre, le désinfectait, d'habitude à la teinture d'iode. Il était porté dans une autre pièce où on commençait l'anesthésie, pendant que les chirurgiens (trois d'habitude) se lavaient les mains au savon, les brossaient pendant 20-25 minutes, les trempaient dans du liquide antiseptique (suivant les indications de Lister) puis, aidés par des « mains non stériles » enfilaient leur blouse stérile et mettaient aussi une calotte stérile. C'était, à l'époque, unique au monde et le grand pourcentage d'opérations réussies et de chiens qui survivaient pendant des années était exceptionnel.

Pavlov imagina, à l'instar du « petit estomac », de faire aboucher la peau d'autres segments du tube digestif, sans nécessairement isoler une « poche ». Il fit ce qu'on appelait déjà avant lui des « fistules » gastriques ou intestinales. A l'aide d'une espèce de bouchon, on empêchait la sécrétion de couler en continu à l'extérieur, mais en le retirant on pouvait recueillir la sécrétion au moment voulu. De plus, on pouvait introduire de l'eau, des aliments broyés ou des substances chimiques à travers la fistule et étudier leur effet en application locale sur les muqueuses respectives. Enfin, en introduisant par la fistule un ballonnet sous pression, raccordé à un tambour inscripteur, on pouvait enregistrer la motilité du segment digestif concerné. Certaines de ces opérations étaient connues avant Pavlov, d'autres comme le « petit estomac » avec innervation ou la fistule salivaire furent conçues par lui. Sa grande innovation cependant, nous le répétons, fut l'idée d'organiser des expériences chroniques, longitudinales, sur des animaux bien habitués, non stressés, qui se trouvaient donc dans des conditions physiologiques aussi naturelles que possible. A travers ces « fenêtres », il pouvait regarder dans la lumière du tube digestif, découvrir la séquence des actes sécrétoires et moteurs au cours de la digestion, pendant l'attente de la nourriture et en fonction de la qualité des aliments reçus.

1.1.4.2. Le repas fictif

Une autre expérience célèbre de Pavlov, et également inspirée directement de la théorie nerviste, fut le «repas fictif». Un chien avait subi deux opérations : a) une œsophagotomie, c'est-à-dire que l'œsophage était interrompu par une coupure qui aboutissait à la peau du cou par deux fistules : une où débouchait la fente supérieure de l'œsophage et une autre, inférieure, par où on pouvait nourrir l'animal de manière à ce qu'il reçoive quelque chose dans l'estomac. Ainsi, ce que l'animal mangeait, n'arrivait pas à l'estomac mais tombait à l'extérieur par la fistule supérieure ; b) une fistule gastrique, par laquelle on pouvait collecter à volonté sa sécrétion gastrique.

L'animal, à jeun, mangeait avec appétit ce qu'on mettait dans sa mangeoire. Rien n'arrivait à l'estomac : ce repas était donc «fictif». La sécrétion et la motilité gastriques étaient cependant stimulées par le repas fictif, comme si l'organisme devait digérer la nourriture. La sécrétion était, par contre, empêchée si on sectionnait l'innervation vagale de l'estomac. Pavlov apporta ainsi la preuve absolue que le contact de la nourriture avec la muqueuse buccale, et même uniquement la vue de la nourriture, déclenchaient, par voie nerveuse donc, le processus digestif.

Encore une fois, ce fut une expérience spectaculaire. Les physiologistes et les médecins venaient voir ces chiens qui dévoraient pendant 2-3 heures, alors que tout tombait en dessous sans que rien n'arrive à l'estomac. Ils n'étaient nourris qu'à la fin de l'expérience, soit en les gavant par l'œsophage avec la nourriture qu'ils avaient mâchée, soit par introduction de la même nourriture par la fistule gastrique. Ainsi, la digestion commencée dans la bouche pouvait continuer normalement dans l'estomac. Ce qui frappa alors Pavlov fut le fait que la qualité de la sécrétion gastrique, et pas seulement sa quantité, dépendait directement du type de nourriture offerte lors du « repas fictif ». Selon que dominait le pain ou la viande, le type et la quantité d'enzymes gastriques étaient nettement différents, ainsi que par ailleurs la quantité, la densité et l'acidité de la sécrétion gastrique. Ainsi donc, non seulement les « signaux » nerveux en provenance de la muqueuse buccale déclenchaient la sécrétion et la motilité gastriques, mais ils réglaient finalement la qualité de cette sécrétion en fonction du type de nourriture ingérée. La digestion se « préparait » donc déjà pendant l'ingestion et même avant à la vue des aliments. Cette « préparation » était fine; elle dépendait de la qualité et de la quantité des aliments.

Déjà à cette époque, apparaît donc chez Pavlov la notion de « signaux », c'est-à-dire de stimulations adéquates des récepteurs, loin de l'organe étudié (ici la bouche ou l'œil et l'odorat, par rapport aux glandes et aux muscles de l'estomac). Plus tard, quand il étudiera la sécrétion salivaire et constatera, comme on le verra, l'existence de la « sécrétion psychique », Pavlov aura été préparé par son expérience du « repas fictif » à comprendre toute la portée de ce phénomène apparemment périphérique pour l'étude des hémisphères cérébraux.

A titre d'anecdote, à propos toujours du repas fictif, Pavlov trouva un excellent moyen d'augmenter ses fonds de recherche par autofinancement. Il vendait aux pharmaciens le suc gastrique qu'il collectait en excès par rapport aux quelques analyses qu'il devait pratiquer.

En effet, on remplissait sur place, en laboratoire, des flacons de quelque 100-200 cc, en verre fumé, bouchonnés et portant une collerette en papier, ficelée sur le flacon; on pouvait encore en voir quelques exemplaires à l'Institut de Médecine Expérimentale dans les années cinquante. Cette étiquette indiquait à peu près ceci : « Suc gastrique, suivant la méthode du Professeur Pavlov ». Les médecins recommandaient ce suc, riche en enzymes, pour certains troubles digestifs et tout le bénéfice de cette petite entreprise rentrait au laboratoire et augmentait ses disponibilités financières.

Le nervisme, devenu chez Pavlov une sorte de dogme, ne lui fut pas toujours bénéfique. Il l'entraîna par exemple à rejeter la notion de signaux humoraux, de nature non nerveuse, les hormones, notamment la célèbre sécrétine de Bayliss et Starling. Il a cependant suffi de reproduire une fois dans son propre laboratoire l'expérience concluante de Bayliss pour que Pavlov soit convaincu. Quand il vit qu'il répétait exactement ce que Bayliss avait décrit, Pavlov, sans dire un mot, se retira dans son bureau. Après environ une demi-heure, il sortit et dit à ses assistants: «Bien sûr qu'ils ont raison; nous ne pouvons quand même pas prétendre avoir le monopole des vérités!!!»

1.2. LE REFLEXE CONDITIONNE

Nous avons insisté auparavant sur l'importance de la théorie nerviste pour la recherche de Pavlov, tout d'abord dans le domaine circulatoire et, ensuite, dans celui de la digestion. Dans son effort d'exploration systématique de l'enchaînement des événements physiologiques lors de la nutrition, aux divers endroits du tube digestif, Pavlov arriva logiquement à étudier les propriétés et le rôle des glandes salivaires. Fidèle à ses principes, il utilisa à ces fins des chiens avec fistule salivaire, c'est-à-dire chez lesquels le canal excréteur d'une glande salivaire, d'habitude la parotide, était déplacé et abouché à la peau de la joue du chien. On pouvait également faire deux fistules salivaires chez le même animal, ou pratiquer une fistule d'une autre glande salivaire, comme la sous-maxillaire par exemple. Le modèle classique de Pavlov resta cependant celui de la fistule salivaire parotidienne. C'était un emplacement relativement commode pour collecter la salive pendant la mastication, qui se déroulait sans problème pour le chien, vu que les autres glandes salivaires excrétaient normalement dans la bouche de l'animal. De nouveau, comme pour le petit estomac, on avait la possibilité de «regarder» à l'aide de la fistule salivaire, la manière dont la sécrétion salivaire était impliquée, quantitativement et qualitativement, lors de la nutrition. Il constata assez vite, par exemple, que le chien salivait plus abondamment pour du pain que pour de la viande, mais que la viscosité et le profil enzymatique étaient également différents. Tout se passait en chronique, comme lors des expériences précédentes, avec l'animal bien à l'aise dans son harnais qui l'empêchait uniquement de se coucher, ou de sauter de la table d'expérience sur laquelle, par ailleurs, il sautait souvent tout seul. En fait, l'expérience pouvait être considérée plutôt comme plaisante pour le chien qui se trouvait pendant quelques heures en présence de l'expérimentateur, qui devenait peu à peu son maître; il recevait un peu de nourriture différente de la nourriture quotidienne du chenil, il était promené par l'animalier mais, très souvent, par l'expérimentateur lui-même, du chenil au laboratoire et ne souffrait nullement.

C'est dans ces conditions que l'attention de Pavlov se porta — lors des expériences sur des chiens porteurs de fistule salivaire — sur le phénomène qu'il appela la «sécrétion psychique». Le chien salivait abondamment dès qu'il entendait le pas ou la voix de l'animalier ou des autres personnes qui le nourrissaient régulièrement. Bien sûr, des phénomènes analogues se passaient aussi avec la sécrétion gastrique mais, soit parce qu'elle était relativement décalée dans le temps par rapport au stimulus qui la déclenchait, soit parce que l'esprit de Pavlov n'était pas assez préparé à l'époque, ces phénomènes passèrent plutôt inaperçus ou furent considérés comme n'étant pas assez intéressants pour être étudiés. La sécrétion «psychique» salivaire, par contre, attira vite l'attention de Pavlov, par son caractère phasique, strictement et promptement dépendant du stimulus extérieur, c'est-à-dire la personne nourrissant l'animal, sa présence, sa voix, le bruit de ses pas, son odeur peut-être. Et c'est sur ces simples faits d'observation que Pavlov eut cet éclat de génie de comprendre que tous ces stimuli étaient en fait perçus par le chien comme des signaux indiquant l'approche «imminente» de la nourriture. Le chien avait alors «l'eau à la bouche» et en déclenchant la sécrétion salivaire — on verra plus tard des sécrétions à d'autres niveaux digestifs également — il *anticipait* physiologiquement la disponibilité alimentaire, il préparait une digestion efficace et harmonieuse. Si on pouvait parler de *stimuli* externes qui étaient *perçus* — donc activaient des *récepteurs* —

comme des *signaux* alimentaires qui finalement menaient à un *comportement* digestif mais aussi moteur (l'animal regardait vers la mangeoire, vers l'expérimentateur si c'était celui-ci qui le nourrissait, remuait la queue, etc.), cela voulait dire alors que ces stimuli externes provoquaient une réaction bien précise et reproductible. C'était comme un réflexe : une réaction déterminée et reproductible à un stimulus déterminé. Seulement ici, la réaction était alimentaire et le stimulus n'était qu'un signal de la nourriture et pas la nourriture elle-même.

Pavlov comprit qu'il s'agissait ici d'un modèle des réactions anticipatives qui permettent à l'animal en liberté de trouver la nourriture, dans la nature, d'après certains signaux. Il mourrait rapidement s'il ne se nourrissait que de ce qui lui tombe dans la bouche. Le caractère adaptatif de ce nouveau type de réflexes ne pouvait pas échapper au darwinien convaincu qu'était Pavlov. D'autre part, l'animal ne réagissait pas à n'importe quelle voix, à n'importe quels pas, mais uniquement à ceux des personnes qui le nourrissaient. Il a donc dû *apprendre* cela et le retenir, former une sorte de *mémoire* et c'est cela qui amena rapidement Pavlov à penser qu'en fait, ce qu'il regardait à travers la sécrétion salivaire, c'était le cerveau. Grâce aux idées évolutionnistes de Darwin, il pouvait a priori accepter que certaines formes, certains mécanismes de l'intelligence, pouvaient se retrouver chez l'animal, plus rudimentaires peut-être, mais respectant des règles générales, ce qui permettait de percevoir un certain continuum de l'animal à l'homme. Ainsi, par un raisonnement simple, mais imprégné de darwinisme et de théorie nerviste, Pavlov fit, par un trait de génie, le «saut périlleux» de la glande salivaire vers le cerveau!

Toute sa vie, Pavlov a enseigné et respecté un principe fondamental : «Une hypothèse n'est acceptable que lorsqu'elle peut être vérifiée expérimentalement.» Fidèle à lui-même, lorsque l'interprétation de la sécrétion «psychique» l'amena à s'intéresser au cerveau, il comprit qu'il lui fallait créer une méthode robuste et objective, lui permettant d'obtenir des faits reproductibles par lui-même, mais aussi et surtout, par n'importe quel autre expérimentateur compétent et de progresser ainsi, pas à pas, dans l'analyse physiologique du phénomène de la sécrétion psychique.

Pourquoi, en fin de compte, la voix, les pas ou la vue de celui qui nourrissait l'animal déclenchaient-ils la sécrétion salivaire et tout un comportement anticipatif de l'imminence de la nourriture ? Pourquoi tous ces stimuli, se demande Pavlov, sont-ils devenus des «signaux» alimentaires ? Parce que plusieurs fois ces stimuli — et pas d'autres — furent suivis de la présentation de la nourriture au chien. Alors, ne serait-il pas possible de faire la même chose avec un stimulus artificiel de laboratoire, bien contrôlable par l'expérimentateur ?

Que faisait, à l'époque, l'expérimentateur ? Il laissait le chien manger tranquillement sa portion et, après quelques minutes, on répétait la procédure, et cela plusieurs fois par jour, après quoi la séance d'expérience se terminait. Pavlov imagina alors un procédé relativement simple : la présentation de la nourriture était précédée par le bruit d'une clochette que quelqu'un agitait derrière l'expérimentateur. Dans ces conditions, il constata que le chien commençait très vite, après 2-3 jours seulement, à saliver au bruit de la clochette. Quelques jours plus tard, la réaction à la clochette était de plus en plus régulière et presque aussi déterminée qu'un réflexe quelconque : la quantité de salive était à peu près la même, pour chaque stimulation sonore, avant qu'on ne nourrisse l'animal, et le comportement d'attente alimentaire était également régulier. Le son de la clochette était donc devenu un simple signal anticipant la nourriture, tout comme l'était l'expérimentateur.

Le fait qu'un stimulus artificiel puisse devenir «signal» tout comme un stimulus naturel, fut rapidement perçu par Pavlov dans toute son importance. Pouvoir étudier les mécanismes élémentaires par lesquels un chien apprend quelque chose, n'est-ce pas là une occasion rêvée d'approcher objectivement, physiologiquement, des processus similaires chez l'homme ?

C'est alors que fut imaginée la méthodologie pavlovienne classique qui, bien sûr, se perfectionna de manière étonnante par la suite.

On mit le chien sur une table, pas très haute, de manière à ce que l'expérimentateur puisse l'observer. Devant le chien, on imagina une mangeoire manipulée pneumatiquement par l'expérimentateur. L'animal, une fois sur la table, trouvait dans une coupe une portion de nourriture, qu'on «standardisa» suivant les possibilités de l'époque: un mélange exact de poudre de pain sec et de viande finement hachée, le tout légèrement humidifié à l'eau. On fit le nécessaire pour que les chiens aient une préférence pour cet «extra» par rapport à ce qu'ils recevaient au chenil (voir fig. 5).

On attendait quelques minutes après que le chien ait mangé — pour rien — la première portion. Puis on activait la clochette pendant quelques secondes (on trouva vite la durée efficace de 20-30 secondes); ensuite, l'expérimentateur pressait une poire qui déplaçait la coupe vide et faisait arriver une autre portion, accessible à l'animal. Il la mangeait, on attendait, on répétait l'opération. Les mangeoires ne contenaient que 8-10 coupes, ce qui faisait une expérience d'environ 40 minutes. On détachait ensuite l'animal de son harnais et on le reconduisait au chenil pour le reprendre le lendemain. Bientôt, on supprima la clochette, dont le son ne pouvait pas être bien standardisé, pour introduire ce qui allait devenir le stimulus pavlovien classique: le métronome. On réglait un métronome au rythme de 120 coups/minute, par exemple, et on le laissait battre quelque 30 secondes avant de nourrir l'animal. Intuitivement, pour ne pas effrayer l'animal, on laissait encore battre le métronome quelques secondes pendant qu'il mangeait. Le résultat fut le même: au bout de quelques jours, l'animal salivait au métronome et regardait attentivement dans l'ouverture de la mangeoire, là où allait apparaître bientôt la coupe remplie qu'il vidait et léchait activement. Parfois, en début d'expérience, il essayait de gratter la mangeoire avec les pattes ou les dents, comme pour faire venir une autre portion dans les intervalles entre les stimulations sonores. Après 10-15 jours cependant, ce comportement cessait. Pendant les intervalles, le chien restait tranquille, comme s'il avait «compris» qu'il n'obtiendrait rien sans le métronome. Dès que celui-ci battait, le chien s'activait, salivait et regardait ou léchait la mangeoire. Il avait «appris»: le métronome lui signa-

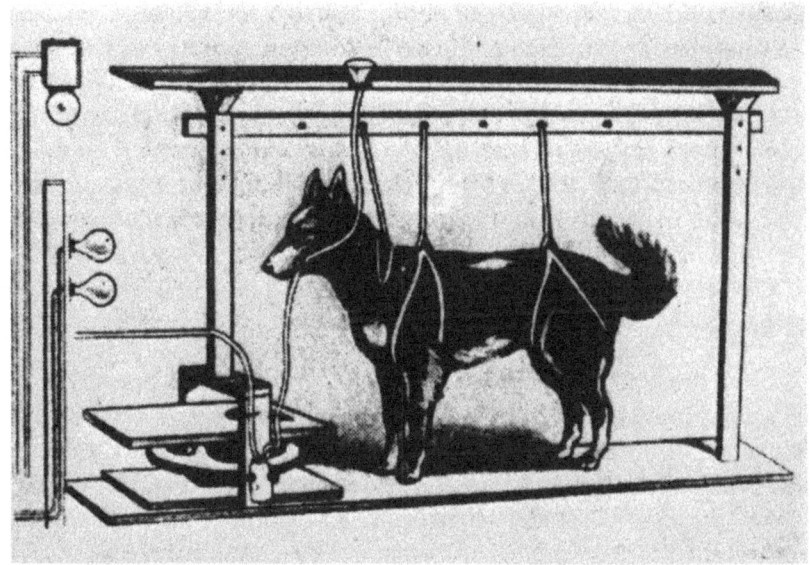

Fig. 5. Le dispositif pavlovien pour l'étude des réflexes conditionnés. Le chien, légèrement restreint dans des harnais, reste debout sur une table. Un système approprié permet de collecter et/ou de mesurer la salivation (une fistule d'une glande salivaire, d'habitude la parotide, est pratiquée au préalable). Devant le chien se trouve un plateau avec 8-10 mangeoires, chacune remplie d'avance avec une portion standard ($\pm$ 30 gr) d'un mélange de pain et de viande (le « renforcement »). Par commande extérieure, l'expérimentateur peut faire tourner le plateau de manière à ce que, chaque fois qu'arrive le moment du renforcement, une portion de nourriture se présente devant l'animal. Le chien ne peut avoir accès à la nourriture que quand l'expérimentateur manipule la mangeoire. Devant le chien se trouvent les sources des stimuli conditionnés (lampe, métronome, buzzer, clochette, etc.). Le chien se trouve dans une cabine insonorisée et il est observé par l'expérimentateur à l'aide d'un dispositif visuel (NB. Pavlov lui-même les observait à travers un périscope).

lait la nourriture et il se préparait, il anticipait l'arrivée de celle-ci, à la fois par la mise en jeu des sécrétions digestives — dans ce cas, la sécrétion salivaire — et par un comportement adéquat.

Une fois cette tâche bien apprise, le chien répondait toutes les fois au métronome par approximativement la même quantité de salive (mesurée à l'époque en gouttes) et par le même comportement. L'ensemble des réponses au métronome avait une régularité qui rappelait celle des réflexes. Cependant, on s'est vite rendu compte que ce réflexe demandait — pour se maintenir — des conditions particulièrement rigoureuses. En effet, la sécrétion salivaire et le comportement alimentaire s'arrêtaient dès que l'expérimentateur bougeait, dès qu'on entendait un bruit extérieur ou que quelqu'un entrait dans la chambre d'expérience. On allait comprendre bientôt qu'il s'agissait d'une forme particulière d'inhibition, domaine auquel on allait par ailleurs consacrer une attention particulière dans l'école pavlovienne, comme on le verra plus loin.

Si le phénomène observé exprimait vraiment un apprentissage, on pouvait théoriquement faire «désapprendre» au chien. Cela fut fait en répétant plusieurs fois et plusieurs jours de suite la stimulation acoustique (les battements du métronome), mais chaque fois sans nourrir le chien. La réponse au métronome diminuait progressivement et disparaissait au bout de quelques jours. Pavlov comprit que la valeur de signal alimentaire du métronome venait du fait que celui-ci était chaque fois suivi de la disponibilité d'une portion de nourriture. Si cette disponibilité n'existait plus, il n'y avait plus aucun sens adaptatif pour le chien à se préparer pour manger au son du métronome.

De même, quand le chien avait appris que le métronome, qui battait par exemple à la fréquence de 120 coups par minute (M 120), était toujours suivi par la disponibilité alimentaire, on introduisait dans l'expérience, plusieurs fois par jour, un métronome qui battait à la fréquence de 60 coups par minute (M 60), mais après 30 secondes, rien ne se passait, la coupe remplie de nourriture n'arrivait pas devant le chien. Au début, le chien se comportait de la même manière lors des deux stimulations acoustiques, mais progressivement, il montrait clairement qu'il avait saisi la différence entre les deux : il salivait et regardait vers la mangeoire seulement pendant l'action du M 120 et non pendant celle du M 60. Il avait fait une discrimination (autre forme d'inhibition sur laquelle nous reviendrons) : le M 120 était un signal alimentaire, le M 60 ne l'était pas!

D'une manière générale donc, le chien confronté à un stimulus indifférent du point de vue alimentaire, un bruit par exemple, avait d'habitude une réaction d'orientation : il dressait les oreilles et tournait la tête vers la source du bruit. Pavlov a donné à cette réaction un nom très suggestif : le réflexe de «qu'est-ce que c'est?» Plus tard, on l'appela tout simplement réflexe d'orientation. La valeur adaptative de ce réflexe et de sa plasticité était évidente; grâce au réflexe d'orientation, l'animal attache une attention particulière à tout changement important survenant dans le milieu environnant, donc à tout stimulus. Cela lui permet de réagir de manière appropriée aux stimuli habituels, mais cela lui permet également de faire attention à un stimulus nouveau (par exemple, le métronome), stimulus auquel il n'a jamais été exposé auparavant. Le chien montre donc, au son du métronome, un réflexe d'orientation. Si, ensuite, rien ne se passe, l'animal s'habitue au bruit, il ne montre pratiquement plus de réaction d'orientation; cependant, si ce bruit est chaque fois suivi d'une portion de nourriture, la réaction du chien change considérablement, montrant comme on l'a vu plus haut, que le métronome est clairement devenu un signal alimentaire. Par ailleurs, on s'est vite aperçu que n'importe quelle autre stimulation «indifférente» du point de vue alimentaire, mais capable d'attirer l'attention du chien, c'est-à-dire de provoquer une réaction d'orientation, pouvait également devenir «signal» alimentaire. Une lumière (ampoule électrique de 60 W allumée à proximité de l'animal) par exemple, était suivie de la disponibilité d'une coupe de nourriture. Au bout de quelques jours, à la lumière, comme au métronome, l'animal émettait la réponse alimentaire.

A partir de ce stade, le bruit (ou la lumière) allait chaque fois déclencher le même comportement complexe, sécrétoire et moteur, avec la régularité d'un réflexe.

Plusieurs conditions, cependant, étaient nécessaires à l'apparition et au maintien de ce nouveau comportement : il fallait que le bruit et le comportement qu'il déclenchait soient chaque fois «renforcés» après quelques secondes par la nourriture, pour maintenir au bruit le caractère de «signal»; il fallait que pendant que se déroulait le comportement alimentaire complexe, le chien ne soit pas dérangé par d'autres stimulations; il fallait que tous les jours, l'expérience se déroule plus ou moins de la même manière, etc. Après apprentissage, ce qui se passait pendant le signal, au cours des quelques secondes avant l'accès à la nourriture, avait la régularité d'un réflexe. Ce réflexe avait cependant besoin de beaucoup de conditions pour apparaître et se maintenir. Pavlov décida donc de l'appeler: réflexe «conditionné»[6].

Toute une terminologie nouvelle commence à se mettre en place.

Le réflexe non conditionné, inné: c'est l'ensemble du comportement sécréto-moteur développé par l'animal lorsqu'il entre en contact avec la nourriture. Non conditionné, quoiqu'il exige aussi quelques conditions (être relativement éveillé et en bonne santé, ne pas être en état de satiété, ou en train de se défendre, etc.), mais elles sont moins subtiles et moins nombreuses.

Le stimulus conditionné: un stimulus quelconque, naturel ou artificiel, mais qui, pour l'animal naïf est «indifférent» du point de vue alimentaire; il va provoquer le réflexe conditionné uniquement après avoir été *associé*, c'est-à-dire suivi plusieurs fois par la nourriture et en respectant les conditions précises.

Le stimulus non conditionné: un stimulus qui, chez n'importe quel animal adulte et en bon état de santé, provoque d'emblée, sans aucun apprentissage, une réaction biologiquement importante. C'est le cas de la nourriture par exemple, s'il s'agit de l'ensemble du comportement sécréto-moteur qui caractérise la digestion et qui suit l'ingestion des aliments. (N.B.: On verra plus tard que des «motivations» autres que la motivation alimentaire, la douleur par exemple, peuvent également servir de base pour élaborer des réflexes conditionnés).

Le réflexe conditionné: l'ensemble des réactions sécréto-motrices qui ressemblent au réflexe non conditionné et qui sont déclenchées par la mise en jeu du stimulus conditionné pendant quelques secondes (d'habitude quelque 30 secondes), c'est-à-dire avant qu'il ne reçoive le «renforcement» alimentaire.

La connexion temporaire: l'ensemble des phénomènes neurophysiologiques cérébraux supposés mais non visibles au niveau comportemental et qui sous-tendent la formation d'un réflexe conditionné (voir le chapitre 4 à ce sujet).

Extinction: la disparition d'un réflexe conditionné précédée d'une diminution progressive, lorsque le stimulus conditionné est appliqué plusieurs fois sans être «renforcé», c'est-à-dire sans être suivi de la disponibilité alimentaire.

Discrimination (ou différenciation): la disparition de la réaction sécréto-motrice alimentaire positive à un stimulus proche du stimulus conditionné par ses caractéristiques physiques, mais qui n'est jamais renforcé, c'est-à-dire jamais suivi de la disponibilité alimentaire.

D'autres termes vont apparaître au fur et à mesure de l'évolution de la saga pavlovienne, comme par exemple stimulus conditionné positif (SC+) qui est celui pour lequel le chien montre le réflexe conditionné positif (RC+), c'est-à-dire sécrète la salive et regarde la mangeoire, en opposition avec un SC− (négatif) qui n'est plus suivi d'un RC+; c'est le cas d'un réflexe conditionné «éteint» ou d'une discrimination. Par ailleurs, on appellera ensuite réflexe conditionné négatif (RC−) cette apparente absence de réaction lors de la présentation d'un SC− pour souligner son caractère actif: le chien doit apprendre à ne plus réagir à un stimulus conditionné qui n'est plus renforcé par la nourriture. Il doit *apprendre* — c'est donc un phénomène actif — que tel stimulus, au départ indifférent, peut acquérir valeur de signal alors que tel autre reste indifférent.

Arrivés à ce point, il nous faut souligner que, dès le début du siècle, Pavlov fut parfaitement conscient de l'importance de la nouvelle orientation de ses recherches physiologiques. Il s'est bien rendu compte qu'il était, en fait, sorti d'une problématique digestive.

En effet, apprendre et désapprendre à transformer des stimuli «indifférents» en «signaux» alimentaires en fonction de leur

« renforcement », cela exprimait des possibilités exceptionnelles pour l'animal de s'adapter à son milieu, de lutter pour sa vie. Pavlov voyait ici, en bon darwinien, un nouveau mécanisme favorisant la « struggle for life » : prévoir, anticiper les événements — ne fut-ce que de peu — et s'y préparer. Mais il faut pour cela saisir dans le milieu environnant une certaine régularité dans la succession des événements, il faut apprendre. Si cette succession change, si les « signaux » du monde environnant ne veulent plus dire les mêmes choses, ne prédisent plus les mêmes événements, il faut alors désapprendre, « éteindre » les anciennes réactions, en développer d'autres.

Le fait d'utiliser des stimuli artificiels — comme la clochette, les battements d'un métronome ou la lumière d'une ampoule électrique – s'avéra extrêmement utile. Cela permit à Pavlov et à son école de bien maîtriser le comportement du chien. La probabilité que l'animal ait rencontré ces stimuli avant d'arriver au laboratoire était pratiquement nulle; ces stimuli étaient donc vraiment indépendants de toute connotation émotionnelle préalable. De plus, ils pouvaient être infiniment variés et surtout parfaitement standardisés.

1.3. LA PHYSIOLOGIE PENETRE LA SPHERE COGNITIVE

Les choses commencent à devenir claires. En effet, apprendre et désapprendre sont des fonctions essentiellement intellectuelles, dépendantes du cerveau et, en particulier, de la partie embryologiquement la plus récente, la plus développée chez les animaux supérieurs et chez l'homme, le télencéphale, c'est-à-dire le cortex cérébral et les structures corticales les plus proches, tels le corps strié et l'hippocampe, les ganglions de la base. Or, des réactions de ce type peuvent maintenant être considérées comme des réflexes d'un type particulier, des réflexes conditionnés. En partant de l'étude du rôle de la salive dans la physiologie digestive, non seulement Pavlov découvrit ainsi une catégorie nouvelle de réflexes, mais il découvrit aussi un mécanisme fondamental de l'activité mentale du chien et une méthode lui permettant de l'étudier à fond, dans toute sa complexité. Il créa ainsi, pour la première fois, un « outil » physiologique qui permit à son école et à tous ceux qui l'ont suivi dans le monde entier, de développer une méthodologie objective, chez le chien éveillé et en conditions proches de sa vie courante, pour approcher la physiologie des hémisphères cérébraux. Cet outil allait devenir le point de départ d'une infinité de variantes, parfois très éloignées en apparence du réflexe conditionné salivaire, et il allait être l'objet de la recherche de milliers de chercheurs dans le monde entier, mais surtout en U.R.S.S. La portée philosophique et épistémologique de cette découverte, Pavlov l'a pressentie et il l'a dit avec fermeté déjà en 1904, lors de son discours à Stockholm à la réception du Prix Nobel :

« Une seule chose dans la vie nous intéresse : notre expérience psychique. Son mécanisme, cependant, a été et reste entouré d'un profond mystère. Toutes les ressources humaines — art, religion, littérature, philosophie, science de l'histoire — toutes s'unissent pour jeter un faisceau de lumière dans cette mystérieuse obscurité. L'homme dispose encore d'un allié puissant, la science biologique, avec ses méthodes strictement objectives » (Pavlov, 1928, p. 80).

1.3.1. Le monisme pragmatique pavlovien

Pavlov lui-même fut d'instinct et de conviction moniste, mais seulement au titre de neurophysiologiste : l'activité mentale est une émergence de l'activité physiologique du cerveau. Je m'explique. Les aspects de pure philosophie ne laissaient certainement pas Pavlov indifférent — il y en a de nombreux témoignages — mais, d'une part, il ne se considérait pas compétent pour en discourir et, d'autre part, ce n'était pas son problème. Pour lui, adopter sinon la position au moins l'hypothèse moniste, lui permettait d'étudier, chez l'animal, le réflexe conditionné comme un modèle valable si pas unique d'une activité de type mental. Son postulat, au début intuitif et par la suite fort élaboré théoriquement, était que tout enseignement tiré de l'expérimentation animale allait servir à pénétrer progressivement les mystères du cerveau humain, aider à mieux le comprendre dans sa physiologie mais aussi dans sa physiopathologie et devenir finalement un tremplin vers sa compréhension des maladies mentales et donc vers la possibilité de les maîtriser.

C'est dans une optique psychophysiologique et médicale que Pavlov plaça le travail dans le domaine des réflexes conditionnés. Son monisme, comme on l'a dit, n'était pas philosophique, il n'excluait en fait aucunement l'autre approche à la sphère cognitive, noétique, mentale. Seulement il considérait que l'autre approche ne faisait pas partie de son objectif physiologique et, dès lors, il s'en désintéressait, du moins en ce qui concerne son activité de recherche. C'est pour se défendre contre la tendance animiste, dualiste, tellement attrayante lorsqu'il s'agit de travailler sur des animaux aussi évolués que des chiens ou des singes, que Pavlov s'entoure de multiples précautions. Tout d'abord, il invente un autre terme, celui de « Activité Nerveuse Supérieure » (ANS), pour définir l'ensemble des opérations par lesquelles le cerveau, notamment l'écorce cérébrale et les ganglions de la base, organise l'activité mentale des animaux supérieurs et de l'homme, activité complexe mais organisée sur la base des réflexes, même s'ils sont d'un type nouveau, les réflexes conditionnés. C'est l'ANS qui, en contrôlant l'ensemble des activités réflexes innées, assure l'unité fonctionnelle de l'organisme, en constante interaction avec le milieu environnant.

La tentation du subjectif restait forte, surtout au début des recherches sur l'ANS. Tout le monde, y compris Pavlov, utilisait des mots usuels: le chien *refuse* la nourriture; il ne *veut* pas monter sur la table; il est de *bonne humeur* ou bien il est *fâché*, ou *triste*, etc. On ne manipulait pas encore aisément le nouveau vocabulaire: excitation, inhibition, irradiation ou concentration des processus nerveux, leur équilibre relatif, etc.

Pavlov ne niait nullement au chien la possibilité d'avoir un monde subjectif. Il considérait seulement que ce monde-là n'intéressait pas le physiologiste puisqu'il n'est pas objectivable. Il fallait donc qu'on change d'habitudes, qu'on se force à penser en termes objectifs, mesurables et à éviter la terminologie anthropomorphique qui transférait d'une manière simpliste le monde, sans doute réel mais subjectif de l'homme, à l'animal.

Alors, mi-blague, mi-sérieux, on mit une tirelire dans le laboratoire et chaque fois que quelqu'un se trompait et utilisait des mots exprimant un état subjectif du chien, il devait y mettre quelques sous. Pavlov se trompait aussi et ce n'et pas sans malice, dit-on, que ses collaborateurs lui rappelaient qu'il devait mettre ses kopecks dans la tirelire. A la fin de la semaine, de bon cœur, on ouvrait la tirelire et le contenu servait à offrir un verre à tout le monde !

Sur un plan général, théorique, laissant de côté l'aspect anecdotique, la théorie de l'ANS ouvrait la voie à un vaste programme neurophysiologique sur le cerveau, orienté vers la découverte des mécanismes complexes du comportement et de l'activité mentale des animaux supérieurs, mécanismes d'un grand intérêt potentiel pour la compréhension de ces mêmes processus chez l'homme. C'est, par ailleurs, ce côté de la théorie de Pavlov qui lui valut le grand appui du régime soviétique. Bien que Pavlov ne se laissa jamais entraîner vers des attitudes politiques, sa théorie tellement originale était parfaitement compatible avec le matérialisme philosophique et lui apportait un support biologique considérable. En effet, trouver le moyen d'objectiver le subjectif était indiscutablement un point de vue révolutionnaire en physiologie et cela n'échappa certes pas aux idéologues officiels.

Récapitulons brièvement les éléments de base de ce chapitre.

Par ses conceptions idéologiquement basées sur le monisme et sur l'évolutionnisme darwinien, Pavlov arriva, dès le début du XXe siècle, à forger une approche expérimentale objective de l'activité mentale, de la sphère cognitive de l'animal, pour laquelle il proposa le terme d'Activité Nerveuse Supérieure, terme d'inspiration physiologique.

Le réflexe conditionné qu'il venait de créer à partir de la sécrétion salivaire dépassait de loin les problèmes de la physiologie digestive. Il s'agissait d'un nouveau type de réflexe, qui dépendait de l'intégrité fonctionnelle des hémisphères cérébraux. Ce qui fut au départ une hypothèse, fut vérifié et

Fig. 6. I.M. Setchenov (1829-1905), dans son laboratoire de l'Académie Médico-chirurgicale de St-Petersbourg. Notez la préparation «grenouille thalamique» sur laquelle, en 1863, il découvre l'inhibition centrale.

confirmé expérimentalement plus tard dans ses lignes générales. Ainsi, l'animal de Pavlov, à l'encontre de celui de Descartes, n'était plus un être décapité mais un organisme à part entière et en interaction avec le milieu environnant. C'est sur le plan de la suprématie du cerveau et du contrôle qu'il exerce sur les étages inférieurs du SNC que Pavlov rencontra et reconnut l'importance du travail de Setchenov (voir figure 6) dont nous parlerons à propos de l'inhibition.

NOTES

[2] Traduit librement d'après Doty (1965).
[3] Idem.
[4] Terme lié à la légende des Princes de Serendipe, pays imaginaire, Princes qui, à travers des aventures fabuleuses, découvraient des trésors exceptionnels mais jamais ceux qu'ils cherchaient. Dans le contexte de la recherche scientifique, ce terme est équivalent aux découvertes fortuites, au hasard qui fait parfois observer des faits «insolites» qui orientent le chercheur vers des voies auxquelles il n'avait pas pensé au départ. Ceci pour autant, comme le disait Pasteur, que son esprit soit préparé; autrement il va passer à côté de la découverte, négligeant le fait inattendu.
[5] Voir Annexe C.
[6] Gantt propose le terme de «réflexe conditionnel», ce qui serait une traduction plus exacte du mot russe créé par Pavlov: «uslovnii reflex»; il semble que Gantt ait raison du point de vue linguistique, cependant le terme réflexe «conditionné» ayant été tellement utilisé depuis, nous allons l'employer également.

Chapitre 2
Le temps et l'espace, dimensions physiologiques

« Le temps est invention, ou rien du tout. »

BERGSON

Les problèmes épistémologiques liés aux concepts de temps et d'espace et leur réalité même, ont depuis la plus haute Antiquité préoccupé, voire même hanté, les philosophes de toutes les écoles. Pavlov, en bon épicurien, mais ne s'encombrant pas de philosophie, comme nous l'avons vu, considérait intuitivement le temps et l'espace comme des évidences dont il était superflu de discuter l'existence.

2.1. LE TEMPS

Plusieurs expériences fondamentales de l'école pavlovienne ont permis, non seulement de mettre en évidence le temps et l'espace en tant que dimensions physiologiques, mais ont permis, de plus, de souligner l'intrication de ces dimensions dans tout phénomène physiologique, l'impossibilité de les éviter et l'importance pragmatique d'en tenir compte. Nous évoquerons, à titre d'exemple, trois situations particulières.

2.1.1. Le réflexe conditionné au temps

A intervalles réguliers, par exemple, toutes les cinq minutes, on présente au chien une portion de nourriture. On répète cette opération 8 à 10 fois par jour et tous les jours. On constate chez tous les chiens, pratiquement sans exception, qu'au bout de 5 à 10 jours, avec des différences individuelles, ils commencent à attendre la nourriture: dès le début de la quatrième minute et surtout vers la fin de celle-ci, juste avant qu'arrive la nourriture, le chien arrête toute autre activité, commence à saliver et à regarder vers la mangeoire. L'expérience était simple et facilement reproductible. Que l'intervalle entre les disponibilités alimentaires soit de 3, 4, 5 et plus, jusqu'à d'habitude 10 minutes, le fait est indubitable, le chien «prévoyait» le moment où la coupe pleine serait à nouveau disponible dans la mangeoire.

Pavlov expliqua cela en termes physiologiques clairs: après chaque ingestion d'une portion de nourriture standardisée (en quantité et en qualité), se déclenche tout un processus digestif, dont le cerveau est «informé» par des mécanismes encore peu connus. L'état fonctionnel du chien est donc à peu près le même au cours de la minute qui précède la nouvelle distribution de nourriture. C'est cet état fonctionnel qui devient signal alimentaire, par ailleurs renforcé chaque fois par une nouvelle coupe pleine qui apparaît dans la mangeoire. Cet état fonctionnel sert ainsi d'«horloge» physiologique, permet à l'animal de prévoir l'instant précis, à quelques secondes près, auquel la nourriture sera à nouveau disponible. De plus, cette horloge physiologique permet au physiologiste de prouver que le temps est une réalité opérationnelle pour le chien, une des dimensions qui règlent d'une manière critique son comportement. Cette découverte permit tout d'abord de renforcer Pavlov et ses collègues dans leur conviction que ce qu'ils étaient en train d'étudier avait une relation immédiate avec le comportement de l'animal dans sa vie en liberté, en dehors du laboratoire. En effet, le chien qui vit auprès d'une famille et qui reçoit la nourriture quotidienne une ou deux fois par jour, à des heures plus ou moins précises, a l'habitude de rôder auprès de celui qui le nourrit, à peu près à l'heure du repas, à gémir, à aboyer, à regarder vers l'endroit où on dépose la nourriture, etc. Il montre donc clairement, come le chien de Pavlov, que d'une certaine manière, il «sait» que c'est l'heure du repas.

Cette «autosatisfaction» de Pavlov à constater que ce qu'il étudiait était en relation avec ce qu'on appelle aujourd'hui le comportement éthologique, suscite un commentaire. Ce qui est important, ce n'est pas que Pavlov ait observé chez ses chiens, ce que n'importe quel maître a observé chez les siens depuis toujours, à savoir que le chien estime d'une certaine manière le passage du temps. Ce qui est important, c'est que Pavlov a pu transformer cette observation ancestrale en une méthode scientifique objective, pouvant éventuellement amener :

1. à tenir compte de la dimension temporelle dans toute expérience comportementale et à organiser et planifier ce type d'expérience en fonction de cette dimension;

2. à ouvrir la voie à la découverte des mécanismes neurophysiologiques dont dépendent, au niveau cérébral, l'organisation et la dynamique de cette dimension.

Jusqu'à présent, c'est surtout le premier aspect qui a été le plus développé: tenir compte de la dimension «temps» du réflexe conditionné au temps dans l'étude de l'ANS. En effet, si on voulait étudier la dynamique des réflexes conditionnés aux divers stimuli conditionnels, il fallait que le réflexe conditionné au temps ne se superpose pas au comportement étudié. Pour ce faire, on prit l'habitude, chez Pavlov, de répéter les paires «stimulus conditionné - renforcement alimentaire», à des intervalles irréguliers de temps. Ainsi le chien ne pouvait pas prévoir, anticiper le moment de l'apparition du SC (et donc du renforcement alimentaire qui allait suivre). Sa réaction au SC était donc un réflexe conditionné «pur», du moins débarrassé du réflexe conditionné au temps. La découverte de la dimension temporelle dans l'ANS a donc eu des conséquences méthodologiques importantes, qui ont largement contribué à réduire la variabilité des données expérimentales et donc à augmenter la fiabilité des résultats, la probabilité qu'ils puissent être reproduits d'un expérimentateur et même d'un laboratoire à l'autre.

Le deuxième aspect: progresser dans la connaissance des mécanismes physiologiques de la régulation temporelle, de «l'horloge interne», fut plus modeste dans son avancement. On sait cependant actuellement que cette régulation temporelle de l'activité réflexe conditionnée est de nature corticale, demande l'intégrité fonctionnelle du cortex cérébral et, en particulier, du cortex associatif.

Le réflexe conditionné au temps a pu être démontré, même électrophysiologiquement, dans le laboratoire d'Anokhin. Un chien porteur d'électrodes pour l'électro-encéphalogramme est habitué à recevoir, dans une succession régulière et à intervalles réguliers, d'une part, deux stimulations sonores d'intensité relativement faible, qui ne provoquent pas la réaction d'éveil, ni l'arrêt du rythme du type alpha et, d'autre part, un flash lumineux qui, lui, provoque régulièrement la réaction d'éveil. Après quelques mois de ce travail, il suffit de placer l'animal dans la chambre expérimentale et d'enregistrer l'EEG sans lui appliquer aucune stimulation. On constate qu'à chaque intervalle de temps où d'habitude le chien reçoit le flash lumineux, l'EEG montre la réaction d'arrêt, comme si la lumière était présente. Au moment où la lumière devrait apparaître, le chien anticipe ce stimulus: il montre donc, autrement que par la réaction alimentaire, qu'il «mesure» le passage du temps. Nous reviendrons sur cette expérience lorsque nous aborderons le problème de la stéréotypie dynamique.

2.1.2. Le réflexe conditionné retardé

Une autre procédure expérimentale qui montre, d'une part et d'une autre façon, comment le chien estime le temps et, d'autre part, l'important rôle adaptatif de cette dimension physiologique, apparaît dans ce que Pavlov a appelé le réflexe conditionné *retardé*. L'expérience se déroule essentiellement comme suit. On élabore tout d'abord un réflexe conditionné alimentaire habituel: un métronome battant, par exemple, pendant 30 secondes à M 120 est le SC et le renforcement alimentaire est conventionnel. Quand ce réflexe conditionné est bien établi, on commence progressivement à prolonger la durée du SC, à retarder donc le moment du renforcement et cela — dans l'expérience classique — jusqu'à 3 minutes. On constate dans un premier stade que le chien présente le réflexe conditionné pendant toute la durée du stimulus conditionné. Au métronome, il salive et regarde la mangeoire pendant les 3 minutes qui précèdent la disponibilité alimentaire, parfois même il gémit, s'agite et essaie avec les pattes et/ou les dents de déplacer la coupe vide qui se trouve devant lui dans la mangeoire. Progressivement cependant, il dépasse ce stade et, lorsque le réflexe conditionné retardé est bien élaboré, la situation est complètement différente. Le chien, au métronome, devient attentif, a un réflexe d'orientation, mais ne commence à présenter le réflexe conditionné sécréto-moteur qu'à partir du début de la troisième minute de l'action du SC et surtout pendant les 20-30 dernières secondes avant le renforcement alimentaire. Il apparaît ainsi évident que le chien fait une très nette discrimination entre les deux premières minutes d'action du M 120, minutes à la fin desquelles il n'est jamais renforcé et la dernière minute du SC qui, elle, se termine par le renforcement alimentaire. Les conditions sont les mêmes pendant les 3 minutes d'action isolées du M 120, il bat de la même façon, mais le chien, de manière encore obscure nous le répétons, « mesure » le temps qui passe et ne commence à anticiper la disponibilité alimentaire que lorsque celle-ci devient vraiment proche, imminente.

La valeur adaptative de ce type de réflexe conditionné est évidente. Non seulement l'animal, à la recherche de la nourriture (ou des moyens de défense contre un prédateur), aidé par des signaux, doit les reconnaître, les « extraire » de la masse des stimuli qui peuvent leur ressembler mais qui ne lui apportent aucun renforcement biologique (discrimination). Ce même animal doit en plus apprendre à ne plus suivre les anciens signaux s'ils ont perdu leur signification biologique (extinction). Il doit encore ajuster ses réactions *dans le temps*, si le signal lui indique que la nourriture ne sera disponible que vers la fin du stimulus. Il est intéressant, à ce stade, de bien faire la différence entre le réflexe conditionné pavlovien de retardement et la réponse retardée dans le conditionnement opérant. Dans ce dernier cas, le sujet n'a accès à l'appareillage qu'il peut manipuler pour obtenir la nourriture ou pour éviter un stimulus douloureux, que quelques secondes ou minutes seulement *après* que le stimulus ait cessé. Il doit donc se rappeler soit la nature, soit l'emplacement du stimulus, afin de bien répondre. On fait donc appel à un phénomène de mémoire immédiate ou à court terme, et on connaît le rôle critique du lobe frontal, chez les mammifères supérieurs, dans l'intégration de ce comportement (Jacobsen, 1935).

Dans le réflexe conditionné retardé cependant, l'animal, *sous l'action du stimulus conditionné*, inhibe sa réaction conditionnée en l'ajustant dans le temps, pour qu'elle soit contingente au renforcement.

Il est intéressant de noter que ce comportement est, lui aussi, dépendant chez le chien de l'intégrité fonctionnelle du cortex cérébral.

2.1.3. La «commutation»

Asratyan (1941, 1961) a élaboré sur les mêmes chiens, dans la même chambre expérimentale, deux types de réflexes conditionnés, au même stimulus conditionné, le M 120 par exemple : le matin, le M 120 était renforcé par la nourriture; l'après-midi, le même M 120 était renforcé par un choc électrique douloureux sur une patte postérieure. Au bout de quelques semaines de travail quotidien, l'animal apprend parfaitement la différence entre ces deux parties de la journée.

Le matin, l'animal monte volontiers sur la table, se laisse attacher les appareils pour récolter la salive et pour fixer les électrodes de stimulation sur la patte; le M 120 déclenche un réflexe conditionné alimentaire.

L'après-midi, le chien ne se laisse pas facilement manipuler, gémit ou aboie et le M 120 déclenche un réflexe conditionné de défense : il n'y a pas de sécrétion salivaire mais le chien lève la patte, la secoue, gémit, comme s'il recevait le choc électrique douloureux.

Insistons sur le fait que l'expérimentateur, la chambre expérimentale et toutes les manipulations avec le chien sur la table d'expérience avant que l'expérimentateur se retire et que l'expérience ne commence, sont exactement les mêmes.

Nous devons donc conclure que, par des indices qui nous sont encore peu connus, sur lesquels nous reviendrons quand même au chapitre sur la stéréotypie dynamique, le chien fait la différence entre les deux parties de la journée. Cela se confirme dans des expériences de contrôle dans lesquelles, le matin, le M 120 est signal de défense et l'après-midi signal alimentaire. Asratyan a appelé *commutation*, cette intervention particulière de la dimension temporelle dans l'expérience d'apprentissage. En effet, tout se passe comme si le signal temporel plaçait un «commutateur» virtuel de l'ANS dans la position «alimentaire» ou «défense». Quoi qu'il en soit, l'expérience de commutation temporelle (on verra qu'il existe aussi une variante spatiale) est encore un exemple, à la fois de l'intrusion de la dimension temporelle dans l'apprentissage et d'une méthode pour son analyse physiologique.

Trois conclusions s'imposent à propos de la dimension temporelle des réflexes conditionnés telle que nous l'avons envisagée.

Tout d'abord, il apparaît que le temps soit devenu, dans la physiologie pavlovienne et postpavlovienne, une dimension réelle, qu'on peut estimer et qui intervient d'une manière constante et critique dans le comportement adaptatif de l'animal. C'est une autre manière de justifier la position initiale de Pavlov qui donne la préférence aux expériences chroniques faites sur des animaux dans des conditions aussi proches que possible de celles que l'animal rencontre dans la nature.

En second lieu, il convient, nous semble-t-il, de souligner que ce qu'on appelle aujourd'hui chronobiologie, ou du moins les aspects chronobiologiques directement liés à l'activité mentale, font partie de l'héritage de Pavlov. Les chronobiologistes, qui représentent un courant contemporain (voir pour la revue du problème, Weyers, 1983) gagneront, à notre avis, à se familiariser avec ces approches anciennes, mais encore riches d'enseignements.

Enfin, en troisième lieu, il semble évident que l'effort pour conjuguer la méthodologie pavlovienne avec les approches chronobiologiques modernes, pourrait devenir une nouvelle voie pour avancer dans le domaine de la psychophysiologie de la dimension temporelle, tellement fondamentale pour la compréhension de tout processus cognitif.

2.2. L'ESPACE

Plusieurs situations expérimentales, dans l'école pavlovienne, ont clairement montré que les chiens perçoivent les éléments de l'espace dans lequel se déroule leur activité et qu'ils en tiennent compte dans l'organisation de leur comportement adaptatif. Ces expériences, dont nous donnons ici quelques exemples, illustreront également d'autres aspects importants de la théorie générale de l'ANS, tels que les concepts de réflexe conditionné raccourci et de stéréotypie dynamique, ou le concept plus récent de Gantt sur l'autokinesis. Aussi y reviendrons-nous plus loin, alors qu'ici nous insistons seulement sur la dimension spatiale que ces expériences permettent de considérer.

2.2.1. La «commutation» spatiale

Asratyan et ses élèves ont montré que le chien discrimine non seulement les deux parties de la journée, mais aussi deux chambres d'expériences, apparemment similaires. Dans la chambre A, le M 120 est toujours renforcé avec de la nourriture, alors que dans la chambre B, le renforcement est toujours négatif, le M 120 étant suivi d'un choc électrique douloureux sur une patte.

Les chiens apprennent au bout de quelques semaines: dans la chambre A, le M 120 déclenche le réflexe conditionné alimentaire positif, alors que dans la chambre B, le même M 120 déclenche le réflexe conditionné de défense. Nous verrons plus loin une interprétation psychophysiologique du phénomène. Retenons ici que pour le chien, les deux chambres expérimentales, bien que similaires, sont bel et bien différentes, que les chiens perçoivent donc les petites différences qui forcément existent entre deux locaux d'expérience et que l'ensemble «chambre A» commute le système vers la motivation alimentaire alors que l'ensemble «chambre B» le déplace vers la motivation nociceptive.

L'espace donc, tout comme le temps, apparaît dans les expériences de commutation comme une dimension réelle, mesurable, analysable du point de vue psychobiologique.

2.2.2. La saisie de la «source» des stimuli conditionnés

De nombreuses observations, parfois même non publiées mais communiquées dans les «mercredis» de Pavlov, ont clairement montré que le chien saisit, perçoit l'endroit, la partie de l'espace expérimental qui est la source des stimuli conditionnés.

Prenons le cas des expériences qui se déroulent à intervalles de temps réguliers. Toutes les 4 ou 5 minutes, on déclenche les stimuli conditionnés — qui seront suivis ou non de renforcement — à partir d'un panneau fixé au mur de la chambre d'expérience (d'habitude chez Pavlov, devant lui, au-dessus de la mangeoire). On constate habituellement que, quelque 20-30 secondes avant de mettre en route le stimulus conditionné, le chien regarde attentivement vers le panneau derrière lequel se trouve, par exemple, le métronome. Il est évident qu'il a «saisi» que là se trouve la «source» du stimulus conditionné.

Les expériences de Narbutovitch et Podkopaev (1936) sont particulièrement instructives à ce sujet. Dans ces expériences, la source d'un stimulus conditionné sonore (métronome, par exemple) se trouve assez éloignée de celle du stimulus visuel (une lampe par exemple). L'expérience se déroule en stricte alternance: M 120 + renforcement alimentaire — quelques minutes de repos — Lampe + renforcement alimentaire — repos — M 120 + renforcement — repos — Lampe + renforcement, et ainsi de suite. On voit, lorsque le chien est bien entraîné, que quelques secondes avant que la lampe s'allume, il regarde dans la direction de la source du stimulus visuel. De même, il regarde vers le métronome juste avant que celui-ci ne soit déclenché.

De plus, un chien bien entraîné sera perturbé si on déplace brusquement et de manière évidente (d'un mur à l'autre, par exemple), la source du stimulus conditionné sonore. Le chien tourne la tête vers l'endroit nouveau de la chambre expérimentale d'où il entend le stimulus conditionné, puis vers l'ancien endroit, d'où provenait auparavant la source sonore, à nouveau vers l'endroit «insolite» et ainsi plusieurs fois. Il ne salive pas, ou peu, ou au contraire, il va saliver pour de stimuli conditionnés négatifs, le M 60 par exemple. Il fait donc des erreurs, il va refuser souvent la nourriture pendant cette première journée et il lui faudra quelques jours, ou semaines, pour qu'il s'habitue à la nouvelle position dans l'espace de la source des stimuli conditionnés ou au fait qu'il y a des changements d'un jour à l'autre. Certains chiens possédant un type particulier de système nerveux, comme on le verra plus loin, vont même présenter des signes de névrose expérimentale lorsqu'ils sont soumis au procédé que nous venons de voir. Avec David-Remacle et Lescrenier, nous avons décrit un comportement similaire chez le rat (David-Remacle et al., 1969).

2.2.3. Les réflexes conditionnés en comportement libre

Pendant la seconde guerre mondiale, Kupalov, parmi d'autres hommes de science et de culture soviétiques, fut évacué de Leningrad à Tomsk.

Là-bas, il n'y avait pas de laboratoire pavlovien installé et, bien sûr, il n'était pas question d'en installer un sur place. D'après ce qu'il m'a dit lui-même, il a réfléchi à ce qu'il pouvait faire avec un minimum d'effort local, mais qui aurait quand même un sens, qui répondrait à une question fondamentale. Il s'est alors rappelé les objections de Liddell, le distingué pavlovien américain, à l'interprétation pavlovienne des névroses expérimentales. Alors que Pavlov attribuait les névroses à la collusion ou à la surcharge des processus d'excitation et d'inhibition corticale (comme nous le verrons plus loin), Liddell considérait que les raisons fondamentales étaient surtout liées au fait que, chez Pavlov, dans le harnais, sur la table, les chiens n'étaient pas libres de leurs mouvements. Kupalov pensa alors à développer une méthode pour élaborer des réflexes conditionnés sur des chiens en comportement libre. Il réussit avec des moyens assez simples, et plus tard, après la guerre, à Leningrad, V.V. Yakovleva put provoquer des névroses expérimentales suivant les procédés pavloviens, malgré le fait que les chiens étaient parfaitement libres. Un seul point rapprocha cependant Kupalov de Liddell, c'est que, en effet, tous les chiens qui travaillaient d'après cette nouvelle méthode étaient beaucoup plus résistants aux procédés névrogènes que s'ils avaient travaillé suivant le procédé pavlovien classique. Liddell avait donc raison également, du moins en partie, mais en se rappelant cette discussion, Kupalov réussit à enrichir encore l'arsenal méthodologique pavlovien. Voici brièvement de quoi il s'agit (figure 7).

Un chien «naïf» est introduit dans la chambre expérimentale, qui est une enceinte assez grande, de quelque 30-40 m^2. Il faut tout d'abord éliminer la peur de l'animal et lui faire apprendre la signification alimentaire de cette chambre. Pour cela, on dispose sur le sol quelques morceaux de viande, qui attirent le chien. Après des hésitations, il mange un morceau, explore, en mange un second et puis, au bout de quelques minutes, il est relâché. L'expérimentateur reste, lui, dans une petite cabine (le chien est libre et l'expérimentateur en cage, quelle revanche!) et observe. Après quelques jours, lorsque le chien est bien habitué à l'ambiance expérimentale, qu'il explore activement et mange facilement toutes les portions disposées au sol, on ne

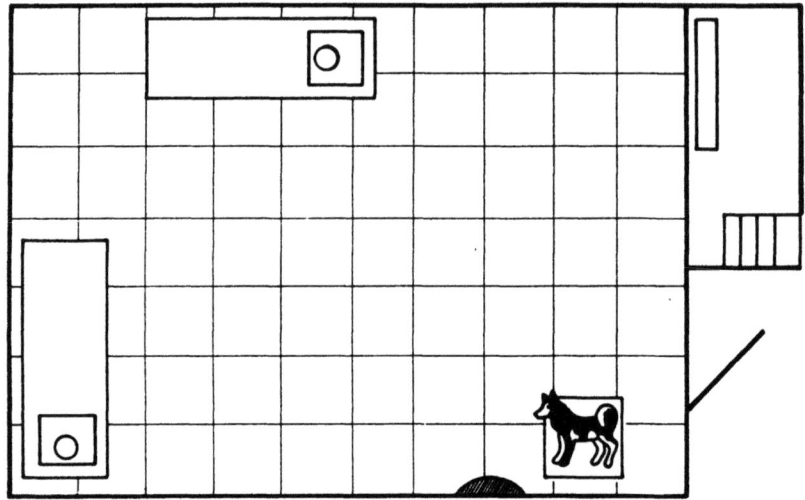

Fig. 7. La «chambre Kupalov» pour l'étude, chez le chien, des réflexes conditionnés en comportement libre (voir explication dans le texte).

met plus de nourriture que sur la table, qui n'est pas très haute. L'animal, après quelques hésitations, saute sur la table et y mange. L'expérimentateur déclenche alors de la cabine la mangeoire qui tourne et lui présente une autre portion de nourriture. Le chien, effrayé au début, finit par manger. On lui fait ainsi manger 8-10 portions et, en même temps, on l'habitue au déclic de la mangeoire qui devient vite le premier SC : dès qu'il entend ce déclic, il se tourne vers la mangeoire et mange. Une fois ce premier RC élaboré, tout devient facile. On lui apprend qu'il doit descendre de la table pour avoir une autre portion : on ne déclenche la mangeoire qu'une fois qu'il est au sol. Alors, il saute sur la table, mange et, quand il a appris la tâche, redescend et attend un autre déclic. On peut ensuite lui élaborer, suivant le procédé pavlovien classique, toute une série de RC : un métronome par exemple va battre quelques secondes et puis on va déclencher la mangeoire. En quelques jours, le chien va déjà sauter au métronome et, bien sûr, sera renforcé. D'autres stimuli peuvent être utilisés, des clochettes, des sonnettes, des lampes, etc. pour élaborer toute une série de stimuli conditionnés positifs, pour lesquels l'animal va sauter et sera renforcé.

A ce stade, ou même avant, pour faciliter l'observation de l'animal, on va lui élaborer ce que Kupalov a appelé une *place conditionnée*. Le chien va ainsi nous montrer qu'il est parfaitement capable d'analyser l'espace qui est à sa disposition, qu'il est capable de saisir la signification alimentaire, positive d'un certain endroit et, celle négative, de tout le reste de cette grande chambre d'expérience.

Le chien, dans les intervalles entre les stimuli conditionnés, bouge librement, explore la chambre, boit éventuellement dans un bol d'eau qui est à sa disposition au sol. Si on décide de lui imposer une place conditionnée (une planche ou un petit tapis, par exemple), le procédé proposé par Kupalov est très simple : on commence par ne déclencher les stimuli conditionnés positifs que lorsque le chien se trouve, par hasard, sur la future place conditionnée. Il ne reçoit plus jamais les stimuli conditionnés positifs qui le font sauter sur la table et qui lui permettent ainsi de recevoir le renforcement alimentaire, lorsqu'il se trouve ailleurs dans la chambre d'expérience. Petit à petit, la probabilité que le chien se trouve sur la place conditionnée augmente. Petit à petit également, on apprend au chien à rester quelques secondes à cet endroit, car ce n'est qu'après avoir marqué un arrêt sur l'endroit conditionné, qu'on déclenche le SC. C'est aussi de cet endroit conditionné qu'on peut élaborer des réflexes conditionnés négatifs, des discriminations par exemple : le chien est sur la place conditionnée; on déclenche un métronome qui bat à une autre fréquence, par exemple le M 60; le chien saute sur la table comme pour le M 120 mais n'est pas renforcé. On introduit le M 60 plusieurs fois par jour (2 à 4 fois), entre des M 120 renforcés, et après 1 à 2 semaines, le chien, au M 60, aura seulement un réflexe d'orientation, ou bien une sorte de saisissement en raidissant sa posture, mais ne va plus quitter la place conditionnée. Au M 120 par contre, il va sauter sur la table et sera renforcé. De la même manière, on peut élaborer d'autres réflexes conditionnés positifs et négatifs, par exemple entre une lampe forte (100 W) et une faible (40 W) qui s'allument devant le chien. D'autres possibilités offertes par cette méthode seront discutées plus loin. Ainsi une expérience typique avec un chien bien entraîné se déroule de la manière suivante :

1. on laisse entrer le chien dans la chambre expérimentale (dans laquelle il pénètre volontiers);

2. il saute tout de suite sur la table et mange la première portion de nourriture qui se trouve déjà dans la mangeoire;

3. il descend en sautant de la table et va directement à la place conditionnée où il attend, en regardant intensivement vers la table et vers la source des SC;

4. après quelques secondes, l'expérimentateur, qui se trouve dans la cabine d'observation, déclenche le premier SC positif et le chien quitte immédiatement la place conditionnée et saute sur la table;

5. l'expérimentateur déclenche alors la mangeoire et le chien reçoit le renforcement;

6. après y avoir mangé, le chien gagne à nouveau la place conditionnée, attend, et au SC positif suivant, les événements se répètent.

Si l'expérimentateur déclenche le SC négatif, le chien se raidit mais ne quitte pas la place conditionnée.

Rarement, après avoir mangé une portion, le chien se déplace un peu dans la chambre, mais alors c'est surtout pour aller boire un peu d'eau. Après 8-10 SC positifs, avec lesquels l'expérience commence et finit régulièrement, et entre lesquels on introduit 2 à 4 SC négatifs, l'expérimentateur sort de sa cabine, signalant ainsi la fin de l'expérience, joue quelques instants avec le chien et lui donne un peu de nourriture «pour rien», après quoi, l'animal est ramené au chenil jusqu'au lendemain.

Au point de vue du problème de l'espace, la méthode de Kupalov démontre d'une manière spectaculaire que le chien est parfaitement capable de discriminer les éléments de son espace expérimental. Pendant les quelques minutes que dure l'expérience, il va passer 90 à 95 % de son temps au sol sur la place conditionnée. Le chien est donc à même de faire une discrimination spatiale parfaite entre les endroits de la chambre d'où il n'est jamais renforcé et la place d'où, s'il y reste quelques instants, il va recevoir le SC qui va lui signaler que, s'il saute sur la table, il y trouvera le renforcement alimentaire.

Les mêmes conclusions que celles que nous avons tirées à propos du temps, s'imposent également pour l'espace.

L'espace est bel et bien une dimension réelle pour le chien, il participe de manière déterministe à son comportement adaptatif et représente ainsi une dimension objective et mesurable dont on doit dorénavant tenir compte dans toute expérience de type psychophysiologique.

De plus, ces expériences, comme celles concernant le temps, ouvrent la voie à une analyse neurophysiologique des structures et des mécanismes impliqués dans l'analyse de l'espace par le cerveau.

Chapitre 3
Associationnisme et gestaltisme : l'unité entre analyse et synthèse dans l'activité nerveuse supérieure

> « *L'unité c'est le principe dominant dans le système nerveux; il est partout et domine tout.* »
>
> FLOURENS

Les faits expérimentaux, aussi nouveaux et importants qu'ils soient, ne suffisent pas pour faire progresser la science. La conceptualisation théorique approfondie est indispensable, et cela pour deux raisons majeures : a) pour orienter la recherche, individuelle ou d'équipe; b) pour saisir la signification d'une observation fortuite qui peut alors, et seulement alors, devenir le point de départ d'une recherche à long terme. Ainsi, ayant compris que la sécrétion salivaire pouvait jusqu'à un certain point être assimilée à un comportement et que celui-ci était sous contrôle cortical, Pavlov, sur les bases théoriques du nervisme et de l'évolutionnisme, a orienté toute l'activité de son laboratoire vers la psychophysiologie, abandonnant le domaine digestif. Par contre, comme on le verra plus tard à propos des névroses expérimentales, les premiers cas de névroses n'ont pas été pris en considération par Pavlov, puisque lui-même et ses collaborateurs n'étaient pas «prêts» théoriquement à accepter le concept de pathologie fonctionnelle de l'ANS.

L'unité inextricable entre l'obtention des faits expérimentaux et leur interprétation théorique dans la pensée de Pavlov apparaît clairement dans un passage de la célèbre «Lettre à la Jeunesse » que Pavlov, à l'âge de 85 ans (!) a adressée aux jeunes chercheurs (voir Annexe 2).

Un tout autre problème est celui de l'« étiquette » appliquée à une Ecole mal connue à cause des difficultés de communication (langue, absence d'échanges directs entre chercheurs des différents pays, etc.). Ce fut le cas pour l'école de Pavlov.

C'est ainsi que le chapitre que nous allons aborder maintenant illustrera un aspect théorique essentiel et cependant peu connu de la théorie pavlovienne, celui de l'interaction harmonieuse de deux concepts apparemment contradictoires, celui de l'associationnisme et celui du gestaltisme.

L'associationnisme de William James s'inscrivait directement dans la ligne de pensée de l'empirisme de John Locke. Il mène en quelque sorte à décomposer tout comportement complexe en lignes de force, basées soit sur les réponses aux stimuli présents, soit sur leurs traces, soit enfin sur les associations entre un stimulus présent, d'une part, et les traces d'un autre, d'autre part. L'associationnisme, ainsi défini très sommairement, fut la base théorique du courant behavioriste de Watson, de Skinner et de leurs nombreux élèves et continuateurs. L'école pavlovienne est souvent considérée comme s'inscrivant également dans la pensée associationniste mais en y ajoutant une dimension nouvelle : l'intérêt pour la fonction cérébrale. En effet, les behavioristes, et surtout les « pères fondateurs », s'intéressaient presque exclusivement aux relations stimulus-réponse, relations par ailleurs étudiées avec beaucoup de rigueur et d'ingéniosité créatrice. Certes, ils n'ignoraient pas le rôle fondamental du cerveau dans ces relations mais, non sans une réelle et très estimable modestie, ils considéraient plutôt que cet aspect anatomo-physiologique dépassait à la fois leur compétence et le pouvoir de « résolution » de leur outil. La « boîte noire » (black box), le cerveau, c'était en principe l'affaire des autres, des anatomistes, des physiologistes, des biologistes et, plus tard, des neurochimistes, mais pas la leur.

La position de Pavlov fut, dès le début, celle d'un physiologiste. C'était surtout le cerveau qui l'intéressait : les mécanismes par lesquels s'établissent et évoluent les comportements associationnels, les traces que les stimuli laissent dans le cerveau et qui sont à la base de tout apprentissage, de toute mémoire.

De ce point de vue, Pavlov et son école furent, en effet, des associationnistes, même si, axés sur la physiologie du cerveau, ils restaient des physiologistes et occupaient une place bien à part dans ce grand mouvement de pensée.

Cependant, ce qui est moins connu et certainement moins souvent souligné, c'est que la pensée pavlovienne réussit à sortir des ornières associationnistes. Elle découvrit et décrivit des aspects holistiques de l'activité cérébrale, aspects du type « Gestalt », qui jouent un rôle fondamental dans les comportements complexes, adaptatifs, de l'individu en interaction avec son milieu environnant.

La théorie pavlovienne souligne ainsi, plutôt que la différence, l'unité fonctionnelle entre, d'une part, les associations qui relient des foyers relativement limités d'excitation et d'inhibition cérébrales et, d'autre part, l'activité des ensembles, des régions, et même du cerveau entier. C'est cette vision du cerveau, considérée d'une part comme une mosaïque dynamique de points d'excitation et d'inhibition et d'autre part comme une unité fonctionnelle, qui fait des pavloviens le trait d'union entre associationnistes et gestaltistes. Rappelons à ce sujet les mots de Flourens qui, après avoir, par des extirpations, cherché à localiser des fonctions dans le cerveau, resta surtout frappé par le volet holistique dans l'activité du système nerveux central : « L'unité c'est le principe dominant dans le système nerveux, il est partout et domine tout. »

La vision pluraliste, celle de l'unité entre les fonctions d'analyse et de synthèse dans l'ANS, caractérise l'école pavlovienne et la différencie des écoles unicistes — associationnistes et holistes — dont les options s'excluent réciproquement.

Pour Pavlov en effet, les fonctions d'analyse et de synthèse sont deux facettes de la même activité cérébrale. L'unité entre ces aspects de la fonction cérébrale apparaît évidente même lors de l'élaboration du plus élémentaire réflexe conditionné : le cerveau relie entre eux deux stimuli extérieurs, en réalise une synthèse après les avoir analysés, séparés de la multitude de stimuli qui nous sollicitent et après avoir saisi leur coïncidence temporelle et la régularité de cette coïncidence.

«Dans l'optique de la physiologie, le cortex cérébral présente simultanément et de manière permanente une activité d'analyse et une autre de synthèse, de telle sorte que toute opposition de ces activités, toute étude préférentielle de l'une d'entre elles, ne conduira pas au vrai succès et ne donnera pas une image complète de l'activité des hémisphères cérébraux» (I.P. Pavlov, 1951, p. 408).

Dans ce chapitre, nous illustrerons le pluralisme pavlovien en décrivant tout d'abord la manière dont Pavlov abordait la fonction analytique cérébrale et ensuite, pour l'aspect de synthèse, nous insisterons essentiellement sur trois notions :

1. la stéréotypie dynamique, notion développée par Pavlov lui-même;

2. la régulation réflexe conditionnée du tonus central, régulation étudiée principalement par Kupalov et ses élèves;

3. le concept d'autokinesis de Horsley Gantt, le grand élève américain de Pavlov.

3.1. LA FONCTION ANALYTIQUE DANS L'ANS

3.1.1. L'analyseur

Pour Pavlov, le cortex cérébral est avant tout un ensemble d'«analyseurs», terme qu'il a créé pour souligner un de ses rôles principaux, celui d'analyse des éléments constitutifs du milieu environnant et du milieu intérieur.

L'analyseur est un système fonctionnel unitaire qui comporte trois segments :

1. le segment périphérique, l'appareil récepteur qui perçoit une certaine forme d'énergie physique dans le stimulus (stimulus = changement important et rapide dans le milieu environnant et/ou extérieur) et la transforme en excitation nerveuse;

2. le segment de conduction, formé de fibres afférentes et de leurs collatérales, qui mènent l'information reçue à travers des relais synaptiques sous-corticaux jusqu'au cortex cérébral;

3. le segment central (cortical), représenté par la région corticale — primaire et secondaire — où arrivent les informations transmises par les voies afférentes.

Sans entrer dans les détails de structure, rappelons que l'école pavlovienne admet l'existence de deux types de récepteurs: les extérocepteurs, à la surface et les intérocepteurs, à l'intérieur de l'organisme. On considère parmi les intérocepteurs non seulement ceux des organes cavitaires ou des vaisseaux sanguins, mais également les propriocepteurs des muscles et des tendons. Les récepteurs captent l'énergie physique des stimuli et la transforment en excitation nerveuse. Le récepteur, sous l'influence d'une certaine forme d'énergie, génère donc des salves d'impulsions nerveuses qui activent les fibres afférentes et conduisent ces informations vers les étages supérieurs du SNC, éventuellement jusqu'au cortex cérébral.

Une première étape d'analyse est réalisée au niveau des récepteurs eux-mêmes. Par ailleurs, parallèlement à l'évolution phylogénétique et ontogénétique, les récepteurs se différencient, se spécialisent: photocepteurs, sonocepteurs, thermocepteurs, etc. Il y a même des différenciations plus fines comme par exemple, dans les thermocepteurs, il y a des récepteurs distincts pour le froid et pour le chaud.

Non seulement les extrémités périphériques, en sélectionnant l'excitation adéquate et en transmettant les informations, « codées » par exemple par la fréquence des décharges nerveuses, mais aussi les étages inférieurs du SNC, participent à l'activité analytique. Un animal décérébré ou même spinal, est encore capable de fournir des réponses en rapport, par exemple, avec la qualité, l'intensité ou le lieu d'application du stimulus cutané. Puisque des stimuli différents provoquent des réponses différentes, on peut parler d'une analyse. Elle reste cependant grossière, peu comparable à l'analyse fine qui a lieu chez l'animal normal, intact.

Pavlov a réuni conceptuellement les trois segments cités plus haut dans un système fonctionnel unitaire qu'il a appelé «analyseur». L'analyseur n'est pas seulement un récepteur, un appareil qui reçoit l'excitation, la transforme en énergie nerveuse et la transmet vers le système nerveux. Dans la conception pavlovienne, l'analyseur est surtout un dispositif qui différencie les variations du milieu environnant en éléments et en moments et qui permet de réorganiser, de recombiner ces détails entre eux et, éventuellement, de les mettre en corrélation avec d'autres activités de l'organisme. Ainsi, par exemple, parmi la multitude des stimuli auditif qui arrivent aux récepteurs acoustiques, l'analyseur sélectionne à chaque instant, pour le SNC, quelques sons seulement, pas nécessairement les plus intenses, mais ceux qui ont pour nous une signification biologique déterminée et auxquels nous réagissons d'une manière déterminée.

3.1.2. La méthode de recherche de la fonction analytique

Actuellement, plusieurs méthodes sont disponibles, surtout celles de type électrophysiologique comme l'EEG et les potentiels évoqués, ou celles de type «imagerie» cérébrale (gammagraphie, tomodensitométrie, PET, RMN) qui mesurent les débits cérébraux régionaux et le métabolisme cérébral local. Toutes ces méthodes permettent de déterminer la fonction analytique dans la mesure où l'on peut quantifier les séquences spatiotemporelles des effets des stimuli au niveau cérébral.

Du temps de Pavlov, aucune de ces méthodes n'était disponible ni même envisageable, à l'exception du potentiel évoqué. Son mérite est d'avoir proposé le réflexe conditionné comme première méthode pour l'étude de la fonction d'analyse du cortex cérébral, méthode dont le principe reste encore valable. Le réflexe conditionné représente, dans ces études, le «marqueur» qui nous indique: a) que l'énergie déployée par le stimulus conditionné est arrivée jusqu'aux hémisphères cérébraux; b) le degré, la finesse et les limites de cette forme d'analyse. Ainsi, si une excitation, externe ou interne, stimule les récepteurs et, étant associée au stimulus non conditionné, en devient le signal, on peut conclure que le cortex cérébral est à même d'analyser, d'isoler ce stimulus de la multitude des stimuli qui agissent au même moment sur l'organisme. On saisit également, dans ce qui précède, combien l'étude séparée de la fonction corticale d'analyse et de synthèse est artificielle. En effet, l'étude de cette forme élémentaire d'analyse se fait à travers la synthèse de deux foyers d'excitation, synthèse qui est la base même du réflexe conditionné. Pavlov écrit à ce sujet:

«... l'activité des analyseurs est en rapport étroit avec le mécanisme d'élaboration des nouveaux réflexes. Ce mécanisme ne peut mettre en corrélation, avec l'activité de l'organisme, que les éléments qui ont été isolés par l'analyseur» (Pavlov, 1928, p. 226).

Les analyseurs fournissent donc les éléments nécessaires à la synthèse. Le modèle du réflexe conditionné positif pour l'étude de la capacité d'analyse cérébrale n'est cependant pas suffisant; il faut le combiner avec celui d'un réflexe conditionné négatif, par exemple celui basé sur la discrimination. Si un animal élabore un réflexe conditionné positif, alimentaire ou de défense, au son-400 (400 vibrations/sec), cela montre indubitablement qu'il le perçoit. Ensuite, on élabore une discrimination au T-500 ou au T-1000 et l'animal présente le réflexe conditionné uniquement au T-400, celui qui est suivi du renforcement et non au T-500 qui ne l'est pas. Ce procédé nous permet d'estimer la capacité d'analyse des analyseurs.

3.1.3. La capacité d'analyse des analyseurs

Sur la base du réflexe conditionné négatif de discrimination, on a pu examiner, chez Pavlov, la capacité d'analyse des analyseurs. Nous prendrons comme exemples les cas des analyseurs optique, acoustique, cutané et moteur. L'analyseur viscéral sera discuté au chapitre de la pathologie fonctionnelle de l'ANS.

ANALYSEUR OPTIQUE

Les expériences d'Orbeli (1913) ont précisé que le chien différencie très mal les couleurs. Par contre, Frolov (1918) a montré que du point de vue de la discrimination des intensités lumineuses, le chien dépasse l'homme. Ainsi, Frolov a élaboré un réflexe conditionné positif, alimentaire, à la présentation d'un rectangle noir avec discrimination d'un rectangle de mêmes dimensions mais blanc. Ensuite, on a essayé la discrimination des rectangles gris, dont la nuance passait du blanc au noir suivant une échelle numérotée de 1 à 50. Le chien a réussi à discriminer le rectangle 49 (non renforcé) du rectangle 50 (renforcé), alors que l'homme est incapable de voir une différence entre ces deux stimuli. On peut de la même manière établir que l'analyseur optique du chien lui permet de saisir les différences entre des formes (cercle vs ellipse) ou entre des directions de mouvement de l'excitant conditionné. On peut, par exemple, devant le chien, faire tourner un disque dans le sens des aiguilles d'une montre et renforcer ce mouvement, alors que le mouvement en sens inverse n'est pas renforcé. Le chien va présenter le réflexe conditionné positif uniquement lorsque le disque tourne dans le sens renforcé.

ANALYSEUR ACOUSTIQUE

1. L'analyseur acoustique du chien est capable de saisir la différence entre les intervalles de temps qui séparent deux sons. En effet, dès 1910, Usievitch a pu élaborer une discrimination entre un métronome qui bat à 100 coups/minute (SC+) et un autre qui bat à 104 coups/minute (SC−).

2. Andreev (1925) utilisant des sons purs générés par un oscillateur cathodique, a observé que le chien perçoit et discrimine les ultrasons (il fait la différence entre des fréquences de 36.000 et de 38.000/seconde). Andreev a de plus réussi à confirmer expérimentalement la théorie de la résonance de Helmholtz. Le principe de cette théorie est que, dans la membrane basale de

l'organe de Corti, situé dans l'oreille interne (dans la cochlée ou limaçon), il y aurait une localisation spatiale des éléments contenus dans le limaçon, et qui perçoivent les sons. Les sons hauts seraient perçus à la base, et les sons bas au sommet du limaçon. Andreev a élaboré chez des chiens des réflexes conditionnés aux sons purs de diverses fréquences. Chez des chiens bien entraînés, la destruction unilatérale de l'oreille interne n'a entraîné aucune perte du matériel appris. Par contre, dans un deuxième temps, la lésion partielle du limaçon a été suivie des effets différentiels :

- plus la lésion de l'organe de Corti était proche de sa base, plus grande était la perte des réflexes conditionnés aux stimuli de fréquence haute; inversement, plus la lésion était apicale, plus grande était la perte des réflexes conditionnés aux fréquences basses;

- la lésion partielle de l'organe de Corti ne perturbe que les réflexes conditionnés de fréquences bien définies; les réflexes conditionnés aux autres fréquences ne changent pas, ce qui prouve que la partie non lésée du limaçon garde sa fonction normale.

3. Les chiens différencient facilement le même son, selon qu'il est émis à gauche ou à droite de la tête. En effet, chez des chiens normaux, on peut élaborer la discrimination : sifflet (1.500/sec) à gauche comme stimulus conditionné positif, versus le même sifflet à droite mais non renforcé. Cependant, Bykov (1926) a observé que la coopération des deux hémisphères était indispensable à cette différenciation, car le chien auquel on pratique une section du corps calleux ne la fait plus : il va saliver pour le sifflet, qu'il soit placé à gauche ou à droite, même si l'emplacement à droite n'est pas renforcé. Cette expérience est une des plus intéressantes dans le cadre du problème de la latéralisation cérébrale des fonctions. En effet, l'animal calleux entend bien le son du sifflet, quelle que soit sa source, mais il a perdu la capacité de saisir l'emplacement différentiel de la source du stimulus conditionné sonore, du moins suivant le critère du réflexe conditionné.

A notre connaissance, cette expérience n'a pas été tentée ailleurs et — à notre avis — il serait important, sur un plan théorique, de pouvoir en réaliser une réplication. En effet, si l'expérience de Bykov est reproductible, elle ajoute une dimension considérable au rôle du corps calleux dans l'intégration physiologique de l'orientation spatiale.

ANALYSEUR CUTANE

Chez Pavlov, on avait imaginé, pour la stimulation tactile, un petit appareil très ingénieux: un disque creux, d'un diamètre d'environ 5 cm, est collé sur la peau rasée du chien. On peut coller 10-15 disques depuis le bas de la patte jusque sur le flanc, et cela des deux côtés. A l'intérieur de chaque disque, se trouve une sorte de petite brosse mobile qui peut être actionnée à distance, pneumatiquement, par l'expérimentateur. Celui-ci peut donc, sans que l'animal ne le voie, appliquer une stimulation tactile (10 à 15 attouchements de la peau par la brosse à un rythme déterminé pendant environ 30 secondes) suivie ou non par le renforcement. On a constaté que:

- on peut obtenir des réflexes conditionnés positifs à partir de n'importe quel endroit de la peau;

- l'animal discrimine, même à faible distance (quelques centimètres) les points «positifs» (renforcés) des points «négatifs» (non renforcés);

- si une zone d'un côté de l'animal est devenue «positive», la zone contralatérale, symétrique, répond d'emblée comme si elle était également conditionnée. Ce transfert contralatéral de l'information ne se produit pas chez l'animal à section calleuse (Bykov et Speransky, 1924).

ANALYSEUR MOTEUR

a) L'expérience fondamentale

L'activité n'est pas limitée aux stimuli en provenance du monde extérieur. On peut aussi analyser les signaux du monde intérieur, ceux qui arrivent jusqu'au cerveau et qui y sont interprétés. A partir de tous nos viscères, des impulsions générées par les intérocepteurs peuvent arriver jusqu'au cerveau. La preuve en est que ces informations génèrent des potentiels évoqués et peuvent devenir des stimuli conditionnés. L'analyseur moteur, ou kinesthésique, est un des plus importants parmi ceux qui permettent au cerveau d'interpréter notre milieu intérieur. Son existence a été démontrée en 1911, chez Pavlov par Kranogorski qui a réussi à élaborer chez le chien, un réflexe conditionné alimentaire en utilisant comme stimulus conditionné la flexion passive de la patte. Lorsque le réflexe conditionné est bien établi, tous les gestes de l'expérimentateur sont bien discriminés du mouvement de flexion qu'il imprimait à la patte : le chien ne salive, ne déclenche donc le réflexe conditionné que lorsque l'expérimentateur lui fléchit la patte. Ainsi, la stimulation des récepteurs des muscles et des tendons, des propriocepteurs, est transmise jusqu'au cortex cérébral. Cette excitation centrale peut servir de base pour élaborer un réflexe conditionné si elle est associée à la nourriture, tout comme n'importe quelle stimulation extéroceptive.

b) Le problème des mouvements volontaires

Les mouvements qu'on appelle «spontanés» ou «volontaires» sont perçus dans l'école pavlovienne comme étant générés par le cortex cérébral, essentiellement par des mécanismes du type réflexes conditionnés, basés sur des informations qui cheminent le long de l'analyseur moteur. Cette vue confirme et élargit le concept théorique de Setchenov quant à la nature réflexe des actes dits «volontaires».

Une première preuve expérimentale à ce sujet est apportée par les expériences de Kranogorski, citées plus haut, et ensuite par celles de Konorski et Miller (1936) qui ont automatisé toute la procédure et ont ainsi éliminé les facteurs d'erreurs présents dans les travaux antérieurs. Dans toute cette série d'expériences, les chiens ont tendance à exécuter «spontanément» le mouvement imposé à la patte. Ce n'est que par non-renforcement systématique de ces mouvements actifs qu'on arrive à leur extinction. Si, par contre, les mouvements actifs sont renforcés, l'animal va les produire systématiquement tout le long de l'expérience. Celle-ci devient alors une variante du réflexe conditionné opérant (ou instrumental, ou du type II, ou skinnérien).

Les expériences faites chez Kupalov par Voievodina, Yakovleva, Floru, etc. sont encore plus démonstratives pour la nature ANS de la motilité dite volontaire (voir dans Floru et al., 1956; Biriukov et al., 1959; Giurgea, 1981).

Le chien est étudié suivant la technique du « comportement libre » décrite plus haut. On arrive au stade du réflexe conditionné au bruit de la mangeoire ou même à celui d'un stimulus conditionné habituel, le métronome par exemple: le chien est introduit dans la chambre expérimentale, saute sur la table et mange sa première portion, descend et ne saute plus avant d'entendre soit le bruit de la mangeoire, soit celui du métronome. A ce stade, on peut commencer la transformation des mouvements dits involontaires en mouvements volontaires. Prenons deux exemples: le réflexe de grattage et celui du « chien mouillé ».

Les chiens se grattent de temps en temps, même s'ils sont en bon état d'hygiène. On observe le chien et, pendant qu'il se gratte activement la peau du flanc avec une patte, l'expérimentateur déclenche le stimulus conditionné. Le chien arrête de se gratter, saute sur la table, car la motivation alimentaire est plus forte et mange. Il descend, se promène et à un certain moment recommence le grattage. On déclenche à nouveau le stimulus conditionné et l'animal, sautant sur la table, est renforcé. A partir de ce moment, on ne renforce plus le chien que lorsqu'il se gratte, quitte à ce que l'expérience dure 15-20 minutes de plus, puisqu'il faudra attendre qu'il se gratte. Après quelques séances, on voit que le grattage se produit avec une fréquence de plus en plus élevée. En effet, un chien bien entraîné entre dans la chambre d'expérience, saute sur la table, mange la première portion, descend, s'arrête devant l'endroit où il va entendre le métronome, il s'assied, se gratte vigoureusement, regarde vers la source du métronome et, dès qu'il l'entend, saute sur la table et trouve son renforcement. Il descend, se gratte à nouveau et, au son du métronome, saute sur la table et est renforcé. De cette manière, le chien va se gratter 8 à 15 fois par séance (suivant le nombre de mangeoires disponibles). Au début de cet entraînement, le chien se gratte et saute sur la table sans attendre le stimulus conditionné mais progressivement, il inhibe cette réaction prématurée et, tout en se grattant, ne saute que lorsque le stimulus conditionné est déclenché. Le stimulus conditionné peut, par ailleurs, s'adresser à une autre modalité sensorielle, par exemple, une ampoule qui s'allume. Il s'agit vraiment d'un mouvement volontaire dans toute l'acceptation physiologique du mot et non pas des réflexes d'origine périphérique dus à une irritation cutanée de quelque nature que ce soit. En effet, on peut conditionner le grattage unilatéral droit ou gauche, suivant le procédé de renforcement. Ainsi, Floru, chez Kupalov, a associé le mouvement spontané de grattage exécuté par la patte arrière droite, avec le métronome-120 suivi, après le saut sur la table, du renforcement alimentaire. Le mouvement spontané de grattage avec la patte arrière gauche est associé avec le métronome-60 et non renforcé. A la fin, le chien exécutait quelque 12 grattages vigoureux par expérience mais uniquement avec la patte arrière droite ! Une parfaite discrimination motrice s'est élaborée, le chien — par ce mouvement — n'utilisait plus la patte gauche, dont le mouvement n'était pas renforcé.

Un autre argument en faveur du caractère «volontaire» de ces mouvements, dans le sens d'une commande centrale, c'est qu'on peut les «éteindre» par non-renforcement. Il suffit de ne plus faire suivre les grattages par le métronome-120 et de ne pas renforcer positivement les éventuels sauts spontanés sur la table pour que le chien, après 10-20 séances, ne se gratte plus. Ajoutons que pendant ces expériences d'extinction, on maintient la signification alimentaire de l'ambiance, car on déclenche 10-12 fois le métronome-120 et les sauts consécutifs sont renforcés. On veille simplement à appliquer le SC+ pendant que le chien ne se gratte pas.

Les expériences de décortication partielle fournissent également un argument important quant à la nature centrale de ces mouvements. Krasnogorski (1911) avait déjà montré que le réflexe conditionné à la stimulation des propriocepteurs, par la flexion passive de la patte, n'était pas présent chez les chiens auxquels on avait extirpé bilatéralement le gyrus sigmoideus (la zone motrice corticale). L'extirpation de la zone de projection tactile n'a pas aboli ce réflexe conditionné. Floru (1952) a également extirpé bilatéralement le gyrus sigmoideus et a constaté que le réflexe conditionné simple (sauter sur la table au métronome) se rétablit (ou peut être élaboré) quelques semaines après l'opération. Par contre, les réflexes conditionnés plus complexes, comme par exemple apprendre à garder une place conditionnée ou transformer un acte involontaire en mouvement volontaire, sont abolis définitivement.

Un autre mouvement instinctif, involontaire, qui a pu être transformé par le même procédé en mouvement volontaire, est celui dit du «chien mouillé». L'expérience est par ailleurs particulièrement spectaculaire. On sait que lorqu'un chien a le dos mouillé, il se secoue vigoureusement jusqu'à déclencher un véritable réflexe qui ne s'arrête que de lui-même et qui peut se répéter plusieurs fois. Yakovleva, chez Kupalov, introduit dans la chambre de «comportement libre», un chien bien entraîné (place conditionnée; réflexe conditionné positif au métronome-120; discrimination au métronome-60) qu'on a mouillé juste avant l'expérience. Chaque fois que l'animal présente le réflexe du «chien mouillé», on déclenche le M-120 et on le renforce. Après quelques semaines de séances journalières pendant lesquelles le chien n'est renforcé que lorsqu'il se secoue, on peut, comme pour le grattage, transformer ce mouvement involontaire en mouvement volontaire, même lorsqu'on ne mouille plus l'animal. Le chien entre dans la chambre d'expérience, prend sur la table sa première portion, revient à l'emplacement conditionné et essaie de déclencher le réflexe correspondant. Ce n'est pas facile car on ne le renforce que lorsqu'il a produit le réflexe complet et non pour chaque essai partiel. Parfois les chiens trouvent des «trucs» afin d'arriver à déclencher le réflexe: ils se mettent sur le dos, se frottent sur le sol puis se redressent brusquement et se secouent comme s'ils étaient mouillés. Ce réflexe est plus difficile à conditionner que celui du grattage mais, finalement, il a été obtenu chez tous les chiens sur lesquels on l'a essayé; ils produisaient 6 à 8 réflexes par séance, suivis du M-120 et du renforcement (Kupalov, 1948, dans Kupalov, 1978).

Le concept des mouvements volontaires, tout comme celui des mouvements intégrés par les étages supérieurs du cerveau, en particulier par le cortex cérébral et suivant les lois générales de l'ANS, est un concept qui soulève une question fondamentale : peut-on appliquer au comportement complexe de l'animal supérieur les lois qui régulent la multitude de ses réflexes élémentaires, même conditionnés, ou par contre, doit-on, dans une sorte de néo-dualisme, considérer d'une manière différente l'activité réflexe lorsqu'il s'agit d'un comportement hautement intégré, de l'activité de l'organisme entier dans son effort adaptatif vis-à-vis du milieu environnant ? Il semble évident, du fait de la possibilité de transformer des mouvements involontaires en mouvements volontaires par le procédé des réflexes conditionnés, que c'est plutôt le concept unitaire qui émerge comme le plus probable.

3.2. LA FONCTION DE SYNTHESE DANS L'ANS

Nous avons déjà souligné la vision pluraliste de Pavlov qui voyait dans les fonctions des analyseurs à la fois des aspects d'analyse et de synthèse.

L'analyse des phénomènes du monde environnant consiste dans leur fragmentation minutieuse et dans la mise en corrélation de ces fragments avec des activités déterminées de l'organisme. Ces mécanismes interviennent, par exemple, lors de la discrimination d'un complexe de stimuli par rapport à un autre complexe. Ainsi lorsque le stimulus conditionné est un complexe — simultané ou successif — formé d'une stimulation acoustique, optique et tactile, on se trouve devant une activité analytico-synthétique particulière. En effet, les parties sont synthétisées par le cerveau en un tout, car les stimuli qui constituent le stimulus complexe n'ont pas d'effet lorsqu'on les utilise séparément. C'est seulement le stimulus complexe, celui qui est associé à la nourriture, qui agit comme SC+. Il y a donc ici une activité évidente de synthèse : lier les éléments en un tout et lier ce tout avec l'excitation alimentaire ; mais il y a également, et simultanément, une activité d'analyse, le complexe étant discriminé des éléments qui le constituent.

La fonction synthétique dans l'ANS est encore mieux illustrée dans les trois exemples qui suivent et dont l'importance pour notre vie quotidienne sera chaque fois discutée.

3.2.1. La stéréotypie dynamique

Comme tous les grands concepts de l'école pavlovienne, l'origine de celui-ci se trouve dans une observation expérimentale inattendue, insolite. Kupalov (1925) étudiait la capacité d'analyse de l'analyseur cutané. Chaque chien était porteur, lors de chaque expérience, de dix stimulateurs tactiles, collés à la peau depuis le bas d'une patte jusque sur le flanc (figure 8).

Fig. 8. La stéréotypie dynamique. Le modèle de Kupalov (1926), qui utilise l'aternance des «points» positifs et négatifs dans l'analyseur cutané, à l'aide d'un dispositif particulier (attouchements répétitifs avec une brosse commandée pneumatiquement à distance) pour la stimulation tactile (positif = renforcé; négatif = non renforcé; voir pour détails dans le texte).

Une fois l'animal habitué à la mise en place de tous les stimulateurs, l'expérimentateur commence à élaborer le premier réflexe conditionné positif : la stimulation tactile du point le plus bas de la patte est renforcée avec la nourriture, et cela 8 à 10 fois par jour. Au bout de quelques expériences, le chien apprend et commence à saliver lors de cette stimulation tactile et à regarder vers la mangeoire avant que la nourriture ne soit disponible. On commence alors l'élaboration de la première discrimination tactile : on stimule le point cutané suivant et cette stimulation n'est pas renforcée. Au début, le chien montre le phénomène habituel de généralisation, il salive et « attend » le renforcement dès qu'on lui applique la stimulation tactile 1 à 2 centimètres plus haut que celle qui était précédemment renforcée. Dans la même expérience, on applique environ huit fois la stimulation tactile 1 renforcée et trois ou quatre fois la stimulation 2 non renforcée, intercalée entre les précédentes. Au bout de quelques jours, le chien apprend à discriminer les endroits de la peau qu'on stimule : pour la stimulation 1, il salive et montre le comportement réflexe conditionné positif, alors que pour la stimulation 2, il ne salive pas et souvent même détourne le regard de la mangeoire. Quand ce « couple » de stimuli est bien élaboré (S1+ et S2−), Kupalov passe à l'élaboration du deuxième couple, S3+ et S4−. Pour cela, il emploie le même procédé et observe, comme pour le S1 et le S2, qu'une fois le S3 devenu point « positif », le chien salive pour le S4 également. Il peut alors progressivement transformer le S4 en point négatif par son non-renforcement systématique.

La situation se répète pour S5 et S6 mais elle est toute différente pour S7 et S8, comme pour S9 et S10. En effet, dès les premières applications du S7, le chien montre un réflexe conditionné positif, qui est bien sûr renforcé, et pour le S8, il présente tout de suite la discrimination : il ne salive pas et détourne la tête de la mangeoire. On ne renforce pas le S8 et après 2-3 jours, les réponses sont bien stabilisées : S1+ ; S2− ; S3+ ; S4− ; S5+ ; S6− ; S7+ ; S8−. Pour les points S9 et S10, il ne faut rien élaborer, d'emblée tout est stable : S9 est positif et S10 est négatif.

L'expérience de Kupalov a été reproduite sur d'autres chiens et par d'autres expérimentateurs; sur certains chiens, le couple S5-S6 était déjà «auto-élaboré» dans sa signification attendue (S5 positif et S6 négatif). Le sens de cette expérience est évident. Le chien ne répond pas de manière indépendante à chaque stimulus conditionné, suivant sa signification biologique de signal positif ou négatif. Si, dans le déroulement de l'expérience, il y a une certaine régularité — ici l'alternance d'élaboration des points positifs et négatifs dans l'analyseur cutané — le chien la saisit. En effet, il ne faut plus lui faire apprendre que le S7, par exemple, sera renforcé, alors que le S8 ne le sera pas. Ayant saisi la régularité temporo-spatiale de l'expérience, il va répondre d'emblée pour le S7 avec un réflexe conditionné positif, montrant ainsi que le S7 a acquis valeur de signal alimentaire, sans qu'on le lui ait appris.

De même, le S8 est d'avance discriminé, comme si le chien ayant saisi l'alternance qui caractérise cette expérience, «prévoyait» la probabilité du non-renforcement de la stimulation de ce point de la peau.

Le cerveau du chien est donc capable non seulement d'analyser les stimuli tactiles et de discriminer entre ceux qui sont des signaux positifs et ceux qui ne le sont pas. Il est de plus capable de saisir la caractéristique globale de l'expérience, l'alternance dans l'espace cutané des stimuli positifs et négatifs. Il est ainsi capable de prévoir les événements, d'avoir une vision holistique de toute l'expérience.

Une autre expérience dans le même sens, particulièrement démonstrative, est celle d'Asratyan (1938). Un chien est bien entraîné pour recevoir tous les jours, pendant des mois, la même succession de stimuli conditionnés. Il y a des stimuli positifs forts, comme un sifflet ou un métronome-120, un stimulus faible, comme une lampe de 50 W et un stimulus conditionné négatif, une discrimination aux battements du métronome-60. Le réflexe conditionné, mesuré en gouttes de salive, est grand pour les stimuli forts (10 à 12 gouttes), petit pour la lumière (4 à 6 gouttes) et la discrimination est très bien élaborée (aucune goutte de salive pendant le métronome-60). Tous les jours, l'expérience se déroule de manière stéréotypée, l'intervalle de temps entre deux stimuli étant toujours le même et les stimuli conditionnés se succédant dans le même ordre. Le jour de l'expérience critique, on commence, comme d'habitude, avec le premier stimulus conditionné, le métronome-120, suivi du renforcement. Ensuite, et en respectant l'intervalle de temps habituel, on applique, au lieu de tous les autres stimuli conditionnés, rien que le métronome-120. On constate que la valeur des réflexes conditionnés déclenchés par le métronome varie suivant la place que le M-120 occupe au cours de l'expérience. S'il est à sa place dans la séquence, ou à la place du sifflet, le réflexe conditionné est grand; à la place de la lumière, le réflexe conditionné déclenché par le M-120 est nettement plus petit. C'est comme si on avait appliqué le stimulus visuel et pas le stimulus acoustique. A la place du M-60 (stimulus négatif, discrimination), le M-120 provoque à peine 1 à 2 gouttes de salive. Tout se passe comme si, ayant appris la succession régulière des stimuli conditionnés, le cerveau les anticipe, se trouve préparé pour ce qui va suivre et même si c'est un autre stimulus conditionné qui arrive, l'animal réagit presque comme s'il avait reçu, non pas le stimulus réel, mais celui qu'il attendait.

Bien sûr, on a mis ces expériences en rapport avec celles que nous avons déjà décrites dans le chapitre précédent comme, par exemple, le réflexe conditionné au temps : si l'animal est nourri toutes les cinq minutes, il va commencer à saliver et à regarder attentivement la mangeoire, dès le début de la cinquième minute.

Comme dans l'expérience plus ancienne de Kupalov, on a compris que le chien est capable de réunir toute l'expérience dans un ensemble, dans une vision de type holistique. Ainsi, par un mécanisme que nous évoquerons plus loin, le cerveau « attend », il est « préparé » pour le stimulus conditionné qui suivra. On comprend alors que s'il attend le M-120 ou le sifflet, et qu'arrive le M-120, le réflexe conditionné va être grand alors que s'il attend la lumière et qu'arrive le M-120, le réflexe conditionné sera plus faible. Il sera encore plus faible s'il attend la discrimination. Pavlov a donné à cette activité synthétique du cerveau, le nom de stéréotypie dynamique. Stéréotypie parce que régulier et dynamique parce que nécessitant un apprentissage et dépendant de nombreuses conditions pour qu'il se maintienne. En effet, un stéréotype dynamique doit être élaboré. Il faut que l'expérience se déroule tous les jours de la même manière et ce n'est qu'au bout de quelques mois de travail régulier qu'on peut réussir une expérience du type Asratyan. Si au bout d'une semaine par exemple, après avoir élaboré tous les réflexes conditionnés positifs et négatifs, on répète un seul stimulus conditionné, on voit que le chien répond chaque fois avec à peu près le même nombre de gouttes de salive. Il a donc appris le réflexe conditionné respectif mais n'a pas encore fait la synthèse de toute l'expérience, il n'a pas encore la vision holistique de celle-ci. La stéréotypie s'élabore donc plus difficilement qu'un simple réflexe conditionné, cela demande un plus grand nombre d'expériences. D'autre part, l'aspect dynamique se manifeste encore dans la manière dont, une fois élaboré, il évolue dans le temps. En effet, la stéréotypie dynamique peut être restructurée, changée, pour autant qu'on change la séquence, la régularité des stimuli. Cela demande un nouvel apprentissage, celui de la nouvelle séquence, mais pas celui de chaque réflexe conditionné qui constitue la stéréotypie. Il est vrai que lors d'un changement de stéréotypie, les réflexes conditionnés respectifs montrent quelques altérations passagères, mais il ne s'agit pas de les réapprendre comme au début. Ainsi, il apparaît clairement, lors de ces expériences, qu'on met en évidence, deux types d'activités à la fois, distinctes et intégrées :

1. l'activité analytico-synthétique qu'implique l'apprentissage de chaque réflexe conditionné, quels que soient le ou les analyseurs concernés ;

2. l'activité synthétique, holistique, du cerveau qui saisit les régularités dans les événements, prépare l'animal pour ce qui va suivre et contribue ainsi à l'émergence d'un comportement adaptatif qui facilite l'intégration et l'interaction de l'organisme avec le milieu environnant.

Il y a aussi d'autres aspects de l'évolution dans le temps d'une stéréotypie dynamique. L'âge affaiblit la capacité du cerveau à maintenir, mais surtout à changer, à rénover des stéréotypes. De même, la maladie, la fièvre, la malnutrition, les troubles endocriniens, etc. sont tous des facteurs qui, tout en perturbant l'activité réflexe conditionnée en général, rendent particulièrement difficile l'activité de type holistique et sa plasticité.

De nombreux exemples soulignent une certaine parenté entre ce que nous venons de décrire et des événements de notre vie courante. On sait que le début de chaque apprentissage séquentiel demande une attention particulière mais que, peu à peu, au fur et à mesure de l'acquisition d'une certaine stéréotypie, la même activité se déroule apparemment de manière automatique. C'est le cas de l'apprentissage de tout acte artisanal, de la manière de jouer d'un instrument de musique, de toute activité manuelle, dont l'exemple le plus terrible est les fameuses « tricoteuses » de la Révolution française qui venaient tricoter tout en regardant le « spectacle » des suppliciés à la guillotine.

Chapitre 4
Les leviers de Pavlov

« Donnez-moi un point d'appui et je soulèverai le monde. »

ARCHIMEDE

Les grands esprits sont, à première vue, d'une simplicité déconcertante, aussi bien dans leur discours créatif que dans leur comportement. Quoi de plus simple en effet que le $E=mc^2$ d'Einstein ? C'est pourtant cette formule qui est à la base de la relativité, théorie qui a bouleversé non seulement la physique moderne mais également, dans une large mesure, la pensée de notre siècle. Et quoi de plus touchant que l'anecdote racontée par un instituteur de Princeton lors de la mort d'Einstein ? Il avait dans sa classe un élève qui ne comprenait rien en mathématique et qui, vers la fin de l'année scolaire fit brusquement des progrès tout à fait inattendus. En discutant avec lui, l'instituteur apprend qu'un « vieux monsieur », un voisin à qui l'élève avait confié ses misères scolaires, s'est mis à lui expliquer certaines choses tout en travaillant ensemble au jardin. On l'a compris : le « vieux monsieur », c'était Einstein ! Celui que tant de physiciens et mathématiciens avaient de la peine à suivre dans ses envolées théoriques, fut donc capable de gagner la confiance d'un jeune adolescent et de trouver les mots qu'il fallait pour lui faire comprendre le message des chiffres !

Dans le même sens, ce que nous appellerons ici les « leviers » de Pavlov, nous frappe également par une apparente simplicité.

En effet, Pavlov construit l'essentiel de sa théorie générale de l'activité nerveuse supérieure en manipulant, comme principaux «leviers», un mécanisme fondamental — le réflexe —, deux processus — l'excitation et l'inhibition — et trois lois qui gouvernent ces processus: la loi de la force, l'induction réciproque et la loi de la mobilité. A ces «leviers», nous verrons que Konorski, l'élève de Pavlov, ajoute les propriétés fondamentales du système nerveux, la réactivité et la plasticité.

Dans nos pays occidentaux, on a trop souvent tendance à oublier ces notions pavloviennes de base; cela nous semble tout aussi dramatique que la tentation dogmatique — qui atteignit son paroxysme en U.R.S.S. au début des années cinquante — de réduire à ces seules notions la richesse et la complexité de la fonction noétique du cerveau. Nous pensons que, tout en veillant à éviter ces deux écueils extrêmes, une des voies importantes du progrès vers la découverte des mystères de notre cerveau est l'analyse critique et lucide de cet aspect fondamental de l'héritage pavlovien, à la lumière de la neuropsychobiologie moderne.

Sans nous engager vraiment dans l'analyse critique souhaitée, nous nous proposons simplement de dégager l'essentiel de la contribution pavlovienne à cet égard.

4.1. LE REFLEXE

Pour Pavlov, le mécanisme fondamental qui caractérise, à titre fonctionnel, le système nerveux central est le réflexe. C'est pourquoi nous retraçons brièvement l'évolution des idées qui ont permis l'apparition et le développement de ce concept, puisque cet ensemble est à la base de toute la philosophie scientifique de Pavlov.

4.1.1. Les théories générales

L'initiateur de la méthode scientifique, du moins en Europe, nous l'avons dit, est certainement William Gilbert qui fut médecin de la Grande Elisabeth d'Angleterre, pendant la seconde moitié du XVIe siècle. Dans son livre «De Magnete», il introduit le germe de la méthode empirique qui s'oppose à l'acceptation non critique des dogmes, du classique «magister dixit». Francis Bacon, contemporain mais plus jeune, va cependant plus loin dans le développement de la méthode scientifique car dans son célèbre traité «Novum Organum» (Le Nouvel Instrument), à l'observation il ajoute le raisonnement inductif, et aux déductions logiques, il ajoute la vérification expérimentale. Pour ne donner qu'un seul exemple de la fertilité des idées de Bacon, rappelons que c'est en s'appuyant théoriquement sur ce dernier que Harvey entreprit les expériences qui ont prouvé que, contrairement au dogme de Galien, il y a, chez l'animal vivant, une circulation du sang. Par ailleurs, Harvey, qui est resté animiste, considérait que l'âme était localisée dans le sang.

Quant à Descartes, il développe dans le «Discours de la Méthode», en 1637, la théorie selon laquelle les mathématiques sont l'outil indispensable pour une théorie scientifique générale. Appliquant cette idée de base à la physiologie, Descartes postule que l'organisme animal fonctionne comme une machine dirigée par une sorte d'«instance de contrôle». Pour Descartes, la glance pinéale (épiphyse) semblait bien placée entre les deux hémisphères pour jouer ce rôle et pour être chez l'homme le siège de l'âme. (N.B.: On se rappelle que Descartes niait aux animaux l'existence d'une âme.)

Malgré l'erreur sur le rôle de l'épiphyse, l'idée même d'activité réflexe se trouve dans le concept d'«organisme-machine» qui, selon Descartes, n'est pas dirigé par l'«âme immatérielle» mais bien par le milieu environnant qui agit sur lui.

L'empirisme de John Locke et l'hypothèse de Newton sur l'universalité de l'«éther» ont ensuite contribué également, à titre théorique, à l'évolution de la neurophysiologie. En effet,

Locke place au centre de sa théorie de l'intelligence humaine, l'expérience reflétée dans la conscience. Il donne ainsi une base philosophique à l'idée des relations inextricables entre les réflexes et la pensée. Quant à Newton, il propose l'idée selon laquelle l'éther se propagerait uniformément d'un bout à l'autre des nerfs. Cette idée enchante bien entendu les défenseurs de l'existence d'un «principe nerveux» qui circulerait le long des nerfs et qu'embarrassait le fait qu'ils ne connaissaient aucun fluide invisible pouvant circuler assez rapidement pour qu'il puisse assurer la commande nerveuse d'un mouvement volontaire.

4.1.2. La transmission nerveuse

Albrecht von Haller, en 1755, introduit en physiologie la notion d'«irritabilité», basée sur des expériences chez l'animal. Il affirme que la source de toute la sensibilité se trouve dans les nerfs et fait une distinction entre des nerfs qui sont «irritables» (dont la stimulation provoque une contraction) et d'autres qui sont «sensibles». Les premiers seront appelés plus tard nerfs moteurs, les seconds sensoriels ou afférents.

Alexander Monro et, séparément, Stephen Hales, convaincus que les nerfs ne contenaient aucun fluide, furent les premiers à considérer qu'une sorte d'électricité serait à la base de la conduction nerveuse.

Galvani, à la fin du 18e siècle, se basant sur la connaissance des «électroscopes» de l'abbé Nollet et sur la notion de condensateur électrique (comme la célèbre «bouteille de Leyden»), fut à l'origine du concept d'électricité animale. Ce concept, malgré les difficultés et les erreurs d'interprétation des expériences initiales, a néanmoins ouvert la voie à toute l'électrophysiologie moderne à partir de la découverte par Dubois-Reymond, au XIXe siècle, des potentiels d'action du nerf et du muscle, ainsi que celle du potentiel de lésion par son contemporain Matteucci de Pise.

En 1868, Bernstein est l'auteur de la théorie selon laquelle la membrane d'une fibre inactive d'un muscle ou d'un nerf est polarisée. Il y a des ions positifs à l'extérieur et des ions négatifs à l'intérieur. Le potentiel d'action est une dépolarisation auto-propagée de la membrane. La théorie de Bernstein postulait également que la membrane serait semi-perméable aux ions potassium. Il expliquait alors très logiquement le courant de lésion comme résultant de la pénétration de cette membrane.

En ce qui concerne la transmission neuro-musculaire, jusqu'à la moitié du XIXe siècle, on supposait l'existence d'une continuité anatomo-physiologique entre le nerf et le muscle. Ce n'est qu'en 1862 que Willy Kühne décrit microscopiquement les organes terminaux des nerfs moteurs. Constatant les différences histologiques entre le muscle et son nerf, il suggère que les courants d'action du nerf envahissent le muscle et provoquent sa contraction.

Du Bois-Reymond observant l'existence d'un certain *délai* dans la transmission neuro-musculaire, envisage la possibilité d'une influence chimique à ce niveau. Cette hypothèse fut amplement confirmée par Elliott, Langley et Loëwi qui ont démontré la nature chimique de la transmission neuro-musculaire. Elliot observe que le muscle lisse répond à l'adrénaline même s'il est dénervé. En 1905, il émet l'hypothèse que l'adrénaline pourrait être le stimulant chimique libéré chaque fois qu'une impulsion nerveuse arrive à la périphérie. Langley, à la même époque, constate que, dans certains muscles lisses, la stimulation sympathique *et* l'adrénaline *contractent* et dans d'autres *relâchent*. Il conclut que : a) il y a deux types de récepteurs, excitatoires et inhibiteurs et b) l'adrénaline mime l'action sympathique. La preuve formelle de l'existence d'un neurotransmetteur est cependant apportée vers 1920 par Otto Loëwi, dans ses célèbres expériences qui furent couronnées par l'attribution du prix Nobel. Il démontra sur le cœur isolé de grenouille que, lors de la stimulation vagale, il y a élaboration d'une substance qu'il appela «substance vagale», substance capable de mimer sur un autre cœur isolé, l'effet de la stimulation vagale.

Le lecteur intéressé par l'aspect historique de la neurotransmission cholinergique peut consulter l'excellente monographie de Bacq (1974). Il trouvera encore ailleurs d'autres considérations à ce sujet (Giurgea, 1983).

4.1.3. La moelle épinière et le réflexe

Les fonctions de la moelle épinière restèrent pendant longtemps une énigme pour les physiologistes. On croyait en effet que chaque nerf périphérique devait avoir son propre canal le reliant au cerveau pour avoir accès à sa fourniture d'« esprit animal ». Tant que régnait ce dogme vitaliste, la moelle épinière apparaissait plutôt comme un faisceau de fibres nerveuses groupées.

Ce n'est qu'avec les progrès de la théorie neuronale qu'on a pu avoir une vue plus claire des fonctions spinales. En 1837, à Breslau, Purkinje suggéra que la théorie cellulaire devait être élargie de la botanique à la zoologie. Deux ans plus tard, Schwann développe cette idée dans sa monographie classique sur les observations microscopiques chez les plantes et les animaux. Les notions d'axones et de dendrites sont bientôt introduites par Dieter, alors que Helmholtz démontre chez le crabe, les connexions existant entre les nerfs périphériques et les ganglions centraux. Au milieu du XIXe siècle, Waller décrit la dégénérescence des axones séparés de leur corps cellulaire. A la même période, Marchi et Algeri décrivent leur technique qui permet de suivre le trajet des fibres nerveuses. En 1891, Waldeyer donne le nom de « neurone » à la cellule nerveuse, mais la théorie neuronale est en fait lancée au seuil du XXe siècle, lorsque la notion de contiguïté (c'est-à-dire les contacts entre deux neurones) de Ramon-y-Cajal, l'emporte sur l'hypothèse opposée, celle de la continuité, défendue entre autres par Golgi et par von Gerlach.

La différenciation fonctionnelle des racines et plus tard, grâce aux travaux de Magendie, des colonnes antérieures et postérieures, a ouvert la voie à toute l'orientation dite anatomo-physiologique dans l'étude du système nerveux central. Entre 1892 et 1895 par exemple, Sherrington apporte les preuves, d'une part que les fibres afférentes pour un seul muscle proviennent de plusieurs racines antérieures et, d'autre part, que du point de vue afférent il y a également un chevauchement de l'innervation cutanée segmentaire (notions de myotomes et de dermatomes).

A la même époque, Ruffini identifia comme organes sensoriels, les fuseaux musculaires, les récepteurs tendineux et les corpuscules de Pacini; cela eut une importance considérable sur le développement de la théorie réflexe.

4.1.3.1. Le réflexe

Le concept d'activité réflexe s'est développé suite aux nombreux travaux cherchant depuis des siècles à expliquer les mouvements des animaux. La motricité a toujours suscité beaucoup plus d'intérêt que la sensibilité car, d'une part, c'est le mouvement qui est le signe évident de la vie et, d'autre part, il pouvait être étudié objectivement. C'est Descartes qui, à l'instar de Galien fait la distinction entre les mouvements « dictés » par la raison et les mouvements automatiques déclenchés par des causes périphériques.

La définition que Descartes donne aux mouvements « automatiques » sera élargie à tout ce qu'on appellera plus tard un réflexe : une réaction reproductible et déterminée à un stimulus déterminé. Une première approche au concept de réflexe est due, au XVIIe siècle, à Thomas Willis, bien connu pour la description anatomique de la vascularisation cérébrale (le « polygone » de Willis, à la base du crâne). Il fut en effet probablement le premier à concevoir la moelle épinière comme un centre de communications entre les nerfs plutôt que comme un simple assemblage de fibres nerveuses.

De plus, c'est Willis qui décrit les impressions sensorielles comme arrivant dans des centres nerveux sous-corticaux (le thalamus ou le corps strié, par exemple, qu'on appellera plus tard « ganglions de la base ») pour être ensuite transmises vers des structures cérébrales supérieures où elles sont perçues et, certaines, transformées en mémoire; d'autres sont « reflectées » (il utilise le verbe « refluere » et le mot « motus reflexus ») de manière descendante vers les muscles (cf. M.A. Brazier, 1961). Quant au rôle de la moelle épinière dans l'accomplissement des mouvements suite aux stimulations périphériques, il a déjà été établi par Stephen Hales vers la fin du XVIIIe siècle. Chez la grenouille décapitée, il a constaté que les mouvements provoqués par des stimulations périphériques sont définitivement abolis si on détruit la moelle à l'aide d'une aiguille introduite dans le canal rachidien. C'est à Prokhaska, un ophtalmologue de Prague de la fin du XVIIIe siècle, que nous devons l'introduction du mot « réflexe ». Ce mot signifie que les « impressions » conduites par les nerfs vers le cerveau, la moelle ou le bulbe rachidien peuvent être « réfléchies » vers les muscles et déclencher des mouvements. Si le lieu de « réflexion » est le cerveau, on peut alors percevoir les impressions de manière consciente. De toute façon, dans la conception de Prokhaska, le but de l'activité réflexe est la conservation de l'individu.

Vers la moitié du XIXe siècle, en décrivant la fonction réflexe du bulbe rachidien et de la moelle épinière, Marshall Hall précise plusieurs notions fondamentales, sur base de ses expériences :

a) en dehors de la réponse motrice strictement segmentaire, les stimulations sensorielles qui atteignent la moelle ont en outre d'autres effets sur l'ensemble du système nerveux;

b) malgré la localisation spinale de l'activité réflexe, celle-ci peut être influencée par la volonté, c'est-à-dire par le cerveau, car en enlevant, par exemple, le cerveau on intensifie les réponses réflexes;

c) il convient d'appeler « arc » les voies réflexes, d'où le nom d'arc réflexe. De plus, Hall voit dans la « volonté » (c'est-à-dire le cerveau), la notion d'intention. Il s'agit d'atteindre un but, un objectif et pas seulement de faire contracter des muscles.

Dans la pensée de Marshall Hall, on trouve déjà les germes des grandes théories qui vont suivre et notamment de l'inhibition centrale de Setchenov, de l'activité intégrative du système nerveux de Sherrington et de l'activité nerveuse supérieure de Pavlov.

4.1.3.2. *Le réflexe conditionné et l'excitation comportementale*

Nous avons déjà évoqué la portée théorique de la notion de réflexe conditionné, grâce auquel, avec Pavlov, la physiologie s'arroge le droit d'aborder l'étude objective de l'activité noétique, mentale. Pour situer maintenant de manière adéquate la position des réflexes conditionnés par rapport aux autres types de réflexes, il est utile de rappeler, avec Konorski (1967) que le système nerveux en général et le système nerveux central (SNC) en particulier, se caractérisent par deux propriétés fondamentales : la réactivité et la plasticité. La *réactivité* est la propriété d'être activé par un stimulus alors que la *plasticité* est la capacité de modifier sa réactivité en fonction de l'expérience antérieure. Comme nous l'avons vu, un réflexe est une réaction déterminée et reproductible à un stimulus déterminé, réaction qui nécessite un arc réflexe avec ses volets afférents et efférents ainsi que l'implication du système nerveux central. On peut classer les réflexes en deux grandes catégories, les réflexes innés et les réflexes acquis.

1. Les réflexes innés, comme par exemple, le réflexe rotulaire ou le réflexe de grattage, se caractérisent par le fait que tous les animaux normaux de l'espèce animale respective vont les présenter, sans aucun apprentissage, dès qu'il y a stimulation adéquate. Certains réflexes innés apparaissent dès la naissance et peuvent disparaître à un certain âge, comme par exemple le réflexe de succion. D'autres n'apparaîtront qu'à un certain moment de la maturation post-natale. Ainsi le réflexe de préhension qui demande quelques semaines avant de se manifester ou les réflexes de la nuque, encore plus tardifs en raison de la myélinisation progressive des fibres du système pyramidal. Les réflexes innés sont essentiellement l'expression de la réactivité du SNC.

2. Les réflexes acquis, par contre, mettent davantage en évidence la plasticité du SNC. Ceci est vrai en particulier pour les réflexes conditionnés qui nécessitent un véritable apprentissage. Les réflexes conditionnés ont une valeur adaptative particulière, car ils permettent à l'individu de bénéficier de son expérience personnelle ainsi que de son propre bagage génétique et de celui de son espèce. En effet, en se basant sur cette expérience individuelle l'individu peut guider son comportement d'après des signaux du monde environnant : il peut ainsi *anticiper* les événements prévisibles et donc être préparé pour répondre à ces événements par un comportement approprié.

Du point de vue du processus d'excitation, Pavlov décrit de la manière suivante les événements cérébraux qui ont lieu chez le chien au cours de l'apprentissage d'un réflexe conditionné alimentaire classique. Le contact des récepteurs gustatifs avec la nourriture entraîne la salivation suivant le schéma : récepteur - centre bulbaire - organe effecteur (glandes salivaires).

L'apprentissage, le conditionnement, se fait en associant plusieurs fois un stimulus dit *« neutre »* (ou *« indifférent »*) du point de vue alimentaire (une lampe ou un son) avec la nourriture. Le stimulus visuel provoque, au niveau cortical, une excitation essentiellement occipitale, pendant que la lampe reste allumée (quelques secondes), avant qu'on présente au chien une portion de nourriture. Pendant que l'animal mange, ce *« renforcement »* entraîne une importante excitation du SNC, sous-corticale (les centres bulbaires) et corticale, mais plutôt généralisée, par stimulation réticulaire et limbique. La notion de « représentation corticale » d'un hypothétique « centre » alimentaire est considérée par les pavloviens (Asratyan, 1961 ; Kupalov, 1961) mais nul ne doute que pendant le renforcement, l'excitation corticale est nettement plus généralisée que lors de l'application du stimulus indifférent, celui qui deviendra le stimulus conditionné après apprentissage. Notons au passage que Pavlov et ses élèves ont toujours préféré le terme de renforcement, positif ou négatif, au terme behavioriste plus subjectif, de « récompense » ou de « punition ».

Revenons à l'élaboration du réflexe conditionné. Par répétition de la séquence «lampe - renforcement alimentaire», il s'établit entre les centres du SNC excités par ces deux stimuli, une certaine connexion, dite temporaire, qui est le substrat cérébral du réflexe conditionné. En effet, après apprentissage, il suffit d'allumer la lampe pour que les centres liés à la digestion soient stimulés, de sorte que le chien, au stimulus visuel, présente un comportement alimentaire (salive, regarde vers la mangeoire, éventuellement la gratte avec les pattes, remue la queue, etc.) comme si la nourriture était déjà là. Il *anticipe* ainsi l'arrivée de la nourriture. Pavlov fait donc bien une nette distinction entre, d'une part, les événements cérébraux postulés et désignés sous le nom de «*connexion temporaire*» et, d'autre part, le «*réflexe conditionné*», celui qu'on voit et qu'on mesure en termes de comportement, de sécrétions ou autres paramètres physiologiques (figure 9).

Le réflexe conditionné est l'expression de la connexion temporaire, nouvellement créée et ainsi nommée parce qu'elle doit être élaborée dans le temps, parce qu'elle varie dans le temps et peut même apparemment s'effacer si les conditions qui lui ont permis de s'établir changent et qu'elle perd ainsi sa valeur d'anticipation. La connexion temporaire est donc la «partie cachée de l'iceberg», les événements internes, cérébraux et sans doute essentiellement corticaux, qui sont à la base du réflexe conditionné qui, lui, est visible et mesurable. Il existe par ailleurs un phénomène électrophysiologique qu'on peut considérer comme la visualisation de la connexion temporaire, c'est la variation contingente négative (VCN) ou «onde de l'expectation», décrite chez l'homme par Grey Walter (1964). De quoi s'agit-il? On apprend à un sujet qu'il doit appuyer sur un bouton lorsqu'il reçoit un stimulus acoustique. On fait quelques répétitions et puis, sans explication, on fait précéder de quelques secondes le stimulus avertisseur par un autre stimulus, acoustique ou lumineux. On va appeler ce dernier S1, parce que dans l'expérience complète, c'est lui qui est appliqué en premier lieu, et l'autre, lors duquel le sujet doit appuyer sur le bouton, S2. On enregistre en même temps l'électro-encéphalogramme (EEG) du sujet. Lorsque le sujet «comprend» que le S1 sera suivi du S2, la

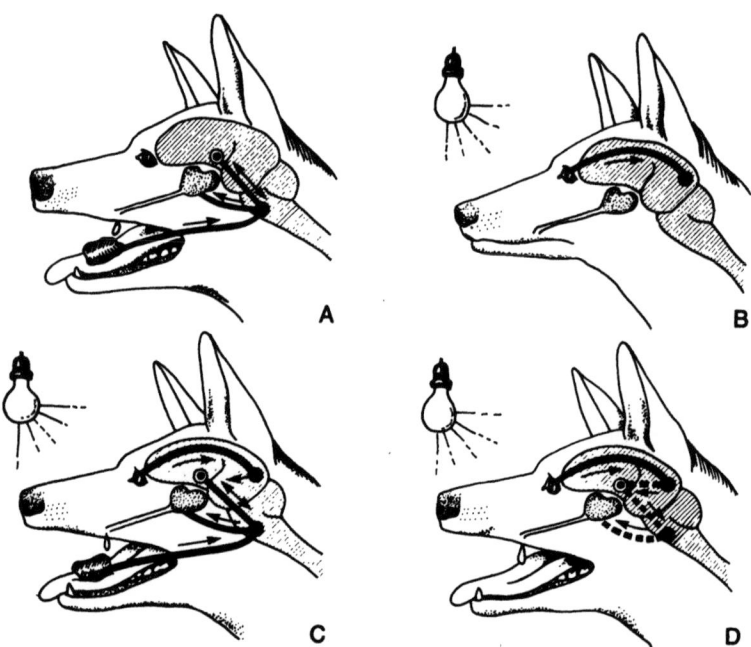

Fig. 9. La connexion temporaire. Le contact des récepteurs gustatifs avec une boulette de viande entraîne la salivation suivant le schéma: récepteur gustatif - centre bulbaire - organe effecteur (glandes salivaires). Le conditionnement se fait en associant plusieurs fois un stimulus neutre (du point de vue alimentaire) — ici une lampe — avec la nourriture. La lampe qui s'allume entraîne une stimulation essentiellement occipitale; la nourriture une stimulation essentiellement sous-corticale. Progressivement, par répétition, s'établit entre ces deux stimulations une *connexion temporaire* qui est le substrat du réflexe conditionné: il suffit d'allumer la lampe pour que les centres liés à la digestion soient stimulés, en sorte que le chien salive au stimulus visuel et présente un comportement alimentaire comme si la nourriture était déjà là. Il anticipe ainsi l'arrivée de la nourriture. La connexion nouvellement créée qui est à la base du réflexe conditionné est appelée temporaire parce qu'elle doit être élaborée dans le temps, mais aussi parce qu'elle varie dans le temps et peut même s'effacer si les conditions qui lui ont permis de s'établir changent et qu'elle perd ainsi sa valeur anticipative (voir aussi discussion dans le texte).

latence avec laquelle il appuie après le S2 devient beaucoup plus courte. C'est comme si le S1 le «prépare», l'avertit que le S2 va arriver sous peu et toute son attention est centrée sur cet événement prévisible, il est prêt à accomplir très rapidement l'acte qu'il doit faire dès que le signal S2 lui est donné. Le sujet n'est pas conscient du fait que S1 est devenu signal pour S2 et que cela se traduit par une plus prompte réaction motrice à

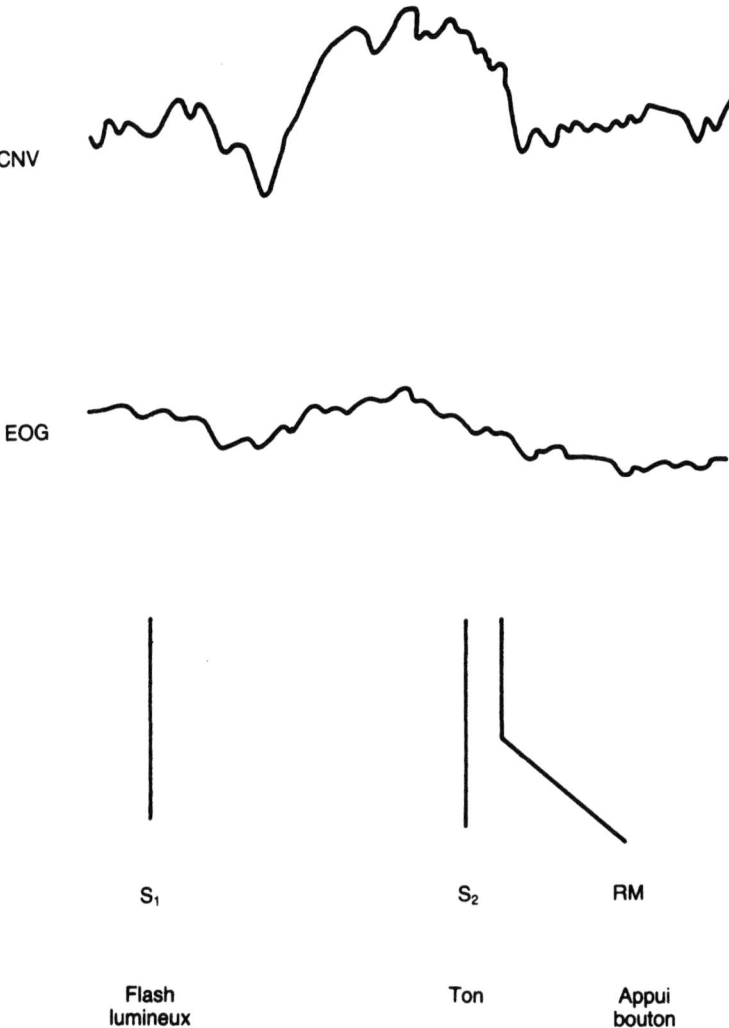

Fig. 10. Variation Contingente Négative (CNV). Pour la CNV, les électrodes sont placées sur le vertex et le mastoïde; pour l'électro-oculogramme (EOG), au-dessus et en dessous d'un œil. Lorsque le stimulus 1 (S-1, un flash lumineux) a acquis valeur de signal pour le S-2 (un son) et que par conséquent la réponse motrice (RM) suit immédiatement le S-2, on voit apparaître la CNV (une grande onde lente négative). Aucun mouvement oculaire n'est enregistré; il n'y a donc pas d'artefact périphérique: la CNV est un phénomène central, cérébral (d'après Tecce et al., 1978).

ce dernier. Cependant, la réalité de l'élaboration de cette «connexion temporaire» S1-S2 a une expression non seulement comportementale mais également électrophysiologique. En effet, apparaît à ce moment sur l'EEG, après le S1 et avant le S2, une grande onde négative que Grey Walter a appelée «variation contingente négative» (contingente à l'apprentissage), ou «expectancy wave» (onde d'expectation, d'attente), car en fait elle est l'expression électro-encéphalographique du fait que, lors du S1, le sujet «attend» de manière inconsciente le S2. Le S1 est devenu signal pour le S2 et il facilite ainsi l'acte moteur que le sujet doit accomplir au S2 (figure 10).

L'acte réflexe, qu'il soit inné ou acquis, autrement dit non conditionné ou conditionné, est essentiellement, dans la conception pavlovienne, l'expression du processus d'excitation qui atteint efficacement certains effecteurs, glandulaires ou musculaires.

Il est cependant évident qu'aucune activité intégrée, telle que celle qui mène à l'accomplissement d'un acte volontaire, ne peut être expliquée sur la simple base du concept d'excitation. Il faut nécessairement impliquer un certain équilibre dynamique, spatio-temporel, dans l'espace et le temps du SNC, entre l'excitation et l'autre processus fondamental du système nerveux, l'inhibition.

4.2. LE CONCEPT PAVLOVIEN SUR L'INHIBITION DANS L'ANS

4.2.1. Prémisses

Du point de vue historique, c'est au XIXe siècle que l'intérêt des physiologistes pour l'inhibition devint très marqué. En 1845, les frères Weber démontrent, chez la grenouille, et plus tard chez le chat, que la stimulation électrique, même unilatérale, du nerf vague ralentit et peut même arrêter le cœur. Par après, d'autres cas d'inhibition périphérique ont été décrits comme, par exemple, dans le classique réflexe de Hering et Breuer en

1868 : la distension du poumon, en stimulant la branche pulmonaire du nerf vague, inhibe l'inspiration et amorce l'expiration.

C'est à Setchenov, élève de Claude Bernard, que l'on doit le concept d'inhibition centrale. Dans ses expériences, Setchenov mesurait chez la grenouille, le « temps réflexe » — en nombre de battements de métronome —, c'est-à-dire le temps qui s'écoule entre la stimulation d'un récepteur (plonger la patte de l'animal dans de l'acide sulfurique) et l'apparition de la réponse (rétraction de la patte). Il constate qu'en stimulant le cerveau par application de sel de cuisine, on provoque un retard considérable dans le temps-réflexe et que parfois ce réflexe n'apparaît même pas. Après lavage du cerveau, le réflexe réapparaît. Ainsi la stimulation du cerveau provoque l'inhibition d'un réflexe médullaire. Setchenov avait donc démontré de la sorte que la stimulation d'un centre nerveux supérieur inhibait un centre inférieur, phénomène qu'il qualifia d'inhibition centrale.

En 1863, Setchenov publie à St-Petersbourg une série d'articles à ce sujet, et en 1866 seulement, après de nombreuses tractations avec la censure, il publie son livre « Les Réflexes du Cerveau », livre qui suscite une vive polémique en Russie. L'idée de base semblait en effet trop révolutionnaire, « subversive » : toutes les fonctions supérieures du cerveau, donc toutes les activités mentales, étaient de nature matérielle, réflexe. Les réflexes du cerveau étaient initiés par une entrée sensorielle, afférente, puis traités par un processus central soumis entièrement aux lois physiques et se terminaient par une composante efférente qui aboutissait à un mouvement musculaire. Pour Setchenov, toutes les réactions sont musculaires dans leur expression, quelle que soit la manière dont on les décrit comme, par exemple, plaisir, peur, désagrément, etc. Lors du déroulement du processus central dans le cerveau, il peut y avoir de l'excitation, augmentant la réponse motrice, comme par exemple, lors d'émotions ou, au contraire, de l'inhibition. Dans ce dernier cas, il y a diminution des mouvements, il y a un comportement contrôlé par la raison. Setchenov était persuadé que l'inhibition peut s'apprendre et qu'elle devient plus importante chez l'adulte par rapport à l'enfant. Tout le comportement humain est pour lui l'expression d'un équilibre dynamique entre l'excitation et l'inhibition au niveau de la partie centrale de l'arc réflexe.

Un mouvement dit «volontaire» est dépourvu, en apparence seulement, de la première partie de l'arc réflexe. En réalité, son entrée afférente est constituée par les traces mnésiques matérielles, les mémoires laissées par les stimulations externes subies dans le passé. A ce point de sa théorie, Setchenov approche le concept de réflexe conditionné car il postule que la trace mnésique d'une expérience sensorielle vécue peut être évoquée par la réapparition même d'une petite partie de cette mémoire. Setchenov considère que l'homme est arrivé, dans l'évolution des espèces, à augmenter la force de l'inhibition centrale de manière à bloquer complètement toute décharge efférente. D'après lui, une pensée serait l'exemple de cette force particulière de l'inhibition centrale chez l'homme. La pensée de Setchenov s'inscrivait dans le courant d'une certaine philosophie contemporaine. Ainsi, Herbert Spencer insistait sur la localisation cérébrale de toute activité mentale. De plus, vers 1855, évolutionniste avant l'avènement de Darwin, il admettait un certain continuum entre le cerveau humain et celui des espèces infra-humaines. Lewes également, dans son essai sur les bases physiques de la pensée, bien qu'hésitant sur la localisation précise, plaide en faveur de la nature physiologique de l'activité mentale. Leurs œuvres, traduites immédiatement en russe, comme celles de Darwin par ailleurs, et commentées par Pisarev, ont largement influencé Setchenov et, plus tard, Pavlov.

Il est intéressant de souligner la très grande influence que Setchenov, très peu connu en dehors de la Russie, et Lewes, presque oublié, ont exercé en Russie. En effet, Tourgueniev aurait pris Setchenov comme modèle pour son personnage Bazarov dans «Pères et Fils», alors que Dostoïevski, dans «Crime et Châtiment», cite comme signe d'éducation chez un ivrogne, la lecture des livres de Lewes!

Considéré à juste titre comme le père de la physiologie russe, ayant eu comme élèves et continuateurs des personnalités comme Vedenski ou comme Ukhtomski, Setchenov reste, par son concept d'inhibition centrale, un des grands précurseurs de la neurophysiologie moderne.

Ce sont cependant les travaux de Sherrington, et surtout ceux sur l'innervation réciproque et sur la rigidité de décérébration, qui ont définitivement établi, entre 1920 et 1930, la nature réflexe de l'inhibition. C'est également l'école de Sherrington, particulièrement par son élève Eccles, qui a établi les paramètres électrophysiologiques fondamentaux caractérisant, au niveau des synapses, l'excitation et l'inhibition. L'ensemble de ses travaux ont conduit Sherrington au concept d'activité intégrative du système nerveux central. Il définit par ailleurs, de manière très synthétique, toute la complexité de cette activité intégrative : c'est l'ensemble des processus centraux qui fait qu'à partir des réflexes élémentaires, on peut aboutir à des mouvements volontaires. L'impact direct de Sherrington sur Pavlov fut néanmoins très peu important, contrairement à celui de Setchenov. Ceci fait que, même actuellement, «inhibition» reste un terme qui exprime une réalité physiologique assez différente chez un pavlovien et chez un neurophysiologiste de tradition sherringtonienne. C'est pour cette raison, et afin que la terminologie soit bien claire pour le lecteur, qu'il faut préciser que lorsque nous parlons des formes d'inhibition dans l'activité nerveuse supérieure, il s'agit d'une définition de type comportemental. Cependant, deux définitions que nous donnons ici comme exemples, montrent que les deux approches peuvent être envisagées comme complémentaires et non pas contradictoires, si on essaie de dégager le sens physiologique du processus d'inhibition. La première, très ancienne, est celle de Brunton (1883) :

«Par inhibition, nous comprenons *l'arrêt* des fonctions d'une structure ou d'un organe, par l'intervention sur lui d'une autre structure, alors que la possibilité d'exécuter ces fonctions existe encore et peut se manifester dès que la force restrictive est enlevée. L'inhibition se distingue ainsi de la paralysie, où la fonction est abolie et non pas *empêchée*.»

La seconde, plus récente, est de Gasser, et date de 1937 :

«Inhibition est un terme conventionnel, utilisé sans définition exacte, mais concernant un groupe de phénomènes ayant certaines qualités en commun. La condition essentielle est *l'arrêt* ou la prévention d'action par un processus *temporaire* qui ne détruit pas le tissu. Le processus résulte de l'activité nerveuse ou imite les suites de l'activité nerveuse.»

On remarquera que dans la dernière phrase de la définition de Gasser, on souligne le caractère actif de l'inhibition. Sherrington lui-même l'avait par ailleurs clairement énoncé en 1929 déjà :

«L'inhibition n'est pas un état 'neutre' du neurone. Tout comme l'excitation, elle est un aspect de l'activité nerveuse, donc un processus *actif* et non pas passif qui pourrait résulter du simple arrêt de l'excitation.»

Pavlov qui, lui aussi, a toujours insisté sur le caractère actif de l'inhibition au niveau des réflexes conditionnés, envisage une liaison possible entre les concepts neuro-électrophysiologiques et comportementaux à ce sujet. Il se pourrait, admet en effet Pavlov, que toutes les formes d'inhibition conditionnée aient une origine commune, la phase réfractaire. Cette hypothèse n'a cependant jamais été développée et elle reste donc sans support expérimental. Un jour — qui sait? — quelqu'un relèvera ce gant jeté par Pavlov et s'appliquera, avec les moyens actuels d'investigation, à soumettre cette hypothèse à une vérification expérimentale. Ainsi il pourra peut-être ouvrir une autre fenêtre vers la compréhension de l'inhibition. N'oublions pas l'importance de l'inhibition dans l'activité du système nerveux central et du cerveau en particulier.

Chaque neurone est excitable plusieurs centaines de fois par seconde, et comme il y a 25 à 50.000 synapses par neurone et qu'il y a environ 20 milliards de neurones dans le cortex, les possibilités de transmettre les excitations sont énormes. De plus, des stimuli sollicitent continuellement notre système nerveux et la sensibilité des récepteurs est très grande. Ainsi par exemple, les récepteurs olfactifs sont capables de détecter des odeurs de l'ordre d'un picogramme et l'œil est capable de percevoir une différence de lumière d'un photon. Comment se fait-il alors que l'homme ne soit pas en état d'épilepsie permanente ? Pourquoi le «baril de poudre» synaptique de notre cerveau n'explose-t-il pas? C'est parce qu'il existe justement un processus antagoniste de l'excitation: l'inhibition. D'autre part, nous avons vu avec Setchenov le rôle de l'inhibition dans l'activité mentale et dans le contrôle que les centres supérieurs exercent sur l'activité des étages inférieurs du système nerveux central. On sait de plus que c'est surtout l'inhibition qui se développe au cours de l'ontogenèse (elle varie donc avec l'âge de l'individu) et de la phylogenèse (dans l'évolution des espèces). L'enfant a peu d'inhibition et c'est par la maturation post-natale du système nerveux et par l'éducation, qu'à l'âge adulte il montre une inhibition plus efficace. A l'autre bout de la vie, avec l'âge et surtout lors du vieillissement pathologique dans la démence sénile, ou suite à des accidents cérébro-vasculaires, l'inhibition faiblit à nouveau et, à première vue, on «retombe en enfance».

C'est dans cette optique générale — que nous avons très brièvement décrite — de l'inhibition comme processus actif et encore plus complexe que l'excitation, que nous allons maintenant évoquer cet important aspect de l'héritage pavlovien, à savoir l'inhibition dans le contexte de l'activité nerveuse supérieure. C'est en évoquant les formes particulières que prend l'inhibition dans ce contexte que nous allons considérer simultanément les lois fondamentales de l'activité nerveuse supérieure, faisant ainsi — avec le mécanisme réflexe et les deux processus fondamentaux — le tour des «leviers» de Pavlov.

4.2.2. Formes particulières de l'inhibition dans l'ANS

Dans le domaine de l'activité nerveuse supérieure, en particulier de l'activité réflexe conditionnée, on appelle inhibition la perte ou la diminution de la réponse à un stimulus déterminé, dues soit à l'apparition d'un autre stimulus, soit au changement, pour un même stimulus, de sa valeur physiologique en tant que signal conditionné.

On distingue deux grands types d'inhibition dans l'ANS:
- l'inhibition innée, qui ne nécessite aucun apprentissage;
- l'inhibition acquise, basée sur l'absence de renforcement, positif ou négatif.

4.2.2.1. Inhibition innée

a) L'inhibition supraliminaire (ou transliminaire)

C'est la perte ou la diminution de l'activité conditionnée, qui survient lorsque l'intensité du stimulus est trop importante. Il est par ailleurs bien connu que si on fait peur à un animal, il s'enfuit, mais que si le stimulus est trop fort, il se fige («freezing»).

L'inhibition supraliminaire correspond à une loi importante de l'activité nerveuse supérieure, *la loi de la force*:

> La réaction à un stimulus déterminé dépend de son intensité physique mais ce jusqu'à un certain point; quand l'intensité dépasse la capacité de travail du SNC, il y a inhibition. On appelle cette inhibition supraliminaire parce qu'elle apparaît lorsqu'on dépasse les limites du SNC.

L'inhibition supraliminaire a de toute évidence une fonction protectrice. Elle préserve l'organisme de réponses conditionnées trop intenses, susceptibles d'épuiser les réserves énergétiques du SNC.

Rappelons au sujet de la loi de la force, première des lois de l'ANS à être formulée, les conditions particulières dans lesquelles elle fut découverte. Dans le laboratoire de Pavlov, depuis les travaux de Zelenii (1907), Tikhomirova (1910), Orbeli (1908) et autres, on savait déjà qu'il existait une certaine relation entre l'importance du réflexe conditionné et l'intensité du stimulus conditionné. C'est cependant au début des années 20 que chez Pavlov, deux jeunes expérimentateurs, un Russe, Kupalov et un Américain, Gantt, ont fait les expériences cruciales qui ont définitivement établi cette première «loi» de l'ANS. Ce sont eux également qui ont établi que la loi de la force, c'est-à-dire la relation directe entre l'intensité de la réponse conditionnée et celle du stimulus conditionné, pour autant que le renforcement alimentaire soit le même, est limitée par l'éventuelle apparition de l'inhibition supraliminaire. Dans l'Annexe A, nous reviendrons sur les raisons de la présence de Gantt chez Pavlov et sur les conséquences de cette présence pour la physiologie américaine, ainsi que sur la personnalité de Kupalov.

b) L'induction négative

Il s'agit d'une forme particulière d'inhibition correspondant à une autre loi fondamentale du SNC, *la loi de l'induction réciproque* :

«Tant au niveau neuronal qu'au niveau des comportements intégrés, l'excitation d'un centre s'accompagne, dans l'espace, de l'inhibition des autres centres avec lesquels il est en relation fonctionnelle. D'autre part, dans le temps, toute excitation d'un centre a tendance à être suivie d'une période d'inhibition. Ceci est appelé 'induction négative', mais la loi fonctionne également en sens inverse : toute inhibition a tendance à favoriser l'excitation, dans l'espace et dans le temps; c'est l'"induction positive'. Les deux aspects constituent ce que Pavlov a appelé l'"induction réciproque'.»

Dans le domaine de l'inhibition, c'est l'induction négative qui intervient. Pavlov a fait construire ses fameuses «tours du silence» (chambres insonores) car il avait constaté que, en cours d'expérience, pendant qu'un réflexe conditionné avait lieu, toute stimulation concomitante pouvait l'arrêter parce qu'elle provoquait un réflexe d'orientation. Le réflexe d'orientation est un réflexe important : il permet de prêter attention à toute nouveauté, de ne pas «manquer» quelque chose d'important et de prendre une décision en connaissance de cause. Mais si le réflexe d'orientation survient, en vertu de la loi d'induction négative, le réflexe conditionné sera inhibé. On voit donc qu'il convient, si on veut étudier les réflexes conditionnés, de maintenir l'animal à l'abri de toutes stimulations qui pourraient le perturber.

L'induction négative est également un des mécanismes psychophysiologiques important de l'attention. En effet, nous restons attentifs à une tâche particulière dans la mesure où nous nous désintéressons des stimuli présents mais non importants pour la tâche en question.

4.2.2.2. Inhibition acquise

A côté de l'inhibition innée, on distingue l'inhibition acquise, ou inhibition réflexe conditionnée, que l'on doit apprendre au cours de la vie individuelle.

Il existe une condition fondamentale et commune aux trois formes d'inhibition acquise que nous allons décrire : pour obtenir une inhibition réflexe conditionnée, il faut supprimer le renforcement positif ou négatif (récompense ou punition) qui suit le stimulus conditionné. Rappelons qu'on apprend un réflexe conditionné parce qu'on a donné à un stimulus qui était auparavant indifférent, une valeur de signal (signal de récompense ou signal de punition) ; si cette signification disparaît par suppression de la récompense ou de la punition, l'inhibition conditionnée s'installe.

On distingue trois types principaux d'inhibition acquise, toutes trois basées sur la suppression du renforcement :
- l'extinction ;
- la discrimination ;
- l'inhibition de retardement.

a) L'extinction

On appelle extinction la disparition d'un réflexe conditionné lorsque le stimulus conditionné est appliqué de manière répétitive sans renforcement (positif ou négatif).

Le réflexe conditionné est une réaction d'anticipation à un événement qui doit venir. Si le signal n'est plus renforcé, il perd sa valeur de signal, il n'a plus de signification biologique. L'extinction se présente donc comme un mécanisme par lequel l'organisme peut renoncer à un comportement devenu inutile, sans valeur adaptative. Il s'agit en quelque sorte d'apprendre à désapprendre ! La vitesse d'extinction est fonction de certains facteurs, tels que, par exemple, l'ancienneté de l'habitude acquise ou encore l'intensité de son support motivationnel.

Pourquoi dit-on qu'il s'agit d'une inhibition, donc un processus actif et non pas d'une simple perte de réactivité ? On peut citer trois raisons :

- Il existe un phénomène d'*irradiation*. L'inhibition qui a été élaborée dans un analyseur cortical a tendance à irradier et à englober d'autres parties du cerveau. Autrement dit, l'inhibition par extinction, bien qu'ayant porté sur un stimulus précis, peut s'étendre à d'autre stimuli, voire à des stimuli relatifs à une modalité sensorielle différente. Prenons comme exemple une des expériences originales de l'école de Pavlov[7]. Dans le Tableau 1, on voit en haut une expérience habituelle, dans laquelle toutes les stimulations sont renforcées avec une portion de nourriture. En bas, c'est une expérience d'extinction : le métronome est donné plusieurs fois, pendant une demi-heure, sans renforcement. On voit que la réaction salivaire diminue jusqu'à disparaître. Le réflexe conditionné s'éteint progressivement. Si l'on fait intervenir alors un stimulus conditionné d'une autre modalité sensorielle, ce dernier ne produit pas non plus de réflexe conditionné (stimulus tactile) ou alors un réflexe très affaibli (réflexe conditionné à la clochette).

Il y a donc irradiation de l'inhibition sur une autre partie de l'analyseur acoustique que celle qui répond au métronome et même sur un analyseur d'une autre modalité sensorielle.

- Il y a un *rétablissement spontané* d'un réflexe conditionné éteint : après quelques heures ou quelques jours, l'animal réagit de nouveau au SC éteint. L'inhibition est donc un phénomène temporaire et le réflexe conditionné «éteint» n'est pas effacé, il est activement inhibé.

- Il existe un phénomène de *désinhibition*. Si on fait intervenir au même moment que le stimulus conditionné «éteint», auquel le chien ne réagit plus, un stimulus indifférent suffisamment important pour provoquer un réflexe d'orientation, l'animal commence à saliver.

Par ailleurs, le fait que beaucoup de mémoires ne sont pas effacées mais inhibées est également étayé par le phénomène de mémoire dite antérograde : on observe qu'avec l'âge, des mémoires anciennes ont tendance à revenir à la surface alors qu'acquérir de nouvelles mémoires stables devient de plus en plus difficile. C'est une autre expression de l'affaiblissement avec l'âge de l'inhibition, phénomène que nous avons évoqué plus haut.

Tableau 1

Heure	Stimulus conditionné	Sécrétion salivaire conditionnée (en gouttes)	Observations
3.24	Métronome	5	Toutes les
3.41	Clochette	8	stimulations
4.05	Stimulation cutanée	4	sont renforcées
4.41	Métronome	12	
4.51	Clochette	13	
12.07	Métronome	13	Aucune
12.10	Métronome	7	stimulation n'est
12.13	Métronome	5	renforcée
12.16	Métronome	6	
12.19	Métronome	3	
12.22	Métronome	2,5	
12.25	Métronome	0	
12.28	Métronome	0	
12.31	Stimulation cutanée	0	
12.34	Métronome	0	
12.37	Clochette	2,5	

b) La discrimination

La discrimination est une forme d'inhibition qui permet de répondre à un stimulus bien précis, et pas à d'autres, même si ceux-ci sont proches du premier. La valeur adaptative de la discrimination est évidente: l'animal pourra ainsi ne répondre qu'au stimulus qui revêt une signification biologique et pas aux stimuli proches mais non renforcés.

En règle générale, l'acquisition d'un réflexe conditionné consiste en une généralisation initiale suivie d'une concentration ultérieure. Quand on apprend la signification d'un nouveau stimulus conditionné, au début de l'apprentissage, tous les stimuli qui lui ressemblent provoquent la réaction conditionnée. Ainsi, par exemple, si on apprend à un animal à répondre au métronome — 120 battements par minute (M-120), il va répondre aussi bien au M-80 qu'au M-200. Au bout de quelques semaines, pendant lesquelles on ne présente que le M-120, renforcé par la nourriture, il y a concentration de l'activité réflexe conditionnée. Spontanément, l'animal a tendance à ne plus répondre qu'à ce stimulus et il ne réagit plus aux autres fréquences du métronome.

Cette évolution temporelle de l'activité réflexe conditionnée est l'expression d'une troisième loi de l'activité nerveuse supérieure, la *loi de la mobilité* des processus fondamentaux au niveau du cortex cérébral : l'excitation et l'inhibition ne restent pas localisées aux foyers d'origine, elles ont tendance à envahir et à se retirer des territoires cérébraux plus importants. Par ailleurs, l'irradiation de l'extinction est l'expression de la même loi de la mobilité. Que cette absence de réaction au stimulus conditionné discriminé exprime un état d'inhibition centrale et non une simple absence d'excitation est prouvé par le même phénomène de désinhibition évoqué à propos de l'extinction. Si pendant l'action au stimulus négatif, le M-60, on fait intervenir un stimulus neutre, une lampe, par exemple, l'animal salive. Donc si on le distrait, il y a désinhibition. L'inhibition de discrimination est par conséquent un processus actif et particulièrement important du point de vue adaptatif. Elle nous permet en effet de limiter nos réactions conditionnées aux stimuli conditionnés utiles, et de ne pas tenir compte de ceux qui leur ressemblent.

c) Inhibition de retardement

Nous avons évoqué cette forme d'inhibition dans le chapitre 2. Nous rappellerons ici que grâce à cette forme particulière de discrimination, on ajuste les réponses dans le temps. Cette inhibition est basée également sur la loi de la mobilité : quand il y a un délai entre le renforcement et le début de la stimulation, le sujet a tendance à retarder la réponse conditionnée, à l'ajuster dans le temps de manière à précéder le renforcement.

Dans l'expérience illustrée au tableau 2, on applique un stimulus mécanique pendant 3 minutes et l'animal ne reçoit le renforcement (nourriture) qu'au bout de 3 minutes. L'animal en arrive à saliver surtout pendant la dernière minute, au moment du renforcement alimentaire. Ce phénomène est également sujet à la désinhibition : si on fait agir en même temps un stimulus acoustique, l'animal salive pendant les 3 minutes de la stimulation.

Ce procédé pavlovien ressemble à la « réponse retardée » que nous avons déjà évoquée précédemment à propos du lobe frontal. Mais, dans ce dernier cas, l'élément décisif impliquait la mémoire à court terme : l'animal devait se rappeler l'emplacement du stimulus car il n'avait pas l'occasion de réagir pendant le stimulus mais après sa cessation.

Dans l'ANS, il existe d'autres formes d'inhibition et d'autres variantes expérimentales. Nous avons évoqué les plus connus, à titre d'exemple et pour illustrer la diversité de l'inhibition centrale. Le tableau 3 résume ce que nous venons de décrire. Précisons encore que dans ce tableau, la loi est celle qui est à la base, en premier lieu, des observations expérimentales respectives. Il faut cependant se rendre compte que dans toutes les formes d'inhibition dans l'ANS, les trois lois interviennent simultanément et le tableau exprime plutôt une certaine prépondérance qu'une exclusivité d'intervention.

Tableau 2

Heure	Stimulus	Sécrétion salivaire conditionnée (en gouttes) toutes les 30 secondes					
9.50	Stimulation mécanique cutanée	0	0	3	7	11	19
10.03	Stimulation mécanique cutanée	0	0	0	5	11	13
10.15	Stimulation mécanique cutanée + Métronome	4	7	7	3	5	9
10.30	Stimulation mécanique cutanée	0	0	0	3	12	14
10.50	Stimulation mécanique cutanée	0	0	5	10	17	19

Tableau 3 : Inhibition ANS

Classe	Type	Loi
Innée (non conditionnée)	Supraliminaire	Force { Intensité / Fréquence et / Complexité des St
	Externe	Induction réciproque
Acquise (conditionnée basée sur la suppression du renforcement)	Extinction / Discrimination / Retardement	Mobilité

4.2.2.3. Le rôle du cortex cérébral

Un dernier point qui mérite d'être souligné en ce qui concerne l'inhibition conditionnée, acquise, est celui de sa dépendance critique d'une intégration essentiellement corticale. Non seulement ceci ajoute une notion importante à nos connaissances fondamentales sur l'inhibition mais de plus apporte une nouvelle richesse méthodologique aux études sur la physiologie du cortex cérébral, car on dispose ainsi d'un modèle comportemental raffiné qui reflète l'activité corticale. A titre d'exemple, et parce qu'il s'agit d'un fait assez rare, à savoir la confirmation aux Etats-Unis à peu près 60 ans plus tard, d'une ancienne observation pavlovienne, nous évoquerons ici l'expérience de Babkin (1914, chez Pavlov) et celle de Neff (1961, aux Etats-Unis).

L'expérience de Babkin

Babkin élabore chez le chien une discrimination simple et une discrimination complexe. Dans un premier temps, on élabore la discrimination simple entre un son d'une hauteur tonale de 400 hertz, toujours renforcé (T-400 : SC+), et d'un son d'une hauteur tonale de 200 hertz, jamais renforcé (T-200 : SC−). Dans un second temps, on élabore une discrimination plus complexe et plus difficile à réaliser entre une mélodie ascendante (do - ré - mi - fa - sol - la - si) toujours renforcée (SC+) et une mélodie descendante (si - la - sol - fa - mi - ré - do) jamais renforcée (SC−).

L'animal apprend donc :
- un réflexe conditionné positif simple (T-400);
- un réflexe conditionné positif complexe (mélodie ascendante);
- une discrimination simple (T-200);
- une discrimination complexe (mélodie descendante).

Chez des chiens bien entraînés, Babkin extirpe le cortex auditif (temporal), bilatéralement. Après le rétablissement des animaux, il constate que :

- les deux réflexes conditionnés positifs persistent;

- la discrimination simple est présente, mais perturbée, elle n'est plus parfaite;
- la discrimination complexe est irrémédiablement perdue.

Ceci signifie que le cortex cérébral n'est pas impliqué directement et de manière critique dans toute activité réflexe conditionnée, mais qu'il l'est de plus en plus lorsqu'il s'agit d'une activité réflexe conditionnée complexe.

L'expérience de Neff (1961) a confirmé l'expérience de Babkin en montrant que l'extirpation de la zone auditive-2 chez le singe n'abolit pas une activité réflexe conditionnée simple mais empêche toute activité réflexe conditionnée complexe.

CONCLUSIONS

Nous avons mentionné que les «leviers» que Pavlov a forgés et utilisés pour développer son vaste concept sur l'ANS sont:
- un mécanisme: le réflexe;
- deux processus fondamentaux: l'excitation et l'inhibition;
- trois lois fondamentales: la loi de la force, la loi de l'induction réciproque et la loi de la mobilité.

L'école pavlovienne nous laisse dans ces domaines un héritage important, à la fois conceptuel et didactique. Conceptuel tout d'abord:

1. C'est Pavlov qui a élargi la notion de réflexe, à l'apprentissage et à la mémoire, en postulant que ce qu'il a découvert, étudié et nommé réflexe conditionné était en réalité l'expression comportementale d'une connexion temporaire, essentiellement télencéphalique, corticale.

2. C'est Pavlov et son école qui ont développé la notion d'inhibition interne (acquise ou conditionnée) en partant du concept révolutionnaire de Setchenov sur l'inhibition centrale.

3. Ce sont enfin Pavlov et ses élèves qui ont détecté et formulé les premières lois physiologiques qui gouvernent le comportement complexe de l'animal, celui qui assure son intégration et son adaptation au milieu environnant. Leur importance est d'autant plus grande que, dans ce qu'elles ont de plus fondamental, elles s'appliquent également à l'homme.

Nous verrons de plus dans le chapitre suivant, la manière dont ces lois et ces processus interviennent également dans notre pouvoir à nous concentrer sur une tâche, dans les mécanismes de l'attention, composante essentielle dans toute activité humaine.

Sur le plan didactique, l'héritage pavlovien est également important: Pavlov nous laisse un brillant exemple des principales qualités à développer chez un chercheur dans le domaine bio-médical et probablement dans tout domaine:

1. observer avec persévérance et libre de tout dogmatisme, afin d'être intellectuellement préparé à saisir l'événement inattendu, insolite;

2. créer des modèles expérimentaux nouveaux, simples si possible, complexes s'il le faut, mais reproductibles, fiables et appropriés aux buts recherchés;

3. chercher les lois qui gouvernent les phénomènes observés qui les relient entre eux et dont la connaissance sans cesse approfondie permet leur maîtrise progressive pour le bien de l'être humain.

Encore une remarque finale. Il est un fait que les « leviers » de Pavlov sont essentiellement comportementaux car c'était sur cette base, à l'époque, qu'il pouvait le mieux obtenir des faits fiables et qui pouvaient s'intégrer dans les concepts scientifiques généraux disponibles. Les connaissances neurochimiques ou électrophysiologiques étaient par ailleurs très réduites et n'entraient pas dans les compétences de l'école pavlovienne. Il y a donc indiscutablement des limitations. Personne ne peut prétendre que Pavlov a « épuisé » son sujet, que grâce à lui nous savons tout sur l'activité nerveuse supérieure. Méfions-nous cependant de l'excès conceptuel opposé, celui du réductionnisme excessif, qui tendrait à expliquer tout le comportement par un autre univers de discours, neurochimique par exemple, ou électrophysiologique, cellulaire ou sub-cellulaire. La valeur de l'approche conceptuelle pavlovienne vient de son contenu de généralisation, précisément parce qu'elle opère avec l'animal entier et dans des conditions relativement écologiques. De plus, les notions pavloviennes ne sont pas fermées mais, à l'instar du concept de Prigogine sur les structures dissipatives, sont des systèmes ouverts. Ouverts à d'autres approches méthodologiques, actuellement ou prochainement disponibles, à d'autres univers de discours donc, mais à la condition de garder à l'esprit la notion pavlovienne fondamentale : l'organisme d'un mammifère supérieur est une unité réalisée essentiellement par le système nerveux central et en particulier par les structures télencéphaliques du cerveau, tel que le cortex cérébral, unité qui est en interaction permanente avec le milieu environnant.

Chapitre 5
Héraclite et Pavlov :
le tonus central

> « *Tout coule (panta rhei) et on ne peut s'immerger deux fois dans la même rivière.* »
>
> HERACLITE

Le réflexe conditionné classique, pavlovien, est, comme on l'a vu au chapitre 3, une excellente expression psychophysiologique de l'associationnisme de William James. Dans le même chapitre, nous avons cependant réfuté, sur la base de l'effort « gestaltiste » de l'école pavlovienne, les critiques non fondées sur lesquelles Pavlov aurait été un associationniste limité, incapable — ou non désireux — de saisir des aspects globaux de l'activité cognitive. La théorie pavlovienne sur la régulation du tonus central, que nous abordons maintenant, ajoute encore une preuve évidente à ce « dossier », en faveur de l'école pavlovienne. De plus, cet aspect psychophysiologique de l'héritage pavlovien reste — comme on le verra dans les deux chapitres qui suivent — de la plus grande actualité en psychopathologie et en psychopharmocologie également.

5.1. DEFINITION

Toute cellule vivante, et d'autant plus tout ensemble fonctionnel, comme un muscle, le système digestif, respiratoire ou nerveux, ne se trouve jamais dans un état de « repos total ». Il y a en permanence un niveau et un type quelconque d'activité, état appelé « tonus central ». L'activité permanente du cerveau change par ailleurs d'un instant à l'autre et, pour chaque moment donné, peut être différente d'une région à l'autre. Un centre nerveux, par exemple, peut être activé par l'inhibition d'un autre centre et réciproquement, l'excitation de l'un peut inhiber un autre.

5.2. LE REFLEXE D'ORIENTATION

Les variations du tonus central ont souvent un caractère relativement global. Prenons l'exemple du réflexe d'orientation que Pavlov avait appelé à un certain moment, de manière très imagée, le réflexe de « qu'est-ce que c'est ? ». Le chien, lors d'une expérience pavlovienne de réflexes conditionnés, reste tranquillement sur la table, dans son harnais. Une ampoule de 50 à 100 W s'allume devant lui pour la première fois. Le chien lève la tête vers l'ampoule et la regarde attentivement. Certains chiens vont aboyer, d'autres vont se comporter comme si la lumière leur faisait peur, mais de toute manière il y aura des réactions qui vont montrer clairement que le chien est attentif au stimulus visuel qu'il a remarqué. De même, si un stimulus sonore est appliqué (un son, les battements d'un métronome, une clochette, etc.), le chien va tourner la tête vers la source sonore et montrer également, par ses réactions motrices, qu'il a remarqué le bruit. Ainsi, si la lampe s'allume vers la gauche du chien, ou devant lui, en haut, il va tourner la tête à gauche ou vers le haut. Si, ensuite, un métronome bat à droite ou derrière le chien, il va regarder à droite ou vers l'arrière. Nous avons vu comment Podkopaev et Narbutovitch ont utilisé l'alternance de ces deux réflexes d'orientation dans un conditionnement « sans motivation ». Si, comme c'est le cas au début de tout conditionnement, les stimuli qui provoquent le réflexe d'orientation n'ont jamais été renforcés, ni positivement (nourriture) ni négativement (choc douloureux), ils ne provoquent aucune réaction de type digestif (salivation, par exemple) ou de défense. Ils sont en langage pavlovien des stimuli «indifférents». Ils sont évidemment «indifférents», uniquement du point de vue des réflexes innés digestifs ou de défense et pas du point de vue des autres réflexes comme, par exemple, celui d'orientation avec toutes ses composantes motrices et neurovégétatives. En effet, lors de tout réflexe d'orientation, il y a non seulement la réaction motrice dans la direction du stimulus, mais aussi une accélération de la fréquence cardiaque et une hausse de la tension artérielle. Cela veut dire que la «nouveauté» que représente la lampe qui s'allume, ou le bruit, déclenche une réaction d'alarme, cardio-vasculaire et neuro-endocrine. Cette dernière était bien sûr à peine connue du temps de Pavlov. On sait maintenant que toute «nouveauté», c'est-à-dire tout changement relativement important perçu dans le milieu environnant, provoque un stress avec sécrétion d'hormone antidiurétique (vasopressine), mobilisation de certaines cellules blanches du sang, mise en jeu de l'axe hypothalamo-hypophyso-surrénalien, donc libération d'adrénaline et de certaines hormones corticoïdes et bien d'autres réactions qui toutes préparent l'organisme pour une éventuelle attitude à prendre face à la nouveauté. C'est ce que Selye a décrit sous le nom de syndrome adaptatif général, car en effet le stress est essentiellement adaptatif. Il est utile et il nous permet de faire face aux sollicitations sans cesse différentes du milieu physique et social dans lequel nous vivons. Ce n'est que lorsque la réponse au stress est trop importante, exagérée dans son intensité et/ou dans sa durée et qu'on ne peut plus revenir assez vite à un état relativement normal, que le stress peut engendrer des maladies, une anxiété exagérée, empêcher la guérison normale de certaines maladies, etc. La «nouveauté» saisie et exprimée par le réflexe d'orientation, demande qu'on prenne une décision. Si elle signale un éventuel danger, il faut rapidement décider d'attaquer ou de fuir. Si, par contre, le stimulus signale une source possible de nourriture, c'est une toute autre stratégie qui sera adoptée. De même, si en période de rut la nouveauté signale la présence d'un individu de sexe opposé, c'est encore une autre réaction qui est déclenchée.

De toute manière, il faut peut-être faire quelque chose quand la nouveauté arrive, et l'«alarme» est donc donnée, d'où tachycardie et hausse de la tension artérielle, dilatation pupillaire, etc., qui accompagnent tout réflexe d'orientation. Dès qu'un changement perceptible a lieu dans le milieu environnant, dès qu'il y a un stimulus, par le réflexe d'orientation l'organisme est donc prêt pour analyser et décider rapidement si oui ou non il faut réagir et comment. C'est en ce sens que le terme de Pavlov était approprié et imagé : le réflexe de « qu'est-ce que c'est ? ». C'est cependant le terme de réflexe d'orientation qui est actuellement en usage, car il est plus court et plus physiologique.

L'évolution temporelle du réflexe d'orientation dépend de la suite des événements et exprime également son caractère adaptatif. En effet, si le stimulus nouveau n'est suivi d'aucun événement d'importance biologique, s'il ne devient donc pas « signal » de quelque chose d'agréable ou de désagréable, et si il se répète ainsi plusieurs fois, le réflexe d'orientation qu'il provoque s'affaiblit progressivement et peut même disparaître. On appelle « habituation » cette diminution progressive de la réponse à un stimulus indifférent (N.B. : dans le sens pavlovien du mot, tel qu'on l'a vu plus haut). Les pavloviens l'appellent aussi « extinction » du réflexe d'orientation, du fait que l'on doit apprendre la non-signification biologique de la nouveauté pour ne plus y répondre, au fur et à mesure que le stimulus respectif perd ce caractère de nouveauté. Il est évident que dans l'habituation à un stimulus, il y a un caractère acquis, d'apprentissage, apparenté à l'inhibition conditionnée, comme l'extinction. On sait par exemple que :

- plus le stimulus est fort, plus l'habituation est longue et difficile;

- lorsque l'habituation a été observée à la fin d'une journée d'expérience, on constate le lendemain que les premières présentations du stimulus provoquent à nouveau le réflexe d'orientation : il y a donc eu un certain « oubli ». Mais cette fois, l'habituation se produit beaucoup plus rapidement que lors des premières expériences. On peut donc considérer que la mémoire de la nature indifférente du stimulus, quoique faible, est quand même présente, car l'habituation apparaît beaucoup plus rapidement que la première fois. Par ailleurs, si on répète plusieurs fois l'expérience, l'habituation s'accélère de jour en jour et après quelques jours, l'animal ne réagit même plus à la première stimulation. Arrivés à ce stade, après une interruption de quelques jours, on peut voir que l'habituation persiste ou que, même si un réflexe d'orientation apparaît encore aux premiers stimuli, il est très faible;

– l'habituation, comme toute inhibition acquise, est sujette à la désinhibition: le réflexe d'orientationn habitué peut réapparaître si, en même temps que le stimulus auquel l'animal a été habitué, on applique un autre stimulus nouveau; aux quelques stimulations ultérieures, l'animal va présenter le réflexe d'orientation même au stimulus «habitué» appliqué seul.

Aussi simple qu'il puisse paraître à première vue, le réflexe d'orientation nécessite une intégration complexe qui implique l'intervention de nombreuses structures cérébrales. La preuve d'une intégration critique corticale est que les animaux âgés, tout comme les rats élevés dans un milieu socio-sensoriel appauvri dès le sevrage (nous y reviendrons plus loin), animaux chez lesquels le déficit principal réside au niveau du télencephale, s'habituent très difficilement, montrent une persistance anormale du réflexe d'orientation aux stimuli indifférents. Les structures sous-corticales essentielles pour le réflexe d'orientation et responsables en fait de l'activation relativement globale du cortex cérébral sont la formation réticulaire, méso-diencéphalique et le système limbique.

Nous aborderons maintenant le problème de la régulation, innée et acquise, du tonus central.

5.3. REGULATION INNEE, NON CONDITIONNEE DU TONUS CENTRAL

Deux grands systèmes sont spécialisés pour cette fonction, le système réticulaire et le système limbique. Le système réticulaire règle le tonus central en fonction de la quantité et de la complexité des stimuli alors que le système limbique le fait en fonction de leur tonalité affective et émotionnelle.

5.3.1. La formation réticulaire

La formation réticulaire est un ensemble de cellules nerveuses, situé au centre du tronc cérébral (c'est ce qu'on appelle le mésencéphale et dont fait partie le bulbe rachidien qui prolonge la moelle épinière vers le cerveau) et se prolongeant dans le cerveau lui-même, notamment dans le thalamus qui fait partie de ce qu'on appelle le diencéphale. Toutes les informations sensorielles, c'est-à-dire tous les influx nerveux qui résultent de l'excitation des récepteurs par un stimulus, arrivent à cette formation. En fait, les informations sensorielles arrivent tout d'abord dans certains noyaux situés dans le thalamus. Ensuite, à partir des synapses thalamiques, les informations sont transmises vers le cortex cérébral, dans les zones de projection primaires et secondaires. Les informations d'origine visuelle sont dirigées vers le cortex occipital, celles d'origine acoustique principalement vers le cortex temporal, etc. (Nous avons vu le concept pavlovien des « analyseurs »). Les fibres nerveuses qui acheminent ainsi ces informations sensorielles vers le cortex cérébral, émettent, surtout au niveau du tronc cérébral, des collatérales qui font synapse dans la formation réticulaire. Cette formation est ainsi maintenue dans un état fonctionnel, dans une activité permanente, à un certain tonus grâce à toutes les informations sensorielles qui s'acheminent vers le cortex cérébral. L'activation de la formation réticulaire dépend de l'intensité physique et du nombre de stimuli en provenance du milieu environnant et du milieu intérieur.

Les relations entre les neurones de la formation réticulaire et le cortex cérébral sont multiples et relativement généralisées. Cela signifie d'une part qu'une fibre nerveuse d'origine réticulaire peut, par des collatérales, former de nombreuses synapses avec des neurones situés à des niveaux différents en profondeur et à la surface du cortex cérébral. D'autre part, à partir des neurones réticulaires, on peut toucher, par les axones, n'importe quelle région du cerveau. Cela veut dire qu'une stimulation réticulaire se traduit par une activation corticale plutôt globale, généralisée, que localisée; cela se voit particulièrement bien sur l'électro-encéphalogramme.

Lorsque quelqu'un est en repos, détendu, les yeux fermés, mais sans dormir, et qu'on enregistre l'activité électrique cérébrale, l'électro-encéphalogramme (EEG), le tableau est dominé par le rythme alpha. L'EEG montre la présence d'ondes régulières, un rythme dont la fréquence habituelle est de 8-10 cycles/seconde. Hans Berger, l'inventeur de la méthode moderne de l'EEG a appelé ce rythme «alpha» car c'est le premier qui lui est apparu comme représentant un état fonctionnel bien défini du cerveau. Il suffit en effet d'ouvrir les yeux et le rythme alpha disparaît, l'EEG étant alors caractérisé par un rythme nettement plus rapide et moins régulier, d'environ 20-30 cycles/seconde et de moindre amplitude, que Berger a tout simplement appelé «beta». Par contre, si le sujet s'endort, même légèrement, l'EEG montre une tendance au ralentissement et c'est un autre rythme qui apparaît, le rythme «delta», constitué d'ondes de plus grande amplitude que le rythme alpha, et dont la fréquence est de 3 à 6 cycles/seconde. D'autres détails très importants ont été établis par Berger, importance mise en valeur depuis lors par l'application, manuelle d'abord et par ordinateur ensuite, de l'analyse de Fourrier permettant de déceler le spectre de la puissance des fréquences qui constituent l'EEG. Ce qui importe pour notre propos c'est que Berger avait déjà défini des corrélations claires entre l'EEG et les divers états de «conscience» au sens neurologique: le sommeil, qui est une perte réversible et physiologique de la conscience, se caractérise par une tendance aux rythmes lents[8]; la relaxation vigile s'accompagne de la présence dominante du rythme alpha; l'éveil chasse l'alpha et le remplace par le rythme beta.

Revenons maintenant à la substance réticulaire et à son rôle physiologique dans la régulation de la vigilance, du niveau de conscience.

L'expérience cruciale qui a ouvert la voie à ce chapitre moderne de la psychophysiologie, a été réalisée en 1949 par deux grands physiologistes, Giuseppe Moruzzi et Horace Magoun. Il nous semble particulièrement instructif, du point de vue du cheminement intellectuel d'une grande découverte, du point de vue donc de la logique interne de la créativité scientifique, d'évoquer ici les grandes lignes de cette aventure intellectuelle. C'est par ailleurs tant Magoun que Moruzzi qui l'ont souvent dit et écrit, avec leur constante et exemplaire modestie.

Moruzzi et Magoun étudiaient les zones inhibitrices du cerveau, c'est-à-dire des aires dont la stimulation électrique devait s'accompagner d'une diminution de l'excitabilité corticale et d'une tendance générale au sommeil, d'un ralentissement des fréquences corticales à l'EEG. C'est lors de leurs études systématiques à ce sujet, en cherchant de nouvelles zones inhibitrices, qu'ils ont découvert la puissante fonction activatrice de la substance réticulaire. En effet, la stimulation électrique de cette formation provoque un «éveil» électrique cortical généralisé. L'attitude de Moruzzi et Magoun devant ce résultat inattendu illustre une autre facette de la créativité, différente de celle soulignée par Szent-Gyorgi et qu'on a déjà évoquée, à savoir penser, interpréter de manière nouvelle un fait expérimental déjà connu. Dans l'expérience de Moruzzi et Magoun, c'est un autre cheminement intellectuel qui apparaît. Il s'agit de la capacité de s'étonner, de saisir l'inattendu, de presque s'en émerveiller, à l'instar d'un enfant devant un monde merveilleux comme celui, par exemple, d'Alice au Pays des Merveilles! Claude Bernard, dans son «Introduction à la Médecine Expérimentale» avait déjà bien exprimé l'importance d'une *observation* nouvelle comme base de toute hypothèse scientifique surtout dans le domaine biologique :

«... l'idée expérimentale n'est point arbitraire ni purement imaginaire, elle doit avoir toujours un point d'appui dans la réalité observée, c'est-à-dire dans la nature. L'hypothèse expérimentale, en un mot, doit toujours être fondée sur une *observation* antérieure» (Claude Bernard, 1865, cf. Edit. Garnier-Flammarion, 1966, p. 66).

La créativité scientifique, tout comme la créativité artistique, peut donc emprunter des voies très variées, qui ne se limitent d'ailleurs pas aux deux exemples que nous venons de voir. Tout dépend de la personnalité intellectuelle et affective du chercheur, des circonstances de son travail, d'une rencontre scientifique ou même personnelle et de plus, le même chercheur peut, d'une fois à l'autre, prendre des chemins différents. Il n'y a pas de mode d'emploi ou de recette universelle pour faire une découverte scientifique, tout comme il n'y a pas de garantie «tous risques», ni contre la non-saisie du «bon hasard», ni contre la persévérance dans une voie de recherche non pertinente. On n'enseigne pas la manière de préparer le mélange bien dosé de courage et de bon sens, la «potion magique» sans laquelle il n'y a pas de créativité, scientifique ou artistique. C'est à nouveau Claude Bernard que nous citons à ce propos, dans un passage qui continue l'idée de l'observation a priori:

> «Il n'y a pas de règles à donner pour faire naître dans le cerveau, à propos d'une observation donnée, une idée juste et féconde qui soit pour l'expérimentateur une sorte d'anticipation intuitive de l'esprit vers une recherche heureuse... C'est un sentiment particulier, un *quid proprium* qui constitue l'originalité, l'invention ou le génie de chacun» (ibid., p. 66).

Revenant à la formation réticulaire et à son rôle dans la régulation innée du tonus central, le tableau a été complété par Lindsley (1958), avec l'aspect lésionnel. En pratiquant des lésions relativement importantes de la formation réticulaire, Lindsley a bien montré le rôle capital de cette structure cérébrale dans le maintien du tonus central, de la vigilance. Les animaux de Lindsley, en effet, passaient leur vie — après récupération post-chirurgicale — presque entièrement en état de sommeil. Ils n'en sortaient — et uniquement si les lésions n'étaient pas trop importantes — que lorsqu'ils étaient affamés.

Ces expériences sont d'une certaine manière en corrélation avec un autre aspect de l'héritage pavlovien, celui des structures indispensables à l'élaboration et au maintien de l'activité réflexe conditionnée. Pavlov considérait que le cortex cérébral était une structure critique pour toute activité réflexe conditionnée. Les réflexes innés, non conditionnés, expriment une intégration sous-corticale, comme par exemple la moelle épinière pour le réflexe rotulien ou le réflexe de grattage. Bien sûr, les centres supérieurs — Setchenov l'avait déjà prouvé — d'une part, sont informés du déroulement des réflexes spinaux et d'autre part, modulent leur intensité, comme par exemple à travers le mécanisme de l'inhibition centrale. Cependant le niveau sous-cortical — en l'occurrence la moelle épinière pour ces réflexes-là — reste critique, car s'il est bloqué ou détruit, le réflexe respectif est bloqué lui aussi ou définitivement perdu. Pavlov avait ensuite postulé que le cortex cérébral jouait ce même rôle de niveau critique d'intégration pour les réflexes conditionnés. Mais on s'est très vite rendu compte, chez Pavlov, que les choses n'étaient pas si simples, si tranchées. Ainsi, par exemple, dans les expériences de Babkin (1914) que nous avons cité à propos de l'inhibition de discrimination, on s'est aperçu qu'un réflexe conditionné élémentaire et une discrimination simple pouvaient encore être élaborés et/ou maintenus, après extirpation bilatérale du lobe temporal. Seule la discrimination complexe, entre deux «mélodies», par exemple, devenait impossible après une telle opération qui enlevait l'étage cortical de l'analyseur acoustique. Comment expliquer alors, dans le cadre du postulat «réflexe conditionné=intégration corticale», le fait évident que le réflexe conditionné et la discrimination simple soient préservés après décortication temporale? Pavlov proposait, en guise de tentative d'explication, un concept lié à la notion moderne de «plasticité» du système nerveux central: après extirpation de l'analyseur cortical acoustique, d'autres centres corticaux pourraient prendre en charge cette fonction; cela se ferait cependant de manière incomplète, ce qui expliquerait pourquoi, après l'opération, des tâches acoustiques simples redeviendraient possibles mais pas des tâches complexes. Il fallait cependant tester expérimentalement l'hypothèse du rôle critique du cortex cérébral dans n'importe quel réflexe conditionné. En effet, la règle absolue chez Pavlov était qu'une hypothèse n'était recevable que si on pouvait la vérifier expérimentalement. Il fallait donc essayer d'extirper le cortex cérébral des deux hémisphères aussi largement que possible et attendre la récupération post-chirurgicale puis soumettre les chiens à l'apprentissage de divers réflexes conditionnés. L'hypothèse était que les chiens décortiqués allaient être incapables d'apprendre quoi que ce soit. C'est Zeliony qui se chargea de ces expériences et il constata, contrairement à l'hypothèse de Pavlov, que ces chiens étaient quand même capables d'apprendre un réflexe conditionné élémentaire. Ainsi par exemple, à un son, au battement d'un métronome renforcé positivement, le chien décortiqué apprend après plusieurs jours à saliver, et présente même une certaine ébauche de comportement de type alimentaire. L'apprentissage n'est donc pas rendu impossible par la décortication cérébrale très large, et probablement totale. Cependant, les performances de type cognitif de ces chiens sont extrêmement pauvres et particulièrement leurs capacités à discriminer les stimuli conditionnés.

Ainsi le rôle dominant, quoique non exclusif, du cortex cérébral dans l'activité nerveuse supérieure du chien est très clairement prouvé. Ces expériences ont par ailleurs été confirmées des années plus tard par Belenkov (1957). Nous reviendrons sur les implications physiologiques de ces expériences, ainsi que sur la lumière qu'elles jettent sur certains aspects de la personnalité de Pavlov, mais nous ferons ici encore une remarque à propos du comportement général des chiens décortiqués: ils dorment presque tout le temps. Comme les animaux de Lindsley, à lésion réticulaire, ils ne donnent des signes de réveil que lorsqu'ils ont faim. C'est d'ailleurs logique et c'est ce qui fait la liaison entre les découvertes concernant la formation réticulaire et l'héritage pavlovien. Lors de la lésion réticulaire, le sommeil provient du fait que le cortex cérébral n'est plus activé par les informations sensorielles. Celles-ci ne peuvent cependant pas activer ce qui n'existe plus; or dans les expériences pavloviennes citées, il s'agissait de chiens auxquels on avait enlevé pratiquement tout le cortex cérébral.

Une autre expérience, toujours du groupe de Pavlov, en relation avec la vigilance, mérite d'être rappelée dans ce contexte: c'est celle de Speranski. Pour des raisons théoriques particulières, Speranski a détruit chirurgicalement trois grands récepteurs périphériques, obtenant ainsi des chiens sourds, aveugles et anosmiques (dépourvus d'odorat). Ces chiens passaient également une grande partie de leur vie en état de sommeil.

Revenons aux travaux de Moruzzi et Magoun qui, suivis des travaux de Lindsley, de French, de Jasper et de bien d'autres, ont eu un retentissement mondial exceptionnel. Les années cinquante et soixante ont été les « décades de la réticulaire », d'autant plus qu'en 1970, Bloch a pu montrer qu'une faible stimulation réticulaire ne provoquant même pas la réaction d'éveil, facilite néanmoins la rétention d'une mémoire récente.

Une conception neurophysiologique de la « conscience » est ainsi clairement apparue et mise en corrélation avec le tonus central. Pour qu'on soit « conscient » — de soi-même et du monde environnant — il faut un certain niveau de tonus central, en dessous duquel on est dans un état de sommeil ou en tout cas de moindre vigilance corticale, incompatible avec la bonne performance dans une tâche cognitive. Selon Bloch (voir fig. 11), une fois que la vigilance corticale atteint le seuil, dit de l'attention, la performance devient possible et elle est d'autant meilleure que le niveau de vigilance augmente. Il y a cependant

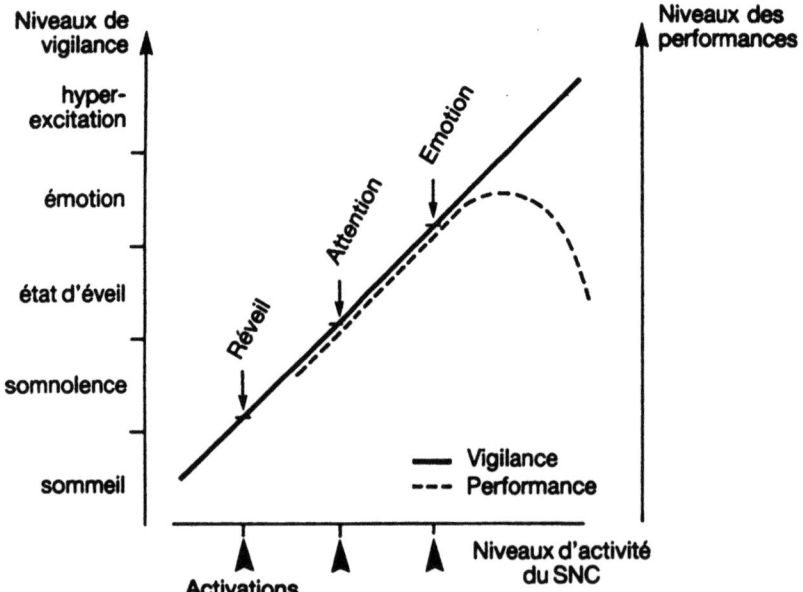

Fig. 11. Les relations entre les niveaux de vigilance et les performances (Bloch, 1966) (voir discussion dans le texte).

un seuil supérieur également, car à partir d'une vigilance trop élevée (seuil de l'«émotion»), les performances cognitives diminuent ou deviennent même impossibles.

Comment ne pas reconnaître dans cette vue de Bloch, directement inspirée des travaux des écoles de Moruzzi et de Magoun, la parenté évidente avec la loi pavlovienne de la force et avec l'inhibition supraliminaire? Cependant, ce qui est nouveau par rapport aux connaissances de l'époque pavlovienne, c'est la découverte anatomo-physiologique de la formation réticulaire, située au centre du mésencéphale et du diencéphale. Elle est «chargée», comme nous l'avons dit, par toutes les stimulations sensorielles qui s'acheminent vers le cortex et, à son tour, en fonction du nombre et de l'intensité physique des stimulations, elle active l'ensemble du cortex cérébral. Des connections ponctuelles réticulo-corticales existent, mais ce qui caractérise la fonction réticulaire du point de vue du tonus central, c'est l'aspect généralisé qui domine l'activation corticale et qui est à la base du concept neurophysiologique de «conscience». Puisque le «système activateur ascendant» (comme a été appelé également l'ensemble des connexions réticulo-corticales) est situé dans la région médiane, au centre de l'encéphale, et qu'il est capable de régler tout son tonus, le grand neurochirurgien canadien Penfield lui a trouvé une autre dénomination: le «système centrencéphalique».

Ainsi, la loi de la force et l'inhibition supraliminaire, deux concepts typiquement pavloviens, se complètent et trouvent un substrat organique, anatomo-physiologique, dans le concept de Moruzzi et Magoun et de leurs collègues, concernant la formation réticulaire et son rôle dans la régulation du tonus central, dans le maintien d'un niveau adéquat de conscience, approprié aux tâches cognitives à accomplir par le cortex cérébral.

Il convient de plus, lorsqu'on discute du tonus central et du continuum entre les états de veille et de sommeil, de mentionner les brillantes contributions du grand neurophysiologiste belge Frédéric Bremer. C'est en effet Bremer qui, dès les années trente, a imaginé ses deux préparations célèbres: l'«encéphale isolé» et le «cerveau isolé». Dans cette dernière préparation, dans laquelle on pratique une section, une interruption du SNC, au niveau du tronc cérébral, le cerveau du chat est presque totalement isolé des systèmes périphériques, sensoriels ou moteurs. Le «cerveau isolé» présente toutes les caractéristiques électrophysiologiques d'un cerveau endormi. A partir de ces expériences Bremer, indépendamment de l'école pavlovienne, élabore le concept de tonus cortical, sans lequel il n'y a pas d'éveil cérébral. Dans le concept de Bremer, comme dans celui de l'école pavlovienne, le tonus cortical est maintenu et régulé par l'ensemble des afférences sensorielles qui acheminent vers le cerveau les informations en provenance du milieu environnant et/ou intérieur. Ainsi, c'est Bremer qui, en dehors des concepts et de la méthodologie de Pavlov, est le grand précurseur occidental des travaux sur le tonus central en tant que régulation innée. Il est le pionnier de la découverte des relations neurophysiologiques entre le phénomène psychophysiologique de perception et l'état fonctionnel du cerveau. Moruzzi lui-même a toujours reconnu que l'amitié scientifique qui le liait à Bremer a contribué à la saisie immédiate, avec Magoun, de la signification de leurs expériences de stimulation de la formation réticulaire, à côté de laquelle Bremer est passé de si près.

Ajoutons encore pour mémoire, car nous n'allons pas développer ici le problème du sommeil, qu'il y avait en fait pour Pavlov au moins deux types de sommeil : a) le sommeil «actif», qui ressemblerait à une irradiation élargie de l'inhibition au niveau cortical, comme c'est le cas par exemple, lors d'une discrimination prolongée ou difficile (voir chapitre 6) et b) le sommeil «passif» qui découle de la diminution massive des afférences sensorielles vers le cortex. Si le concept pavlovien de sommeil actif soulève encore des objections, celui de sommeil passif situe l'école pavlovienne parmi les précurseurs indiscutables des raisonnements phychophysiologiques d'une part de Bremer, d'autre part de Moruzzi et de Magoun à propos de la formation réticulaire.

5.3.2. Le système limbique

Le système limbique, reliquat chez l'homme du cerveau reptilien et faisant embryologiquement partie du télencéphale, constitue le principal substrat neuro-anatomique de la vie émotionnelle, affective. Nous venons de voir que le tonus central, le niveau d'excitabilité corticale, celui qui règle l'état de veille et de sommeil, dépend, via la formation réticulaire, de l'intensité physique et de la complexité des stimuli provenant du milieu extérieur et du milieu intérieur. Pourtant, nous ne réagissons pas toujours en concordance avec l'intensité ou la complexité des stimuli. Il y a, par exemple, des couleurs que la plupart des gens ressentent comme «reposantes», le bleu ou le beige, par exemple et des couleurs «excitantes», comme le rouge. Des stimuli de même intensité peuvent donc avoir une tonalité affective ou émotionnelle différente. De plus, ces tonalités affectives des stimuli sont dues à des mécanismes acquis ou à des événements de l'histoire personnelle; ainsi par exemple, une mère se réveille aux mouvements de son bébé, mais non à d'autres bruits plus intenses; le meunier se réveille quand son moulin s'arrête, etc.

Chez les mammifères, et notamment chez les mammifères supérieurs, la structure principalement responsable de l'intégration de la tonalité affective des stimuli est le système limbique, également appelé rhinencéphale; mais on sait maintenant que, du moins chez l'homme, sa fonction principale n'est pas liée au sens olfactif.

Le système limbique est situé au milieu du cerveau, sur la ligne médiane des deux hémisphères (d'où le nom de limbique : il est «en frange», «en marge» du cerveau). Il est constitué de nombreuses structures dont :

- l'hippocampe;
- la circonvolution du corps calleux (la grande commissure qui relie les deux hémisphères);
- le noyau amygdalien (dans le lobe temporal);

- la région septale (ou septum) qui est une entrave et qui contient des noyaux; elle entretient des rapports avec
- le cortex cingulaire.

Le système limbique est un circuit dit circuit de Papez, d'après le nom de l'auteur qui l'a décrit. En effet, si on stimule un endroit du système limbique, on détecte des potentiels évoqués dans tout son ensemble. De plus, le système limbique est en étroite corrélation fonctionnelle avec le cortex cérébral; il est notamment en relation directe avec le gyrus cingulaire.

Grâce aux méthodes d'extirpation et de stimulation, de nombreux auteurs, dont MacLean, Delgado, Olds, etc., ont pu montrer que ce système participe d'une manière essentielle à l'organisation et à l'expresion de notre vie affective et émotionnelle. Des lésions de ce système entraînent des modifications importantes de type émotionnel et affectif. Les animaux ou les personnes qui souffrent de tumeurs dans l'une ou l'autre de ces structures ont des réactions bizarres: des impulsions d'agressivité ou au contraire une affectivité exagérée (larmes, rires, etc.). Les fameuses expériences de Delgado sur des singes ont montré qu'en stimulant le système limbique, on pouvait provoquer l'appétit ou le dégoût, l'agressivité ou la soumission, etc.

La figure 12 résume les mécanismes principaux de la régulation innée du tonus central. Un stimulus visuel, acoustique, tactile, etc., génère des potentiels d'action qui atteignent, par des voies spécifiques et via un relais synaptique situé dans le thalamus, le cortex cérébral dans les zones de projection secondaire, associatives; ils atteignent également, par les collatérales qui la relient aux voies spécifiques, la formation réticulaire. Ainsi stimulée, cette dernière va stimuler à son tour le cortex cérébral d'une façon non spécifique et diffuse, provoquant un éveil caractéristique en fonction de l'intensité et de la complexité des stimuli. En même temps, également, le cortex cérébral analyse notamment par le gyrus cingulaire, la connotation affective de la stimulation en l'introduisant dans le circuit de Papez. C'est grâce à ce circuit, interposé entre la formation réticulaire et le cortex cérébral, qu'une stimulation faible peut provoquer une réaction vive et inversement.

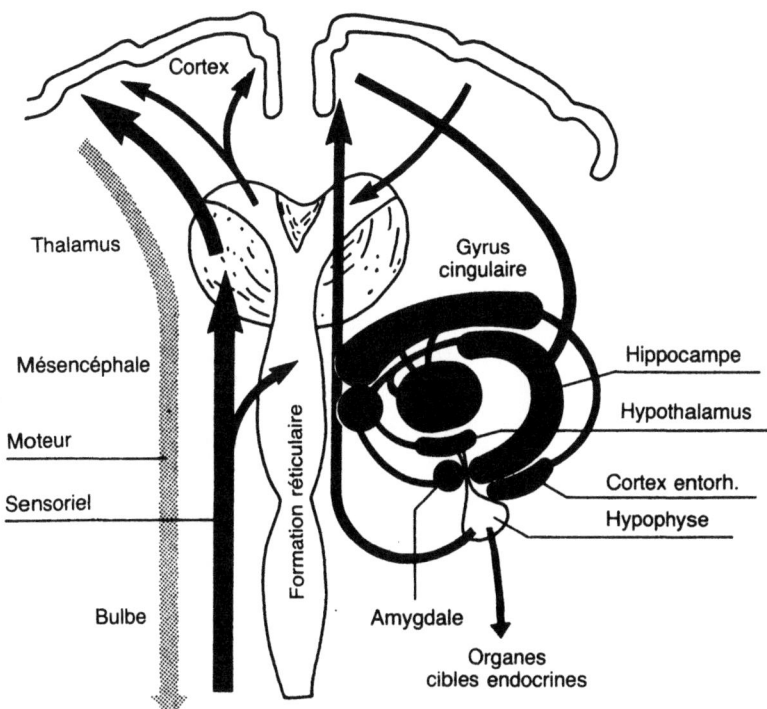

Fig. 12. Vue schématique du système limbique (circuit de Papez) et des relations entre le cortex cérébral, la formation réticulaire et le système limbique (voir explication dans le texte; d'après Giurgea, 1981).

5.4. REGULATION REFLEXE CONDITIONNEE DU SNC

On vient de voir que l'état de veille ou de sommeil dépend de l'intensité physique et de la complexité des stimuli, via la formation réticulée, mais qu'elle est aussi fonction de leur tonalité affective, via le système limbique. Tout ceci relève de la régulation innée du tonus central.

Cependant, l'existence de l'être vivant, le maintien de sa survie, nécessite également une anticipation et celle-ci n'est pas assurée par ce que nous venons de voir. En effet, notre cerveau n'attend pas que les stimuli l'atteignent pour réagir: il dispose de mécanismes d'anticipation qui règlent son tonus d'une manière appropriée et en *prévision* de certains stimuli importants et attendus. Ceci permet d'augmenter la rapidité et la spécificité des réactions. La régulation réflexe conditionnée aura donc comme rôle de faire fluctuer le tonus central en prévision de ce qui est attendu, de ce qui a une grande probabilité d'arriver.

Cette régulation représente encore une partie importante de l'héritage pavlovien, ouvrant des perspectives nouvelles également pour la physiopathologie de l'activité nerveuse supérieure et pour la psychopharmacologie comme on le verra dans les chapitres suivants. La régulation réflexe conditionnée du tonus central, en particulier le mécanisme du réflexe conditionné « raccourci », représente par ailleurs une des préoccupations scientifiques majeures de Kupalov et de son école.

LE REFLEXE CONDITIONNE « RACCOURCI »

5.4.1. Bases expérimentales

Examinons d'abord quelques expériences fondamentales.

Denisov et Kupalov (1933), ainsi quer Kostenetzkaya (1965) établissent chez le chien des réflexes conditionnés alimentaires à une stimulation à la fois sonore (clic ou tambour) et visuelle (lumière) et observent que, toutes autres conditions restant égales par ailleurs, le niveau des réflexes conditionnés et non conditionnés — mesurés en quantité de salive — dépend du niveau d'éclairement du local expérimental : le chien salive plus lorsqu'il travaille dans une chambre bien éclairée que lorsqu'il travaille dans une semi-obscurité (seule une ampoule de 25 W restait allumée pendant toute l'expérience) (fig. 13).

Chang (1952) décrit une situation analogue chez le chat dans une expérience dans laquelle il utilise des potentiels évoqués corticaux à la stimulation du corps genouillé latéral (au niveau du cortex visuel et acoustique). L'amplitude des potentiels évoqués dépend également du niveau d'éclairement auquel le chat est exposé : elle est plus élevée en pleine lumière qu'en obscurité (voir fig. 13).

Les expériences de Chang, comme celles de Denisov et Kupalov, illustrent l'importance du tonus central — qui dépend essentiellement de la formation réticulaire — sur l'aspect quantitatif des réponses corticales non conditionnées ainsi que sur des réflexes conditionnés. En effet, plus le stimulus lumineux est intense, plus la formation réticulée est excitée et plus la réactivité corticale est importante, à condition de ne pas dépasser les limites de l'inhibition supraliminaire.

Il y a néanmoins une différence importante du point de vue temporel dans la manière dont une réponse conditionnée et une réponse non conditionnée suivent le changement du niveau d'éclairement du local expérimental. Dans l'expérience de Chang — réponse non conditionnée — l'adaptation est immédia-

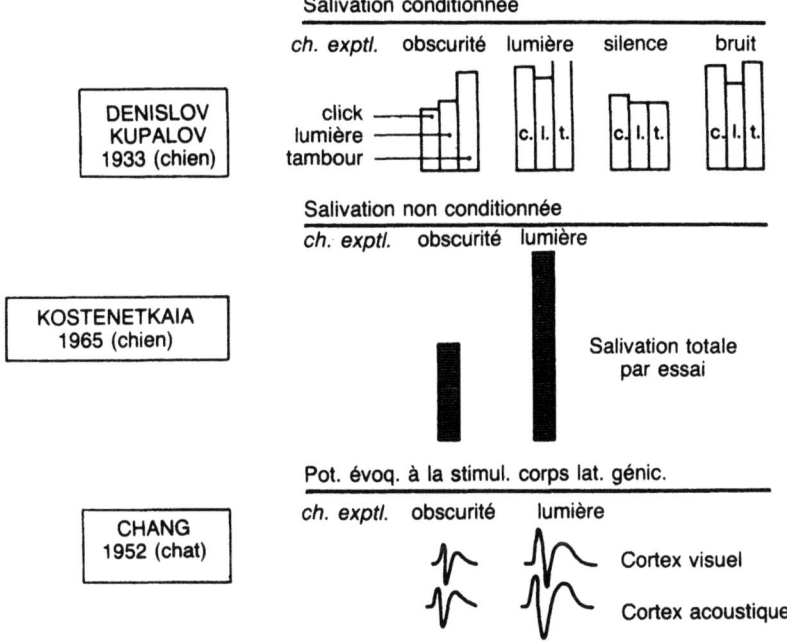

Fig. 13. Interrelations entre d'une part, les stimuli non spécifiques et d'autre part, la salivation conditionnée et non conditionnée ainsi qu'avec l'amplitude des potentiels évoqués corticaux (d'après Giurgea, 1970).

te : dès que la lumière change, dans un sens ou dans l'autre, le potentiel évoqué change aussi. Par contre, dans l'expérience de

Denisov et Kupalov, il faut plusieurs jours à un chien habitué à travailler dans l'obscurité pour modifier sa réactivité lorsque l'éclairement augmente. Le chien continue en effet à répondre comme s'il était dans l'obscurité et ce n'est qu'au bout de quelques jours qu'il s'adapte au changement. Inversement, un chien habitué à un éclairage intense et soumis à l'obscurité continuera à présenter pendant plusieurs jours un haut niveau de sécrétion salivaire.

La figure 14 illustre ce fait : la partie supérieure représente la régulation non conditionnée, qui est immédiate : on augmente l'intensité lumineuse, le potentiel évoqué augmente; on la diminue, le potentiel évoqué diminue. La partie inférieure représente la régulation conditionnée, qui s'établit lentement : quand on augmente l'intensité lumineuse, il se passe quelques jours

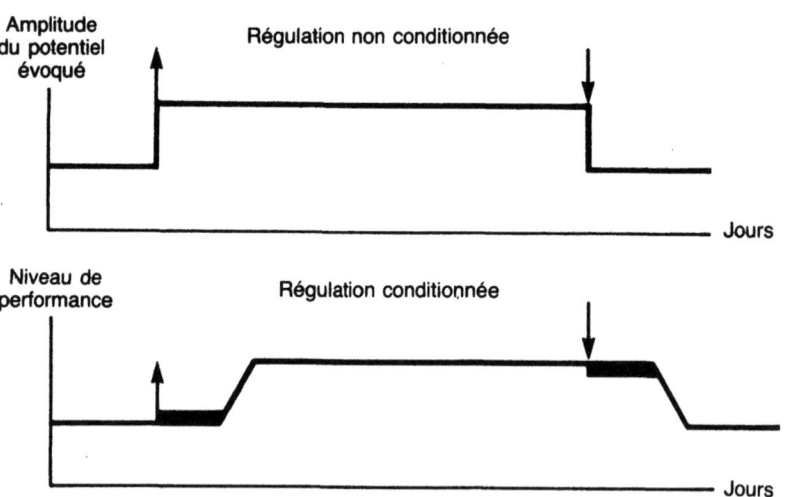

Fig. 14. Les caractéristiques temporelles de la régulation conditionnée et non conditionnée du tonus central. Notez l'adaptation immédiate de la régulation non conditionnée à la luminosité de la chambre expérimentale et l'adaptation retardée de la régulation conditionnée (d'après Giurgea, 1981).

pendant lesquels les performances sont celles de la chambre à faible éclairement. Progressivement, le comportement s'adapte à la nouvelle luminosité, mais la même séquence temporelle se produit si on diminue à nouveau l'intensité lumineuse. Cela signifie que dès que l'animal entre dans la chambre expérimentale, il anticipe le tonus central auquel il avait été habitué. La régulation conditionnée est plus importante pendant un certain temps que la régulation non conditionnée. L'ambiance expérimentale exerce donc un puissant effet d'anticipation sur le niveau du tonus central.

L'ambiance expérimentale peut exercer un effet d'anticipation non seulement sur le niveau, mais également sur le type d'activité, comme le montrent les expériences d'Asratyan sur la «commutation». On conditionne un chien de manière à ce qu'un même stimulus conditionné, un métronome par exemple, soit positif le matin — renforcé par de la nourriture — et négatif l'après-midi — suivi d'un choc électrique sur la patte. On constate que des chiens ainsi entraînés arrivent à bien faire la différence entre les deux parties de la journée : toutes conditions étant égales par ailleurs (même local, même expérimentateur...), le même stimulus provoque un réflexe conditionné salivaire le matin et un réflexe conditionné de défense l'après-midi.

La même expérience peut être programmée de manière à produire, non pas une discrimination temporelle, mais une discrimination spatiale. Elle consiste à associer la présentation d'un son à celle de nourriture ou à celle d'un choc électrique selon que l'expérience se déroule dans une chambre (A) ou dans une autre (B). L'animal en arrivera à discriminer les deux chambres en fonction de leurs caractéristiques spatiales. Il présentera, au métronome, un réflexe conditionné positif dans la chambre A et négatif dans la chambre B.

L'expérience de la «commutation» montre en outre, comme nous l'avons évoqué au chapitre 2, que pour le chien et dans les limites des conditions expérimentales décrites, le temps et l'espace sont des réalités psychophysiologiques d'importance majeure pour l'organisation de son comportement adaptatif.

L'analyse approfondie des expériences de Denisov et Kupalov, ainsi que celles d'Asratyan et de ses disciples sur la commutation, conduisent Kupalov à formuler le concept du *réflexe conditionné « raccourci »*. En quoi diffère-t-il du réflexe conditionné habituel ?

Dans le cas du réflexe conditionné classique, le stimulus conditionné ponctuel *plus* l'ensemble des stimuli que représente l'ambiance expérimentale, provoquent, par des voies sensorielles spécifiques ainsi que par les voies non spécifiques (réticulaires et limbiques) une excitation centrale complexe. Cette excitation conditionnée est assez puissante pour déclencher finalement la réaction des effecteurs, en l'occurrence la sécrétion salivaire et le comportement moteur alimentaire.

Dans le cas du réflexe conditionné raccourci, l'ambiance expérimentale déclenche toute une série de réactions centrales, mais sans activer les effecteurs : il n'y a ni sécrétion ni mouvement. Il y a seulement une préparation du cerveau qui lui permet de réagir efficacement au stimulus conditionné ponctuel qui, lui, va déclencher le réflexe conditionné approprié. La figure 15 résume les éléments qui constituent le réflexe conditionné raccourci et en donne une illustration schématique. Le *réflexe conditionné* habituel est représenté en haut. On voit que le stimulus conditionné est toujours complexe : il est à la fois le stimulus ponctuel (CS) — le métronome, la lumière, etc. — et l'ensemble de la situation expérimentale (EXPTL.SIT). Par les voies ascendantes spécifiques (SP) de la modalité sensorielle propre au stimulus ponctuel, l'excitation atteint les zones de projection primaire et secondaire respectives. Il y a de plus, par les voies non spécifiques (NSP) (formation réticulaire, système limbique) une excitation corticale relativement diffuse. L'effet global de la stimulation conditionnée arrive jusqu'aux effecteurs et donne lieu au comportement sécréto-moteur, alimentaire ou de défense selon le type de renforcement.

Le *réflexe conditionné raccourci* est représenté en bas. L'ambiance expérimentale, par des voies spécifiques et non spécifiques *et parce qu'elle a toujours été associée au stimulus condition-*

né, module à elle seule l'excitabilité centrale de manière à préparer le cortex cérébral pour le stimulus conditionné ponctuel qui va arriver dans cette situation particulière. L'excitation complexe déclenchée par l'ambiance expérimentale ne met toutefois pas en jeu les effecteurs; elle reste centrale. C'est pour cette raison que Kupalov a qualifié ce réflexe conditionné de «raccourci». Les effecteurs ne seront mis en activité que par le stimulus conditionné ponctuel, mais toute la réaction sera facilitée et rendue appropriée grâce au réflexe conditionné raccourci déjà déclenché par l'ambiance expérimentale.

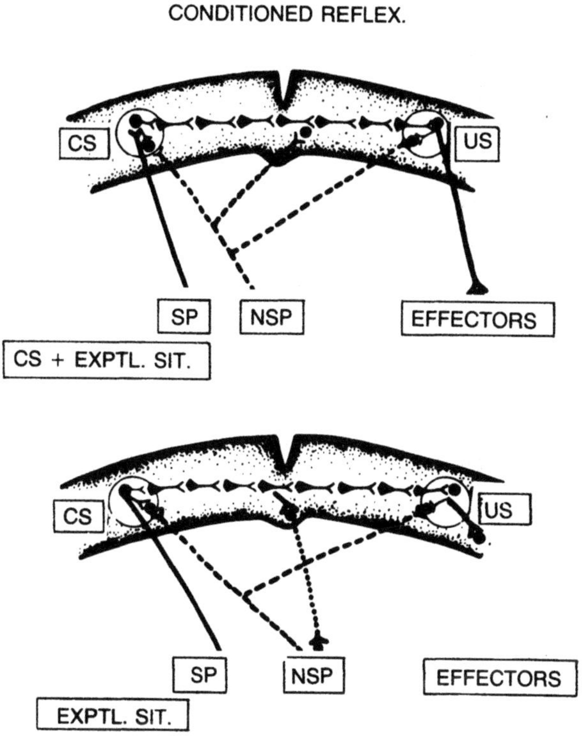

Fig. 15. Vue schématique du concept de Kupalov sur le réflexe conditionné raccourci. (Voir la description dans le texte).

Le concept de réflexe conditionné raccourci a fait son chemin, non sans de grandes difficultés, comme c'est le cas habituellement pour tout concept nouveau. Kupalov l'a écrit lui-même, à sa manière simple et directe: «Quand j'ai proposé ce concept... l'idée était si nouvelle que je n'ai pas été compris, même par mes collègues soviétiques. Plus tard, j'ai appelé ce mécanisme 'réflexes raccourcis...', dont le but ou le sens était de changer l'excitabilité et l'efficience, de préparer le cerveau pour l'activité à venir. Il y a dix ans, j'ai été dans une position pas très agréable pour moi, mais maintenant je vois que tout a changé et que mon idée est acceptée. Je remercie Magoun pour ses brillantes expériences, car il aide mes thèses par ses faits nouveaux. Personne ne me blâme pour avoir proposé le concept de ce mécanisme» (Kupalov, 1961, p. 897).

Nous allons voir maintenant quelques aspects du rôle physiologique de ce mécanisme de régulation conditionnée du tonus central.

5.4.2. Rôle du réflexe conditionné raccourci

Trois raisons majeures justifient pour Kupalov l'importance de la régulation conditionnée du tonus central.

Tout d'abord, ce mécanisme est à la base de ce que représente, à titre physiologique, le *«contexte»* dans lequel se déroule une activité. En effet, une expérience de réflexes conditionnés ne commence pas quand l'expérimentateur déclenche le stimulus conditionné. Elle commence bien avant, au moment où l'on va chercher l'animal dans le chenil, pendant le transport vers la chambre expérimentale, quand il voit les appareils, et enfin quand l'expérimentateur met le chien sur la table, le place dans le harnais, lui fixe sur la peau l'appareil pour collecter la salive, lui parle, le tapote gentiment et s'en va en fermant la porte de la cabine expérimentale, etc. Il y a tout un rituel qui, du point de vue psychophysiologique, fait partie intégrante de l'expérience proprement dite qui n'est que la dernière étape du rituel quotidien. Nous avons vu que c'est grâce à la préparation anticipatoire par le mécanisme du réflexe conditionné raccourci, que le chien répond vite et de manière appropriée, qualitativement et quantitativement, au premier stimulus conditionné et ensuite aux autres.

En fait, il en va de même pour nous. Le spectacle commence déjà quand on se prépare à aller au théâtre et non quand le rideau se lève. C'est pourquoi certaines émotions artistiques sont plus fortes dans une salle de concert ou dans une salle de théâtre que devant l'écran de télévision. Le contexte joue par ailleurs un rôle très important dans beaucoup de nos activités cognitives. Prenons l'exemple de la manière dont nous manipulons une langue étrangère. Le nombre de mots que nous utilisons lorsque nous la parlons (vocabulaire actif) est nettement inférieur à celui que nous comprenons lorsque nous la lisons (vocabulaire passif). Cependant, lorsque nous nous trouvons dans le pays considéré, on est étonné soi-même de voir combien, dès les premiers jours, notre vocabulaire actif de cette langue s'enrichit. De même, se retrouver dans un contexte qui rappelle l'enfant peut faire revenir à la conscience, des souvenirs apparemment oubliés. La prose de Marcel Proust abonde en exemples de ce genre, tel celui de sa célèbre madeleine!

Kupalov rapporte à ce sujet une anecdote personnelle. Il devait donner, à un moment de sa carrière, trois cours différents par jour, dans trois auditoires différents. Evidemment, le soir, quand il arrivait au troisième, il était déjà assez fatigué. Une légère réforme des cours a lieu et il doit commencer sa journée par l'auditoire où il donnait jusqu'alors son dernier cours. Il se rend compte, alors qu'il ne s'y attendait absolument pas, que le premier jour de ce changement, dès qu'il s'est trouvé dans l'auditoire, donc le matin, il s'est senti fatigué! Le contexte de cet auditoire lui signalait donc «fatigue», un tonus central diminué! De même dans le domaine sportif, pour le coureur par exemple, c'est tout le contexte de la course qui prépare les muscles, la respiration, le cœur, etc. Du point de vue physiologique d'ailleurs, un coureur sur le point de faire un cent mètres n'est pas préparé de la même façon que celui qui s'apprête à courir le marathon.

Les expériences du groupe de Corson (1960) illustrent chez le chien cette importance du «contexte» au niveau neurovégétatif. Un animal est pourvu d'une fistule urinaire, d'une fistule salivaire, ainsi que d'électrodes enregistrant la fréquence cardiaque. Dans une chambre A, il est soumis à des stimulations sonores associées à des chocs douloureux administrés sur une patte et qu'il ne peut éviter. Dans une chambre B («contrôle»), à ce même son, il ne reçoit jamais de chocs douloureux. On mesure la densité et la quantité d'urine (en ml/min), la sécrétion salivaire et la fréquence cardiaque. On constate dans la chambre contrôle, sur trois heures d'observation, que le chien urine beaucoup (la densité est donc faible), qu'il n'y a pas de salivation et qu'il y a une légère tachycardie au début de l'expérience. Dans la chambre A par contre, lors d'une expérience habituelle pendant laquelle il reçoit des chocs, le chien urine nettement moins (l'urine émise est plus concentrée), il y a une salivation de peur et une tachycardie importante (fig. 16).

Sur cette figure, on peut également voir ce qui se passe lorsque le chien est placé dans la chambre A pendant trois heures, sans être soumis ni aux sons, ni aux chocs. On constate qu'il a les mêmes réactions que s'il recevait les chocs. L'ambiance expérimentale seule déclenche donc des réactions neurovégétatives très importantes. En effet, le stress stimule la décharge de l'hormone hypophysaire anti-diurétique (c'est pour cela que l'animal urine moins et de façon plus concentrée), entraîne la sécrétion de salive et la tachycardie. Le simple fait d'être dans la chambre A provoque ces réactions; l'animal «anticipe» les chocs grâce aux signaux de l'ambiance expérimentale et par le mécanisme du réflexe conditionné raccourci.

Un deuxième aspect important du rôle adaptatif du réflexe conditionné raccourci est sa participation à la *«stéréotypie dynamique»*. Cette expression a été créée par Pavlov pour désigner l'aspect de l'activité intégrative du cerveau en vertu duquel nous saisissons les relations temporo-spatiales entre les stimuli conditionnés dont l'ordre de présentation a un caractère de régularité, de répétition, dans le même contexte expérimental.

Nous avons déjà évoqué ce problème dans le chapitre 3 et discuté les expériences de Kupalov sur l'alternance des stimuli

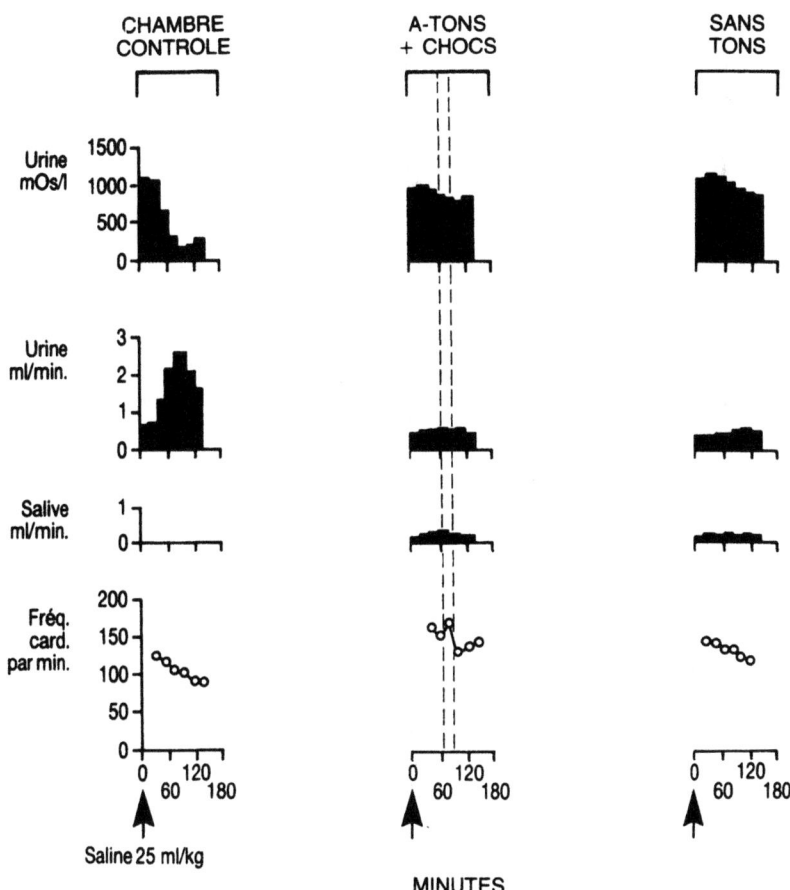

Fig. 16. Conditionnement pavlovien des réponses neurovégétatives à l'ambiance expérimentale (d'après Corson et al., 1960). Le chien, lorsqu'il se trouve dans la chambre «contrôle» — là où il ne reçoit jamais de choc électrique douloureux — ne montre aucun signe de stress: le débit urinaire (ml/min) est important et la densité urinaire (mos/l) est faible; il n'y a pas de salivation induite par la peur et la fréquence cardiaque se réduit au cours de l'expérience. Dans la chambre «chocs» par contre, tous les signes du stress sont présents même quand le chien ne reçoit ni choc, ni même les sons (voir aussi discussion dans le texte).

cutanés positifs et négatifs, ainsi que celle d'Asratyan sur le remplacement des stimuli habituels par un seul stimulus appliqué, lors d'une seule expérience, à la place des autres. Dans le premier cas, pendant que l'expérimentateur a appris patiemment à l'animal la signification positive du premier point et négative du deuxième et ainsi de suite, le cerveau du chien a compris, outre la signification séparée de chaque stimulus, une règle générale: la notion de rythme, d'alternance. Il a «compris» la régularité, la relation spatiale et temporelle entre des stimuli conditionnés, notamment la succession alternante d'excitation et d'inhibition au niveau de l'analyseur cutané.

Dans le deuxième cas, si, après des mois d'apprentissage, on modifie pendant un jour l'expérience en remplaçant la séquence des stimuli par l'administration répétée et renforcée d'un seul stimulus, le M-120 par exemple, on constate que le réflexe conditionné qu'il provoque est plus marqué lorsque ce stimulus est appliqué aux moments où apparaissaient habituellement les stimuli forts (dans ce cas, acoustiques) qu'aux moments d'apparition des stimuli faibles (la lumière) et a fortiori des stimuli négatifs (M-60).

L'expérience d'Asratyan montre que le chien a appris, non seulement la valeur de signal de chaque stimulus conditionné, mais aussi la régularité dans la succession des stimuli. Ainsi, avant même que le stimulus n'arrive, le cerveau est préparé soit pour l'excitation d'une intensité donnée, soit pour l'inhibition.

Un phénomène analogue a été observé chez l'homme. Il s'agit de l'enregistrement électro-encéphalographique en laboratoire d'un sujet soumis à trois stimuli: une sonnette et une sirène, bien audibles mais néanmoins assez faibles pour qu'elles ne provoquent pas la réaction d'éveil, et une lumière juste assez forte pour la provoquer. L'alternance est toujours la même: sonnette (3 secondes) - intervalle (5 secondes) - lumière (3 secondes) - intervalle (5 secondes) - sirène (3 secondes) - intervalle (5 secondes). Le cycle se répète ainsi pendant toute l'expérience et chaque jour. Chez un sujet bien entraîné, habitué à la succession stéréotypée des stimuli, on donne dans une expérience, deux fois de suite la sonnette, donc une fois à la place de la lumière. On constate qu'à «sa» place, la sonnette ne provoque pas de réaction d'éveil sur l'EEG, mais que la deuxième fois, à la place de la lumière, elle la provoque, comme si le sujet avait reçu le stimulus lumineux. Dans une autre expérience, après une première succession des trois stimuli, on n'applique plus aucun stimulus mais on maintient le sujet dans son fauteuil et on enregistre normalement l'EEG. On constate que, 13 secondes après le dernier stimulus, donc au moment où aurait dû arriver le stimulus visuel, il y a la réaction d'éveil sur l'EEG, de nouveau comme si le sujet avait vu la lumière. Notons que la personne n'a aucun indice subjectif de ce qui se passe, ne se rend absolument pas compte de ses réactions EEG (Anokhin, 1974, p. 20).

Pavlov a nommé «stéréotypie dynamique» cette tendance du cerveau à saisir l'expérience comme un tout lorsque celle-ci se déroule au fil des jours avec une régularité systématique dans la présentation des stimuli conditionnés et non conditionnés. Dans cette expression, le terme «stéréotypie» souligne l'importance de la régularité; celui de «dynamique» sous-entend qu'il faut l'élaborer dans le temps et qu'il disparaît si on ne l'utilise pas. On peut ainsi remplacer un stéréotype par un autre; de plus, un ancien stéréotype suffisamment entraîné peut revenir lorsque le sujet est fatigué ou malade, ou encore lorsqu'un indice extérieur le lui rappelle.

La stéréotypie dynamique est un des mécanismes de base de l'«habitude», de la «seconde nature». Retenons bien qu'il s'agit d'un *phénomène cortical*. Des mouvements automatisés (tricoter, taper à la machine, tous les gestes routiniers...) restent des phénomènes corticaux: au début de leur apprentissage, cela paraît évident car il faut faire attention à ce que l'on fait; puis, l'automatisme étant acquis, on peut faire d'autres choses en même temps (parler, écouter une émission radiophonique, etc.). La preuve qu'il s'agit là d'un phénomène cortical est donnée par les animaux sur lesquels on a pratiqué une lésion corticale: ils sont encore capables d'apprendre des réflexes conditionnés simples, mais ils ne sont plus capables d'apprendre des stéréotypes.

Si la stéréotypie dynamique dépend du cortex cérébral, on comprend pourquoi plus on avance en âge, plus il est difficile de changer ses habitudes, ce qui peut du reste devenir dramatique : le vieux postier, par exemple, qu'on oblige à changer de quartier ne peut plus s'adapter alors que si on l'avait laissé sur son ancien trajet, il aurait pu continuer encore quelques années à bien faire son travail.

La stéréotypie dynamique est importante car elle facilite le travail cérébral. Nous avons tous des gestes quotidiens, au travail comme dans la vie privée. Ce qui est important, c'est que ces stéréotypes soient dynamiques, c'est-à-dire qu'on soit capable de les modifier en fonction des demandes du milieu environnant et avoir ainsi des comportements adaptatifs.

Le troisième aspect concernant le réflexe conditionné raccourci est qu'il représente un *mécanisme d'autodéfense du cerveau*. En effet, le cerveau ne doit pas toujours travailler au maximum de ses possibilités. Le tonus central doit être adapté aux besoins prévisibles. Ce qu'on apprend facilement pour le muscle est applicable au cerveau : on court si on en a besoin, on ne court pas tout le temps, sinon on épuiserait facilement ses réserves énergétiques. Le cerveau doit également adapter son niveau d'excitabilité corticale en fonction de ses besoins, sous peine d'un certain épuisement des réserves en neurotransmetteurs par exemple, comme la dopamine ou la noradrénaline. Par ailleurs, on constate souvent que les patients qui souffrent de dépression nerveuse ont montré dans leur passé un excès d'activité, une hyperexcitabilité psycho-motrice et affective. Rappelons-nous à ce propos le schéma de Bloch, qui montre les relations entre les niveaux de performance et de vigilance. La vigilance augmente dès qu'on se réveille et à partir d'un certain niveau (éveil de l'attention), les performances sont d'autant plus efficientes que le niveau de vigilance est grand. Cependant, si le niveau de vigilance est trop grand, si on est trop ému, trop excité, le niveau de performance diminue. Etant donné qu'il existe un degré de vigilance optimal, il est normal d'essayer de maintenir ce niveau de vigilance en fonction des demandes du milieu environnant et de ne pas se trouver indéfiniment au plus bas ou au plus haut de nos possibilités. Le réflexe conditionné raccourci est un des mécanismes importants de cette régulation. Nous y reviendrons dans le chapitre 7, à propos de la dimension psychopharmacologique de l'héritage pavlovien.

5.5. LE TONUS CENTRAL ET LA NOTION D'ATTENTION

L'ensemble des concepts pavloviens évoqués jusqu'à présent nous permettent de résumer et de systématiser les principaux mécanismes psychophysiologiques qui règlent la fonction généralement appelée «attention», c'est-à-dire la capacité de concentration mentale sur un objet déterminé. Sur la base de ce qu'on a vu dans ce chapitre et dans les précédents, nous pouvons parler des mécanismes innés et des mécanismes acquis dans le maintien de l'attention.

5.5.1. Les mécanismes innés du maintien de l'attention

Le degré d'attention varie en fonction de l'efficience des mécanismes corticaux, mais l'efficience corticale dépend des mécanismes à la fois sous-corticaux et corticaux.

a) Les mécanismes d'origine sous-corticale
- Un certain niveau de *vigilance*, dont les limites sont réglées par la loi de la force: si la stimulation est trop grande, l'inhibition supraliminaire réduit le niveau de vigilance. La vigilance dépend de la formation réticulaire (intensité physique et diversité des stimuli) et du système limbique (contenu affectif des stimuli).
- La *nouveauté* d'un stimulus, qui provoque un réflexe d'orientation. Ce mécanisme est limité par l'habituation. En effet, si un stimulus se répète et qu'il n'y a pas de suite importante pour l'organisme, il s'y habitue et il n'y prête plus attention.

b) Les mécanismes innés du maintien de l'attention liés à l'activité corticale
- L'*alternance des tâches* (induction positive);
- L'*inhibition d'une activité concurrente* (induction négative).

L'ensemble de ces mécanismes innés facilitent la concentration sur une tâche, le maintien de l'attention.

5.5.2. Les mécanismes acquis du maintien de l'attention

Ces mécanismes sont essentiellement corticaux. Ils sont basés sur l'*anticipation* des événements prévisibles et ce grâce essentiellement au mécanisme du *réflexe conditionné raccourci* dont la forme la plus importante est le *stéréotype dynamique* avec ses caractéristiques comportementales, électrophysiologiques et neurovégétatives.

L'anticipation facilite et optimise tous les mécanismes innés, sous-corticaux et corticaux impliqués dans l'activité concernée.

Dans l'ensemble, tous ces mécanismes innés et acquis sont en interaction réciproque et permanente.

CONCLUSIONS

Pourquoi Héraclite?

La relation entre le concept pavlovien du tonus central et le célèbre aphorisme de celui que ses contemporains appelaient l'«obscur», tellement le sens de ses enseignements leur semblait caché, nous apparaît néanmoins assez clairement. Tout organisme vivant, et d'autant plus qu'il est plus évolué, n'est jamais exactement le même d'un instant à l'autre. Nous parlons ici, non pas de l'inexorable évolution de chacun en fonction de l'âge, ni du fait que même sur celle-ci — dans une mesure limitée bien sûr — nous pouvons avoir, comme on le verra, une certaine prise. Nous parlons du fait que le même effort, à un moment donné, nous paraît bien difficile alors qu'on l'accomplit aisément à un autre moment; qu'un jour, tout nous semble possible et par conséquent presque tout le devient, alors qu'un autre jour, rien ne nous réussit. Ces fluctuations dans notre humeur comme dans nos capacités de travail, se voient aussi au cours d'une même journée, d'un moment à l'autre, comme nous l'enseigne la nouvelle science qu'on appelle la chronobiologie et qu'on retrouvera également dans le chapitre consacré à la psychopharmacologie. C'est parce que, en réalité, comme la rivière d'Héraclite, nous ne sommes jamais deux fois exactement les mêmes. Au niveau psychophysiologique, la régulation de ces fluctuations, qui ne sont pas de nature fortuite, aléatoire, est principalement liée aux mécanismes innés et acquis que nous venons de voir au sujet du tonus central. C'est encore une des grandes parties de l'héritage pavlovien, car il ouvre la voie à des recherches entièrement nouvelles, originales, qui tendraient à pénétrer dans les mystères neuro-chimiques aux niveaux synaptique et glial, ainsi que dans les mystères neuro-endocrinologiques liés au tonus central. Cela pourrait aider à mieux comprendre certaines divergences qui apparaissent lors des études de micro-électrophysiologie, lorsqu'on explore une unité neuronale, et qu'on ne tient pas assez compte des multiples variations, pendant l'expérience même, dans le tonus des structures centrales qui influencent la cellule nerveuse examinée. C'est encore une fois en faisant un clin d'œil avertisseur aux esprits — non pas aux recherches — trop réductionnistes, qu'on pourrait paraphraser Héraclite et dire : on ne peut enregistrer deux fois l'activité électrique du même neurone !

Le rapport entre Héraclite et Pavlov va encore plus loin, à notre avis, car le philosophe considérait que le moteur du mobilisme universel, la clef de voûte de tout devenir, c'est la lutte des forces contraires. Cependant, non seulement cette lutte n'est pas destructrice, mais elle est la condition indispensable à la vie. On se rappellera son célèbre exemple de l'arc qui, une fois tendu et malgré son apparence statique, symbolise la vie, c'est-à-dire la lutte entre le bois qui se cambre et la corde qui le sous-tend. Chez Pavlov également, la vie cérébrale, son accomplissement, résulte de l'équilibre instable, constamment ajusté, entre l'excitation et l'inhibition, deux forces complexes et opposées. Il y a aussi parmi les forces contraires créatrices, l'inhibition corticale sur les étages inférieurs du système nerveux central, l'effet au contraire positif de l'activité sous-corticale sur le cortex cérébral et son tonus, l'effet modulateur, parfois synergique, parfois antagoniste, des réflexes conditionnés sur les réflexes innés, et enfin, comme acquisitions post-pavloviennes, l'équilibre nécessaire entre les divers neurotransmetteurs et neurohormones à actions antagonistes.

La réalité, pour Héraclite, est un flux et un changement incessant. C'est là peut-être que réside la principale analogie avec Pavlov, car c'est bien lui qui a trouvé la base physiologique de l'apprentissage, or l'apprentissage est un aspect fondamental — bien que non exclusif — du devenir individuel. Nous apprenons, c'est-à-dire que nous nous adaptons constamment aux variations du milieu environnant, physique et socio-culturel. Adaptation veut dire changement et c'est ainsi que nous évoluons d'un jour à l'autre, que nous changeons sans cesse, que nous ne sommes pas les mêmes d'une fois à l'autre. Même les mémoires anciennes ne sont pas des entités fixes, immuables. Elles sont plus ou moins disponibles au cours du temps et leur disponibilité n'est pas une fonction linéaire, mais elle varie suivant les circonstances, le contexte par exemple, et de plus elles interagissent constamment entre elles. L'apprentissage, avec les mémoires qui en résultent, est donc un des mécanismes psychophysiologiques essentiels, dont nous sommes redevables à Pavlov et qui font que notre vie mentale s'intègre dans le mobilisme universel, dans le flux de la réalité héraclitienne.

NOTES

[7] Comme dans les autres expériences que nous reproduisons ici, il s'agit des données originales publiées pour la plupart dans le «Journal des Laboratoires de Pavlov» et traduites du russe dans notre ancienne monographie, parue en roumain (Floru, Giurgea et Saragea, 1956).

[8] On découvrira plus tard que pendant les rêves, malgré le fait que le sujet dort profondément, l'EEG s'accélère et on appellera d'ailleurs ce type de sommeil, «sommeil paradoxal».

Chapitre 6
Les névroses expérimentales

> « Dans le domaine des sciences de l'observation, le hasard ne favorise que les esprits préparés. »
>
> PASTEUR

Pavlov était en tout premier lieu un physiologiste, et c'est avec la manière de penser propre à la physiologie qu'il a abordé l'organisation fonctionnelle du cerveau, comme nous l'avons vu dans les chapitres précédents. C'est en physiologiste qu'il a abordé les processus et les lois de base du SNC et devint ainsi le père de la psychophysiologie expérimentale. Les travaux de l'école pavlovienne ont eu assez rapidement une renommée internationale parmi les physiologistes et ceci malgré le handicap linguistique important, la plupart de ses travaux ayant été publiés en russe. Qu'on pense par exemple qu'en 1912, quand il donna à Cambridge une leçon à l'occasion de sa nomination comme docteur honoris causa, pendant qu'il parlait, les étudiants ont pendu un chien en peluche au pupitre où il avait ses notes! Cette jolie blague estudiantine l'a beaucoup amusé et attendri et toute sa vie il a gardé ce jouet dans son bureau à l'Institut de Médecine Expérimentale à Leningrad, où par ailleurs il se trouve encore, son bureau étant devenu un musée.

Cependant les médecins, psychiatres, neurologues, internistes, se sont relativement peu intéressés pendant plus de 20 ans à l'Activité Nerveuse Supérieure, qui leur semblait un concept plutôt théorique, assez éloigné de la pratique médicale. Ce n'est qu'au début des années trente que les théories de Pavlov ont suscité un certain intérêt dans le monde médical, lorsqu'il développa l'étude de la pathologie fonctionnelle de l'ANS, l'étude des névroses expérimentales. Nous rappellerons d'abord les principaux moments historiques de ce vaste chapitre de la théorie de Pavlov, car ils sont intéressants, à notre avis, à titre épistémologique. Nous verrons une nouvelle fois se vérifier le célèbre mot de Pasteur, selon lequel «dans le domaine des sciences de l'observation, le hasard ne favorise que les esprits préparés». Nous développerons ensuite le problème des types de système nerveux central, c'est-à-dire l'importance du «terrain», du tempérament de chaque individu dans la résistance aux conditions névrogènes. Nous verrons ensuite brièvement la riche symptomatologie des névroses expérimentales et enfin les principes généraux de leur prévention et de leur traitement.

6.1. HISTORIQUE

6.1.1. Les expériences initiales de l'Ecole de Pavlov

Yerofeeva (1916) n'avait nullement l'intention de provoquer ce qu'on allait plus tard appeler une «névrose». Le but de ses expériences était d'estimer la force relative de deux motivations antagonistes. Elle s'est posé la question suivante: un choc douloureux régulièrement suivi d'un renforcement alimentaire positif peut-il devenir un signal conditionné positif? Un chien soumis à ce traitement commence, comme prévu, par présenter une réaction de défense à la stimulation électrique et refuse même la nourriture. Après un certain temps cependant — une ou deux semaines d'habitude — les mécanismes de défense disparaissent: l'attrait de la nourriture et l'appétit deviennent plus puissants que la douleur. Néanmoins, si on augmente progressivement l'intensité du choc, donc de la douleur, l'animal à partir d'un certain moment refuse la nourriture, devient nerveux, agité. Toute l'activité nerveuse supérieure est perturbée et reste perturbée des jours et des semaines après le retour à des stimulations qu'il avait bien supportées auparavant, même s'il ne reçoit plus de choc douloureux. Les chiens développent en réalité une névrose. Cependant, à l'époque, le concept de névrose expérimentale n'était pas envisagé et Pavlov avait plutôt tendance à croire que Yerofeeva ne conduisait pas bien ses expériences, qu'il y avait un artefact à la base des données observées. Ce n'est pas la première fois qu'une observation juste et neuve est rejetée parce qu'elle ne correspond pas aux théories générales en vigueur. Qu'on se rappelle à ce sujet le cas malheureux de l'obstétricien hongrois Semmelweiss, qui, au milieu du XIXe siècle, avait pensé que ce qu'on appelait à l'époque la «fièvre puerpérale» était dû à un «organisme invisible» et pathogène (le futur microbe) amené dans les salles d'accouchement par les étudiants qui assistaient les médecins. Il fut l'objet d'une incroyable cabale qui le poussa au suicide, quelques années avant que les découvertes de Pasteur ne lui donnent raison — hélas, à titre posthume !

Pour revenir à Pavlov, un événement naturel allait bientôt aider à mieux comprendre les expériences de Yerofeeva. Il s'agit d'une importante inondation à Leningrad au début des années vingt, lorsque les eaux de la Neva sortirent de leur lit et créèrent d'importants dégâts dans toute la ville. A cette occasion, les chenils du laboratoire de Pavlov ont été inondés également. On a constaté par après que les animaux issus de ces chenils étaient restés perturbés pendant longtemps et présentaient des troubles apparentés à ceux des névroses humaines. De plus, le fait que tous les animaux ne soient pas devenus «névrotiques» et que ceux qui l'étaient devenus aient fait «leur» maladie, chacun à «sa manière», a ouvert la voie à la notion de «typologie du SN», caractérisant la personnalité des chiens.

C'est peu de temps après les inondations que Shenger-Krestovnikova découvre, toujours par hasard, un procédé névrogène qui sera souvent utilisé par la suite et qu'on appellera «la surcharge de l'inhibition». Shenger-Krestovnikova apprend à des chiens à faire une discrimination entre un cercle renforcé par la nourriture (SC+) et une ellipse non renforcée (SC−). Ensuite elle rend progressivement les formes des figures plus proches les unes des autres en sorte que l'ellipse se rapproche du cercle. L'animal continue à faire la distinction jusqu'au moment où le rapport des demi-axes de l'ellipse est de 9/8. Arrivé à ce stade, non seulement la discrimination est perturbée, mais le chien se trompe, salive aussi pour le stimulus conditionné négatif (SC−), l'ellipse, et tout son comportement devient franchement anormal: il perd les réflexes conditionnés positifs, se trompe donc dans tous les sens, crie, gémit, refuse la nourriture, etc.

Cette fois-ci, Pavlov et ses collaborateurs — qui avaient derrière eux l'expérience de l'inondation — ont compris que les chiens pouvaient vraiment devenir «malades», développer une symptomatologie de type névrotique suite à des «conditions de travail» insupportables. Le concept de névrose expérimentale est né et on considère que dans l'expérience cercle-ellipse on avait trop «demandé» au chien. On lui a demandé de faire une discrimination trop fine, trop difficile et cela a dépassé ses capacités de travail, il a «craqué». On a dès lors considéré que l'inhibition conditionnée, qui est un processus actif — on le savait déjà — peut être «surchargée» et conduire à la névrose.

Enfin, a peu près à la même époque, et suite à un «incident» technique, on a découvert un autre procédé névrogène, le «conflit» entre motivations. Orbeli, qui est devenu par après un des élèves les plus réputés de Pavlov, travaillait avec un chien chez lequel il avait élaboré un réflexe conditionné habituel au métronome. A l'audition du métronome, le chien salivait et regardait la mangeoire où arrivait une portion de nourriture. Or, un jour, un rat égaré s'était installé dans un des compartiments de la mangeoire que l'expérimentateur devait faire tourner pour présenter la nourriture. Le rat, effrayé, a sauté sur le chien qui s'est effrayé à son tour, développant toute une série de réactions de défense, c'est-à-dire une motivation négative. Il y a donc eu «conflit» de motivations — motivation alimentaire et motivation de défense — ce qui a déclenché chez le chien un état névrotique qui a duré plus de deux mois.

6.1.2. Les écoles américaines

Trois écoles américaines ont particulièrement contribué au développement méthodologique et conceptuel des névroses expérimentales.

6.1.2.1. L'Ecole de Liddell

Liddell et ses élèves ont travaillé sur des animaux en relative liberté et sur différentes espèces animales (mouton, chèvre). Ils ont utilisé de préférence des réflexes conditionnés de défense plutôt que des réflexes conditionnés alimentaires. Cette école a développé des méthodes pour l'étude du comportement moteur réflexe conditionné et des réactions végétatives (rythme respiratoire, rythme cardiaque).

6.1.2.2. L'Ecole de Gantt

Horsley W. Gantt a étudié le rôle de certains chocs physiologiques et émotionnels comme agents névrogènes, tels que la grossesse, les restrictions de mouvements, les combats, le changement de milieu, la castration. Abordant ainsi l'étiologie des névroses, Gantt et ses disciples se sont particulièrement intéressés aux réactions neurovégétatives chez le chien névrotique et ont introduit l'étude «longitudinale» des névroses, en suivant pendant des années (jusqu'à 12 ans pour le chien «Nick»!) l'évolution de l'état mental de leurs chiens névrotiques. Deux concepts théoriques importants ont été proposés et développés par cette école: l'autokinesis et la schizokinesis.

Par *autokinesis*, Gantt désigne l'ensemble des processus centraux qui n'ont pas de manifestations visibles pour l'expérimentateur mais qui peuvent, soit contribuer à la guérison d'un état névrotique (autokinesis positive), soit au contraire le précipiter (autokinesis négative). Dans la plupart des cas, un chien soumis à un traitement névrogène ne sombre pas directement dans la névrose mais continue à présenter un comportement relativement normal pendant 1 à 2 semaines, puis devient névrotique alors que les conditions sont redevenues normales. La situation névrogène avait donc généré des changements fonctionnels cérébraux, qui se sont auto-entretenus et amplifiés pour aboutir finalement à une névrose visible au niveau clinique. C'est à l'ensemble de ces processus internes — qui restent encore à déterminer — que Gantt a donné le nom d'autokinesis négative.

Par *schizokinesis*, Gantt définit le clivage qui apparaît dans les névroses expérimentales entre les phénomènes moteurs et neurovégétatifs. Ainsi par exemple, on observe d'habitude au cours d'une guérison une longue période pendant laquelle l'animal réapprend à maîtriser son comportement moteur sans pouvoir maîtriser ses manifestations neurovégétatives névrotiques.

6.1.2.3. L'Ecole de Massermann

Il s'agit d'une école d'obédience plutôt freudienne, et non pavlovienne comme c'est le cas pour les deux autres. Massermann tente d'appliquer des principes psychanalytiques au niveau du comportement animal. Ainsi par exemple, il traduit l'expérience de Yerofeeva en termes de « masochisme animal ». L'apport de cette école à l'étude des névroses expérimentales est triple.

1. Apport méthodologique : l'école de Massermann a développé des méthodes de conflit entre motivations, en associant un stimulus effrayant ou aversif à un stimulus positif (ex. : prise de nourriture avec souffle d'air sur le museau de l'animal). Elle a aussi utilisé la méthode des lésions (frontales ou d'autres régions du cerveau).

2. Apport thérapeutique : c'est dans cette école qu'on a appliqué aux animaux névrosés des traitements physiothérapeutiques, comme par exemple l'électrochoc.

3. Apport théorique : c'est chez Massermann qu'on a étudié les névroses expérimentales chez les primates, montrant ainsi la possibilité de généraliser à cette espèce les observations faites chez le chien.

6.2. LES « TYPES » DE SYSTEMES NERVEUX CENTRAUX

On a défini les névroses expérimentales comme la pathologie fonctionnelle de l'activité nerveuse supérieure. Lors de ces études, on a constaté que lorsqu'on soumet les animaux à des situations névrogènes, tous ne deviennent pas névrotiques et que ceux qui le deviennent ne présentent pas tous les mêmes symptômes. Il y a donc des différences individuelles entre les animaux. Puisqu'une même situation névrogène amène des troubles différents selon les animaux, il doit exister divers « terrains » individuels. C'est ce que Pavlov a appelé les « types de systèmes nerveux », en s'inspirant du concept hippocratique des tempéraments.

Hippocrate avait en effet proposé une classification des individus d'après leur tempérament. Il décrit quatre tempéraments suivant que prédomine l'un des « éléments de base » qui étaient acceptés à l'époque : la bile blanche, la bile noire, le sang et le mucus (phlegme).

1. S'il y a prédominance de la bile blanche, l'individu est dit *colérique*. Son activité est bouillonnante mais ses efforts ne sont généralement pas soutenus ; son humeur est souvent dominée par des crises de colère.

2. S'il y a prédominance de la bile noire, l'individu est dit *mélancolique* : son activité est minime et son humeur triste.

3. Si c'est le sang qui prédomine, le tempérament est dit *sanguin* : l'activité est importante, planifiée à longue échéance ; il y a grande résistance aux changements de situation et aux épreuves.

4. Enfin, si le mucus prédomine, le tempérament est dit *flegmatique* : l'activité est importante, planifiée à longue échéance ; il y a une certaine froideur dans les relations sociales, peu de résistance aux changements, difficulté de s'adapter aux situations nouvelles.

Pavlov a réussi à repérer chez les chiens des types de systèmes nerveux qui ne sont pas sans analogie avec les tempéraments de base décrits chez l'homme par Hippocrate. Il distingue d'abord le système nerveux faible et le système nerveux fort.

Une série d'animaux ont un *système nerveux faible* : ils apprennent difficilement les réflexes conditionnés, ne résistent pas aux stimuli puissants, ont des difficultés à discriminer et deviennent facilement névrotiques, dès que les conditions expérimentales changent quelque peu. C'est l'équivalent du type mélancolique.

Les animaux à *système nerveux fort* sont ceux qui, au contraire, apprennent vite et résistent bien aux stimuli intenses. On peut dès lors les étudier du point de vue d'un autre critère, celui de l'équilibre entre excitation et inhibition. On distingue alors :

- Les animaux *déséquilibrés*, chez lesquels il y a prédominance de l'excitation par rapport à l'inhibition, ce qui les rend peu aptes à apprendre les discriminations; mais ils résistent bien à des stimuli intenses. C'est l'équivalent du type colérique.

- Les animaux *équilibrés* peuvent être étudiés du point de vue de la mobilité, suivant la manière dont ils s'adaptent aux changements. Ce critère est généralement étudié par la changement de «valeur» des signaux conditionnés : on remplace le renforcement d'un SC+ (la nourriture) par un choc électrique (SC−), ou bien on commence à renforcer le SC− et à ne plus renforcer le SC+. Le chien doit donc apprendre à changer la signification des signaux que représentent les stimuli conditionnés. Selon la manière dont le chien réagit à ces procédés, on distingue le type *mobile* et le type *inerte*. Le type «mobile» — qu'on a déterminé au préalable comme fort et équilibré — résiste bien au changement et s'adapte en 4 à 6 jours. Il correspond au type sanguin. Le type «inerte» — également fort et équilibré — met environ 40 jours pour s'adapter et peut même présenter des signes de névrose lorsqu'il est soumis à ce procédé. Il correspond au tempérament flegmatique.

Ainsi, la figure 17 résume la typologie pavlovienne : suivant la loi de la force, le SN peut être faible (type *mélancolique*) ou

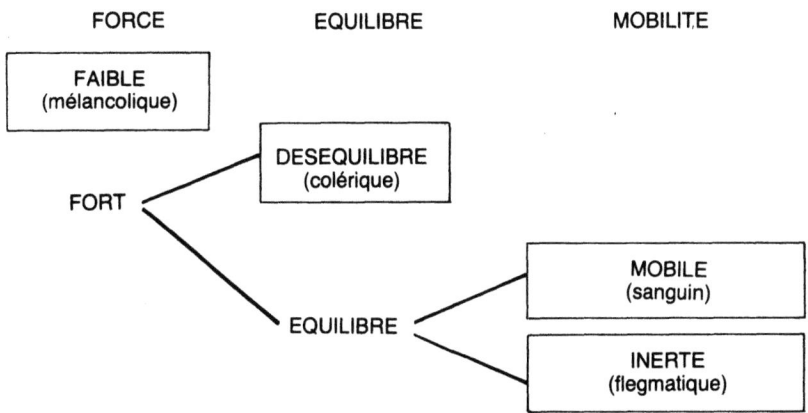

Fig. 17. Les types de systèmes nerveux, d'après Pavlov et leur corrélation avec les tempéraments d'Hippocrate. Le tempérament «mélancolique» est le type faible; le «colérique» est le type fort mais déséquilibré; le «flegmatique» est le type fort, équilibré, inerte; le «sanguin» est le type fort, équilibré, mobile.

fort. Les types forts, quant à eux, peuvent être différenciés du point de vue de l'équilibre entre l'excitation et l'inhibition, suivant la loi de l'induction réciproque, en déséquilibrés (prédominance de l'excitation sur l'inhibition; type *colérique*) et équilibrés. Ces derniers, suivant la loi de la mobilité, peuvent eux-mêmes être inertes (*flegmatiques*) ou mobiles (*sanguins*).

Notons en plus qu'en ce qui concerne l'homme, Pavlov était parfaitement conscient des implications de la différentiation fonctionnelle des deux hémisphères cérébraux au niveau de la typologie. Il admettait par conséquent que, en plus de la classification d'Hippocrate — qu'il avait retrouvée dans ses lignes générales chez le chien — il faut, chez l'homme, tenir compte également de la prédominance de l'hémisphère gauche — celui de la parole et de la pensée plutôt abstraite — ou de l'hémisphère droit, celui de l'imagerie mentale. Il a clairement exposé son point de vue dans ce qui suit:

> «L'expérience montre clairement qu'il existe deux catégories d'individus: les artistes et les penseurs, entre lesquels la distinction est bien tranchée. Les artistes embrassent la réalité dans son ensemble, comme une entité vivante, complète et indivisible. Les penseurs, eux, disséquent la réalité, la réduisant temporairement à l'état de squelette. C'est seulement ensuite qu'ils réassem-

blent progressivement les morceaux et tentent ainsi de lui réinsuffler la vie...».
En fait, toute activité mentale normale suppose que les deux hémisphères travaillent ensemble. (I.P. Pavlov, 1928).

Remarquons de plus le fait que pour Pavlov, c'est l'activité intégrée des deux hémisphères qui est indispensable pour une activité mentale normale. En cela il rejoint le point de vue actuel sur le problème, tel qu'il a été par ailleurs exprimé depuis longtemps déjà par Frédéric Bremer lorsqu'il a décrit les fonctions du corps calleux:

«Une des fonctions primordiales du corps calleux serait le maintien d'un équilibre réactionnel entre les aires corticales homologues des deux hémisphères... Sur l'activité de fond de cet échange incessant d'influx interhémisphériques se superposent, au cours de l'évolution du cerveau, les émissions de messages chargés d'informations de complexité croissante. L'appareil étant en place, il serait utilisé pour une harmonisation de plus en plus fine des deux activités des deux hémisphères. Au terme de cette évolution, la commissure callosale permet chez l'homme l'utilisation par l'hémisphère dominant des informations sensorielles reçues par l'hémisphère mineur, incapable de les exprimer, sinon de les interpréter en termes symboliques» (F. Bremer, 1966).

Dans le chapitre précédent, nous avons vu que le cerveau n'est jamais au repos, que son état fonctionnel, son tonus central est différent à chaque moment. La même stimulation, externe ou interne, voire même une ancienne mémoire, ne trouve donc jamais le cerveau dans le même état que précédemment. Fonctionnellement parlant, le cerveau n'est jamais deux fois le même; c'est pourquoi nous avons en quelque sorte rattaché cet aspect de la psychophysiologie au mobilisme universel d'Héraclite. Du point de vue psychopathologique cela nous permettra de mieux comprendre pourquoi le même sujet, soumis aux mêmes situations névrogènes, va résister différemment d'une fois à l'autre. Cela nous offre donc une interprétation, certes pas exhaustive mais néanmoins à prendre en considération, des différences dites «longitudinales», c'est-à-dire dans le temps, de la réactivité aux stress chez la même personne.

Dans ce chapitre nous soulignons un tout autre aspect, celui de la susceptibilité différentielle aux procédés névrogènes, d'un sujet à l'autre, en fonction du type respectif de système nerveux, de tempérament. Saint-Exupéry, dans «Terre des Hommes», pense que chacun a *sa* vérité, que la vérité de l'olivier par exemple est le désert alors que celle de l'ours polaire est la banquise. En le paraphrasant, nous pouvons dire que chacun a aussi sa contre-vérité, celle qu'il ne supporte pas, son «talon d'Achille»!

La résistance aux procédures névrogènes ainsi que la symptomatologie des névroses expérimentales varieront donc — on le verra encore plus loin — en fonction du type de système nerveux. Le type faible — on l'a vu — est le moins résistant, mais on peut progressivement l'«entraîner» à supporter de mieux en mieux certaines surcharges fonctionnelles. Le sanguin est le plus résistant, bien qu'en rendant les tâches particulièrement difficiles ou en l'obligeant à travailler à un tonus central excessivement bas, on peut aussi le rendre névrotique. Il faut donc tenir compte des interactions entre, d'une part les variations du tonus central d'un sujet donné et, d'autre part ses caractéristiques typologiques. La connaissance de ces interactions est indispensable pour la compréhension des événements physiopathologiques complexes dans le domaine des névroses expérimentales, mais également dans celui de la psychopathologie fonctionnelle humaine.

6.3. MODALITES NEVROGENES

Les principales modalités névrogènes sont:
- la surcharge de l'excitation;
- la surcharge de l'inhibition;
- la surcharge de la mobilité.

6.3.1. Surcharge de l'excitation

6.3.1.1. Intensité des stimuli

Pavlov considère que l'utilisation de stimuli trop forts pour le système nerveux mène à l'épuisement des «réserves» et peut provoquer une névrose expérimentale. L'inhibition supra-liminaire agit comme mécanisme de défense du cerveau, mais l'excitation est tellement importante que l'inhibition n'arrive pas à jouer son rôle. Chez le chien, le premier signe névrotique (surtout chez le type colérique) est généralement une sécrétion salivaire conditionnée «explosive»: après quelques répétitions du SC+, on observe une diminution dramatique de la réponse salivaire (voir tableau 4).

Tableau 4

Stimulus conditionné	Sécrétion salivaire
Métronome	78
Barbotement	15
Métronome	15
Barbotement	11
Métronome	4

Chez l'homme, on trouve des exemples de ce type dans les cas de névroses de guerre ou à la suite de catastrophes naturelles (tremblement de terre, inondations, éruption volcanique, etc.). Après le choc, les sujets sont «figés», la névrose n'apparaissant que des jours ou des semaines plus tard (autokinesis?).

6.3.1.2. Complexité des stimuli

Une trop grande complexité des stimuli peut également mener à une névrose. Par exemple, un chien apprend qu'il doit sauter sur une table pour avoir de la nourriture. On place deux tables: au signal A, il doit sauter sur la table de droite; au signal B, sur celle de gauche. Puis on lui fait apprendre un second couple de stimuli, puis un troisième. Généralement, l'animal ne dépasse pas ce stade. Il y a trop de sollicitations, la situation est trop complexe et l'animal amené à la limite de ses possibilités d'apprentissage présente des signes névrotiques. Dans l'ensemble, ce sont les chiens du type faible qui sont les plus sensibles à ces modalités névrotiques.

6.3.2. Surcharge de l'inhibition

a) Des *discriminations trop fines* peuvent provoquer un état de névrose, comme ce fut le cas dans l'exemple de l'expérience du cercle et de l'ellipse. Chez l'homme, étudier, comprendre et différencier des choses qui se ressemblent trop, comme par exemple au microscope, provoque souvent une fatigue nerveuse.

b) *Prolonger la durée d'un stimulus conditionné inhibiteur*, maintenir trop longtemps l'inhibition, peut également provoquer une névrose.

Le tableau 5 illustre une expérience dans laquelle la discrimination est maintenue dans une expérience pendant 300 secondes au lieu des 30 secondes habituelles. Le chien s'endort à l'avant-dernière stimulation. Trois jours plus tard, alors que les conditions de stimulation sont normales, on constate une très grande perturbation de l'activité réflexe conditionnée: il répond faiblement au stimulus conditionné fort (bruit) et plus fortement au faible (toucher). On appelle cette situation « phase paradoxale ». Bien plus, il répond au stimulus négatif (M-60) et ne répond pas au stimulus positif (M-120); c'est la phase dite « ultraparadoxale ». Douze jours plus tard, on constate une importante sécrétion conditionnée au premier stimulus et puis pratiquement plus rien. Le chien a donc développé une névrose expérimentale, c'est-à-dire un trouble chronique (12 jours) d'origine fonctionnelle (il a été obligé de travailler autrement que d'habitude). Les chiens du type colérique sont particulièrement sensibles aux procédures de surcharge de l'inhibition, car leur « faiblesse » se situe justement au niveau de l'inhibition.

Tableau 5

Stim. Cond.	Durée normale		Prolongation		3 jours plus tard		12 jours plus tard	
	durée (sec)	salive (gouttes)	durée	salive	durée	salive	durée	salive
	SC	RC	SC	RC	SC	RC	SC	RC
Buzzer	30	7	30	13	30	9	30	10
Bruit	30	5	30	9	30	4[1]	30	2
Toucher	30	3	30	3	30	7[1]	30	1
Métron.+	30	4	30	8	30	0[2]	30	1
Métron.−	30	0	300	0[3]	30	7[2]	30	1[3]
Lumière	30	2	30	2	30	0	30	0

[1] phase paradoxale
[2] phase ultra-paradoxale
[3] dort

6.3.3. Surcharge de la mobilité

6.3.3.1. Conflit entre excitation et inhibition conditionnées

Dans l'expérience avec l'analysateur cutané, on a appliqué sur un même point de la peau, une fréquence de stimulation positive (renforcée) et une autre négative (jamais renforcée). L'animal apprend cette discrimination. Entre l'application du stimulus positif et du stimulus négatif, il faut que s'écoule un certain temps (2 à 3 minutes) sinon on surcharge la mobilité et l'animal ne peut suivre; il peut alors développer une névrose. Le maintien d'un intervalle optimal, entre les différentes activités, en fonction de la tâche et du tempérament, est également important chez l'homme.

6.3.3.2. Conflit entre motivations

Pour passer d'une motivation positive à une négative, il faut également un certain temps. Ainsi, dans le laboratoire de Bykov, élève de Pavlov, Kurzin a utilisé un chat habitué à attraper une souris. On place une électrode dans la gueule du chat et une autre sur la souris, de manière à provoquer une décharge électrique lorsque le chat attrape la souris. Après quelques essais, le chat évite la souris. Kurzin a appliqué cette même procédure chez le chien en plaçant une électrode dans sa gueule et une autre dans la nourriture. Le chien refuse la nourriture, perd les réflexes conditionnés et certains animaux deviennent névrotiques.

6.3.3.3. Changement de stéréotype dynamique

Chez certains chiens habitués depuis longtemps au même stéréotype de stimuli conditionnés positifs (SC+) et négatifs (SC−), un changement, comme par exemple l'inversion de l'ordre des stimuli, peut provoquer une névrose, comme on le voit dans le tableau 6.

Tableau 6 : Névrose par changement de stéréotype dynamique

Stim. cond. (30 secondes)	Salive (quantité)	Stim. cond. (30 secondes)	Salive (quantité)	Stim. cond. (30 secondes)	Salive (quantité)
Métronome	28	Toucher	12	Métronome	25
Lumière	27	Sifflet	1	Lumière	6
Sifflet	34	Lumière	7	Sifflet	0
Toucher	39	Métronome	5	Toucher	0
Métronome	28	Toucher	2	Métronome	0
Lumière	21	Sifflet	2	Lumière	0
Sifflet	16	Lumière	2	Sifflet	0
Toucher	20	Métronome	1	Toucher	0
expérience habituelle		première expérience d'inversion de l'ordre habituel des stimuli conditionnés		12 jours plus tard (N.B.: depuis l'expérience précédente on est revenu à la succession habituelle de stimuli conditionnés)	

L'animal montre ainsi qu'il avait saisi la régularité dans la succession des stimuli, qu'il est surpris par le changement et qu'il est sujet à la névrose par surcharge de la mobilité des processus nerveux. On notera que les animaux âgés, comme d'ailleurs les personnes âgées, sont particulièrement sensibles aux changements de leurs habitudes. La mobilité des processus nerveux diminue en effet avec l'âge. C'est ce qu'on appelle le phénomène de « rigidité comportementale ». C'est surtout le type flegmatique qui est sensible à cette modalité névrogène, la surcharge de la mobilité.

6.3.4. Affaiblissement du tonus central

Quelle que soit la modalité névrogène, la diminution du tonus central facilite l'apparition des névroses. Le tonus central peut être amoindri par l'âge, par des perturbations hormonales, lors d'états infectieux, après des traumatismes crâniens, à la suite d'une fatigue extrême due notamment à un manque de sommeil ou à une perturbation du sommeil, etc. Par ailleurs, on sait depuis toujours que pour briser la personnalité d'un résistant, le moyen le plus efficace est de l'empêcher de dormir. Le niveau de l'intensité lumineuse joue aussi un rôle important: des animaux qui travaillent dans l'obscurité sont plus sensibles aux modalités névrogènes.

6.4. RELATIONS ENTRE TYPES DE SNC ET MODALITES NEVROGENES

La susceptibilité de l'organisme aux modalités névrogènes varie, nous l'avons vu, en fonction du type de SNC. Ces relations peuvent être résumées comme suit:

- Le type faible est le plus sensible à toutes les modalités névrogènes, et en particulier à une surcharge de l'excitation.

- Le type colérique est surtout sensible à une surcharge de l'inhibition, alors qu'il est assez résistant à celle de l'excitation.

- Le type flegmatique est surtout sensible à la surcharge de la mobilité.

- Le type sanguin (fort et équilibré) est le plus résistant aux trois types de surcharge, mais on peut finalement provoquer chez lui aussi un état névrotique en rendant les tâches de plus en plus difficiles, en l'empêchant de dormir, en l'isolant, en provoquant des troubles hormonaux, etc. Personne n'est donc totalement et définitivement à l'abri et les névroses... n'arrivent pas qu'aux autres!

L'image des quatre types de systèmes nerveux correspondant aux quatre tempéraments hippocratiques, est cependant une vue très schématique. La réalité est plus nuancée, même chez le chien, comme l'ont montré plusieurs auteurs, dont Ivanov-Smolenskii, Krushinskii (1960) et d'autres. Il y a d'une part une diversification au sein même d'un type : il y a donc des «sous-types». D'autre part, le génotype («type» ou «tempérament»), c'est-à-dire l'ensemble du bagage génétique à ce propos, n'est pas un impératif comportemental absolu mais seulement une prédisposition. Le profil comportemental réel d'un individu donné, le phénotype ou «caractère», est la résultante des interactions multiples et complexes entre le génotype et les influences comportementales, surtout — mais pas exclusivement — celles liées aux expériences que l'organisme fait au début de sa vie post-natale : les contacts materno-infantiles, les contacts sociaux avec les congénères, la richesse ou la pauvreté des stimuli sensoriels reçus, etc. On a remarqué par exemple, dans les expériences classiques de Vyrzhikovskii et Maiorov (1933) qu'à première vue, les chiens «prisonniers» (NB : élevés seuls, en isolement socio-sensoriel maximal) se comportent comme s'ils étaient tous des «faibles». D'autres «incidents de parcours» peuvent également moduler l'impact de l'acquis génétique sur le «caractère» : l'âge, la maladie, la malnutrition, etc.

A ce sujet, Pavlov lui-même avait précisé très clairement son point de vue en 1935 :

«Nous devons souligner une différence essentielle et jusqu'à présent presque insurmontable dans la détermination des types d'activité nerveuse. Le profil du comportement humain et animal dépend non seulement des propriétés congénitales du système nerveux mais aussi des influences qui ont agi, et continuent d'agir sur l'organisme pendant son existence individuelle, c'est-à-dire l'éducation et les apprentissages continus, au sens le plus large de ces mots. Il en est ainsi parce que, à côté des propriétés du système nerveux sus-mentionnées (équilibre, force, mobilité) il y a une autre caractéristique des plus importantes qui se manifeste continuellement, ... la plasticité» (Traduit librement d'après Corson et Corson, 1976, p. 39-40).

Chez l'homme, il y a en plus — principalement liés au langage, deuxième système de signalisation — d'autres rapports entre les types de systèmes nerveux et la symptomatologie névrotique. Ainsi Eysenck (1963) propose un concept basé sur les interactions, chez l'homme, entre d'une part l'excitation et l'inhibition, et d'autre part la personnalité, extravertie ou intravertie. D'après Eysenck, les extravertis se caractérisent par un niveau élevé et persistant d'inhibition corticale alors que les intravertis, inversement, se caractérisent par un niveau bas d'inhibition corticale. Le raisonnement d'Eysenck postule que si le cortex est relativement inhibé (niveau haut d'inhibition), il est difficilement excitable et donc incapable de contrôler, d'inhiber les structures sous-corticales, ce qui conduit au comportement désinhibé, typique des extravertis. Continuant son raisonnement, Eysenck propose que les intravertis, qui ont un cortex cérébral plus excitable car moins inhibé (niveau bas d'inhibition) sont plus faciles à conditionner. En effet, en utilisant le réflexe conditionné de clignement des paupières, Eysenck confirme son hypothèse. Alors, et puisque les phobies, les anxiétés et les comportements impulsifs, anormaux, en général, ne sont que des réponses conditionnées, motrices et végétatives, ils seront plus fréquents chez les malades dont le système nerveux favorise les conditionnements. En effet, comme on s'y attendait, il semble que les névrotiques dont le tableau clinique est dominé par ces symptômes sont en majorité des intravertis et qu'ils apprennent vite et bien le réflexe conditionné de clignement.

Il serait souhaitable, à notre avis, de bien établir les corrélations entre ces aspects plutôt relationnels — facilités d'apprentissage — qui caractérisent les deux types de personnalités et les implications neurovégétatives qui les accompagneraient. Quelques études sont disponibles (Teplov, 1961; Hamburg, 1967; Mason, 1968, etc.) mais elles nous semblent trop fragmentaires, parfois préliminaires et pas assez systématiques. Il apparaît ainsi tout un nouveau volet de recherche à envisager, qui ferait le lien entre la théorie pavlovienne, élargie par Eysenck, des types de systèmes nerveux d'une part, et d'autre part la grande orientation moderne qu'est la Psychiatrie Biologique. Des approches de cette nature pourraient même aboutir, à travers les concepts pavloviens, à un éventuel rapprochement entre précisément la psychiatrie biologique et les psychiatries dites «psychodynamiques», d'inspiration essentiellement freudienne.

Il est par ailleurs intéressant, à notre avis, de remarquer que Freud lui-même ne pensait nullement à séparer le cerveau de la pensée, à la manière cartésienne. Dans son «Projet» de 1895, Freud écrit:

«L'intention de ce projet est de nous procurer une psychologie qui serait une science naturelle: son but est de représenter les processus psychiques comme des états quantitativement déterminés des particules matérielles spécifiables... les particules matérielles en question sont les neurones» (Freud, 1954, cité par Corson et Corson, 1976, p. 32).

Freud a par ailleurs écrit plus d'une fois que pour lui il ne faisait aucun doute que l'activité mentale est inextricablement liée aux fonctions du cerveau. Il percevait cependant clairement l'hiatus qui l'empêchait d'aller plus loin:

«... toutes les tentatives de déduire une localisation des processus mentaux, de penser aux idées comme si elles étaient stockées dans les cellules nerveuses... ont complètement échoué. Il y a ici un hiatus qui ne peut à présent être comblé... Notre topographie mentale n'a, jusqu'à présent, rien à faire avec la neuroanatomie» (Freud, 1953, p. 107).

Il nous semble assez évident, suite à tout ce que nous venons de voir, que les idées et les faits de l'école pavlovienne devraient représenter un point de départ pour combler cet hiatus historique.

L'approche pavlovienne de la psychophysiologie, par sa dualité analyse-synthèse harmonieusement intégrée, est actuellement la plus appropriée pour résoudre le problème, à l'encontre des approches réductionnistes. En effet, il ne suffit pas de «doser» ou d'«enregistrer» tel ou tel paramètre ponctuel, ni même — ce qui est quand même mieux! — beaucoup de paramètres à la fois. Ce qui compte c'est d'arriver à mettre en évidence des relations causales entre des variations paramétriques d'une part et d'autre part des modulations des comportements, innés et acquis, des processus mentaux, en d'autre termes, des résultantes des intégrations complexes. On pourra alors seulement comprendre la vraie signification prévisionnelle et/ou rétrospective, des changements paramétriques individuels. Et alors seulement, les études paramétriques seront valorisées au maximum et elles occuperont leur place légitime dans la méthodologie psychophysiologique. C'est là encore un des aspects, et non des moins importants, de ce qui fait que la pensée de Pavlov n'est pas une pièce de musée — aussi important que cela soit — mais qu'elle reste indispensable au chercheur actuel dans la manière d'organiser sa recherche, d'interpréter ses résultats, de tirer le maximum de signification biologique des faits qu'il observe. C'est donc là que réside une des clefs les plus importantes pour percer le mystère de l'avenir de Pavlov.

6.5. SYMPTOMATOLOGIE DES NEVROSES EXPERIMENTALES

6.5.1. Signes généraux

a) Diminution ou perte des réflexes conditionnés positifs.

b) Activités du type «explosif» avec épuisement rapide en cours d'expérience.

c) Refus de la nourriture, perte de l'appétit.

d) Troubles comportementaux: gémissements, agitation, difficulté de rester sur place.

e) Troubles de la vigilance: agitation ou somnolence, souvent avec alternance de ces épisodes.

f) Les états «phasiques»; on distingue les phases suivantes:

- La *phase d'égalisation*: perte de l'efficacité ou altération des réponses suivant la loi de la force. Normalement, le réflexe conditionné dépend de la force physique du stimulus ou de sa force physiologique. Ainsi par exemple, un son entraîne d'habitude une réponse conditionnée plus forte qu'une lumière. Quand l'animal commence une névrose, il répond de la même manière au stimulus fort qu'au stimulus faible: il y a égalisation. Pavlov considère que cette phase est due au fait qu'il y a une diminution de la capacité de travail du SNC et que le stimulus fort provoque une inhibition supraliminaire (il est devenu «trop fort»); le stimulus faible, par contre, provoque une excitation encore acceptable par le SNC.

- La *phase paradoxale*: il s'agit d'une accentuation de la phase d'égalisation. Les sujets répondent au stimuli faibles par une réponse plus forte et aux stimuli forts par une réponse plus faible. Ceci entrave le comportement normal de l'animal, diminue l'adaptation et l'intensité de ses réactions vis-à-vis du monde environnant.

- La *phase ultraparadoxale*: il s'agit d'une désorganisation majeure du comportement adaptatif. Les animaux répondent aux stimuli négatifs (discrimination) par une réponse conditionnée positive alors qu'ils ne répondent plus du tout aux stimuli positifs.

6.5.2. Signes particuliers

6.5.2.1. *Signes neurologiques ou neuropsychiatriques*

a) *Négativisme*: les animaux refusent la nourriture quand on la leur donne et ils la recherchent quand on la leur retire. Remarquons que le négativisme est normal chez les petits enfants fatigués et qu'il apparaît souvent chez les patients névrotiques ou psychotiques.

b) *Catatonie*: altérations du tonus musculaire dans le sens d'une hypertonie plastique qui se caractérise essentiellement par le fait qu'un membre tend à garder une position imposée. C'est un signe fréquent dans la schizophrénie et il peut aussi être provoqué par les neuroleptiques, les médicaments antipsychotiques. On peut aussi observer des *tics* ou des *stéréotypies* (mouvements répétés, toujours les mêmes, jusqu'à l'épuisement musculaire). Il s'agit d'atteintes profondes du système cortico-sous-cortical de régulation du tonus musculaire, comme on les rencontre en schizophrénie.

c) *« Phobies »* et *« obsessions »* : la phobie est une peur excessive et anormale pour un stimulus en apparence anodin mais qui rappelle un événement désagréable qui a eu lieu dans le passé. Ainsi, après les inondations de Leningrad évoquées plus haut, Speransky, élève de Pavlov, a fait rechuter un chien apparemment guéri de sa névrose en faisant simplement couler de l'eau dans le local expérimental. Il a en quelque sorte simulé l'inondation et cela a suffi pour que le chien retombe dans son état névrotique.

L'obsession est l'anticipation persistante d'un stimulus qui n'existe pas ou n'existe plus. Des comportements obsessionnels ont été décrits par Pavlov chez le chien. Des animaux qui avaient appris un réflexe conditionné à un bruit qui venait du dessous d'une table regardaient avec insistance et grattaient même le dessous de la table expérimentale au cours d'une autre expérience se déroulant un ou deux ans après la première et sans que ce stimulus soit jamais intervenu entre-temps. En fait, ce n'est que lorsque ces chiens devenaient névrotiques qu'apparaissait l'« obsession » de l'ancien stimulus. Ceci fournit une preuve supplémentaire au fait que l'oubli est bien l'expression d'une inhibition et non l'effacement de la trace mnésique.

6.5.2.2. *Signes médicaux généraux*

Il s'agit des répercussions des névroses expérimentales au niveau des organes internes. Remarquons que si les signes neurologiques ou psychiatriques ont attiré l'attention des spécialistes respectifs sur les travaux de Pavlov, ceux que nous allons voir ont suscité l'intérêt du corps médical en général.

a) Bases physiologiques des relations entre un état névrotique et les organes internes

De multiples connexions nerveuses existent entre le SNC et les intérocepteurs (les récepteurs des organes cavitaires comme le cœur, l'estomac et les intestins) ainsi que les propriocepteurs musculaires. Les changements dans l'activité de nos organes internes, pour autant qu'ils constituent des stimuli suffisamment importants, peuvent entrer dans la sphère de la conscience. Ainsi, les informations recueillies par les intérocepteurs au niveau des parois des organes internes (les vaisseaux sanguins, l'intestin, etc.), s'acheminent vers les centres supérieurs, qui, à leur tour, peuvent envoyer des commandes d'action. Toutes ces informations n'entrent pas forcément dans le champ de la conscience : en effet, tout ce qui est conscient est nécessairement cortical mais tout ce qui est cortical n'est pas nécessairement conscient.

Comme l'ont montré les expériences de Bykov et Tchernigovsky sur des chiens porteurs de fistule gastrique, toute stimulation suffisamment importante d'un intérocepteur de n'importe quelle région du corps arrive au cerveau et peut y provoquer un potentiel évoqué. La stimulation chimique des chémorécepteurs ou la stimulation mécanique des barocepteurs peut provoquer un potentiel d'action au niveau du cortex cérébral et contribuer ainsi à la représentation corticale des événements qui ont lieu au niveau des organes internes.

On comprend dès lors qu'on ait pu élaborer des réflexes conditionnés à partir de la stimulation des intérocepteurs de tous les organes internes (exemple : la stimulation mécanique de l'estomac associée à de la nourriture ou à une douleur devient un stimulus conditionné). Ces réflexes conditionnés sont toutefois plus lents et plus difficiles à établir, mais une fois présents, ils résistent davantage à l'extinction.

La stimulation électrique de certains centres du cortex cérébral peut d'autre part provoquer une activité des organes internes, telles que la défécation, l'accélération ou la diminution du rythme respiratoire ou cardiaque, etc.

Il n'est donc pas étonnant que dans le réflexe conditionné classique, une réponse neurovégétative soit quasi toujours présente (salivation, sécrétion urinaire, etc.). Par ailleurs, presque toutes les réactions neurovégétatives des organes internes ont pu être conditionnées. Ainsi par exemple, si l'on injecte de l'insuline à un animal, on provoque de l'hypoglycémie (chute du taux de sucre dans le sang). Après quelques jours d'expérience, le simple fait d'introduire l'animal dans l'ambiance expérimentale provoque de l'hypoglycémie, même si le liquide injecté est de l'eau. (D'autres exemples seront donnés dans le chapitre consacré à la psychopharmacologie).

*b) Les répercussions des névroses expérimentales
 sur les activités neurovégétatives*

Ce qui précède permet de comprendre que les névroses expérimentales peuvent avoir des répercussions sur les organes internes. On a en effet souvent rencontré des troubles gastriques : des ulcères à l'estomac et de la gastrite hémorragique qui peuvent mener à la perforation. Chez les rats, la contrainte (le fait d'empêcher les mouvements) produit des ulcères d'estomac en 24 h.

Dans le domaine cardio-vasculaire, c'est l'hypertension artérielle qui est le symptôme le plus fréquent lors de névroses expérimentales. Par ailleurs, chez l'homme, comme on le sait, l'hypertension d'habitude n'est pas due à des causes organiques, elle est la maladie psychosomatique la plus courante, une des conséquences du stress de la vie quotidienne. L'importance du stress est particulièrement bien mise en évidence dans l'expérience de Brady et coll. décrite sous le nom suggestif de «the executive monkey» (le singe «manager»). Un singe est placé sur une chaise, avec des électrodes sur la queue; il doit apprendre à tirer sur un levier pour éviter les chocs électriques. Un autre singe est placé à côté; il ne voit pas le premier et reçoit des chocs — sans pouvoir les éviter — en même temps que lui chaque fois que celui-ci se trompe. C'est pourtant le premier singe, le «manager», celui qui avait la «responsabilité» du levier et qui donc était sous tension, qui a développé une pathologie digestive (diarrhée sanguinolente, ulcère gastrique, etc.).

Des troubles cutanés enfin sont très souvent rencontrés, comme par exemple des urticaires et des eczémas. Ceci est probablement en rapport avec le fait que la peau et le cerveau ont la même origine embryologique, l'ectoderme.

Ces observations expérimentales sont à la base de la médecine dite psychosomatique, appelée par l'école russe « médecine cortico-viscérale ».

6.5.3. Les réponses neurovégétatives et le conditionnement opérant

Dans le réflexe conditionné pavlovien, le renforcement est présenté quelle que soit la réponse de l'animal et progressivement le réflexe conditionné s'installe. Dans le réflexe conditionné skinnérien, le renforcement n'est présenté que lorsque l'animal fournit la réponse adéquate et cette réponse est toujours motrice. L'école de Neal Miller a montré que la réponse peut être aussi végétative. Ainsi, les chiens porteurs de fistule salivaire salivent spontanément hors de tout conditionnement. Si on renforce chaque fois la tendance spontanée à saliver (en donnant à boire), on amène progressivement les chiens à saliver beaucoup pendant l'expérience. Si par contre l'on renforce la tendance inverse (en donnant à boire chaque fois que l'animal arrête de saliver), les chiens en arrivent à ne pratiquement plus saliver pendant l'expérience.

Des expériences analogues ont été réalisées dans cette école par Di Cara, sur des rats curarisés renforcés par la stimulation électrique des centres du plaisir de l'hypothalamus (les aires pour lesquelles l'animal s'autostimule). Il a pu régler de cette façon :

- Le débit urinaire (effet diurétique : en renforçant les rats lorsque le débit spontané augmentait; effet anurétique : en les renforçant lorsqu'ils n'urinaient pas).

- Le rythme cardiaque (de la même manière).

— Le débit vasculaire local; cette expérience est particulièrement spectaculaire. On place sur les oreilles d'un rat des détecteurs thermiques du débit sanguin local (la chaleur augmentant avec la quantité de sang). On décide, par exemple, de vasodilater l'oreille droite en renforçant toute augmentation spontanée du débit sanguin de cette oreille et toute diminution de l'oreille gauche. Chez des animaux bien entraînés, on peut voir en cours d'expérience que l'oreille droite devient nettement plus rouge.

Il faut signaler que ces recherches, aussi intéressantes sur le plan théorique que pratique, ont soulevé des difficultés inattendues, les expérimentateurs parmi lesquels Miller lui-même et son collaborateur Dworkin, n'ayant pas réussi à en reproduire tous les résultats.

En clinique humaine, les thérapies par bio-feedback sont en relation directe avec les expériences qui viennent d'être citées. En effet, on apprend à un sujet à régler certaines réactions neurovégétatives en fonction d'informations non conscientes qu'il reçoit de ses organes internes. Ainsi, par exemple, Kimmel a travaillé sur des hypertendus jeunes, se trouvant dans la phase dite névrogène de la maladie. Il place au poignet du patient une manchette pourvue d'électrodes qui envoient des stimulations légèrement désagréables et il contrôle la tension artérielle. Le programme thérapeutique est le suivant: chaque fois que la tension diminue d'une manière spontanée, on arrête la stimulation désagréable. On « renforce » donc chaque baisse tensionnelle et, d'après Kimmel, on réussit de cette manière à obtenir après quelques semaines une maîtrise inconsciente de la tension artérielle de façon assez durable.

6.6. DYNAMIQUE DES NEVROSES EXPERIMENTALES

Il existe, comme pour tous les états pathologiques, une évolution des névroses expérimentales, une certaine dynamique dont on peut souligner une composante spatiale et une composante temporelle.

6.6.1. Dynamique spatiale

Il existe des cas dans lesquels la névrose se manifeste seulement dans les conditions où elle a été créée. Au début d'une névrose expérimentale, l'animal est malade uniquement quand il est mis dans l'ambiance expérimentale. Mais si la maladie continue, ou si sa forme s'aggrave, l'animal est malade même dans son chenil. On peut établir ici un certain parallélisme avec les névroses humaines, en ce sens qu'il suffit parfois de changer d'ambiance pour amorcer la guérison.

6.6.2. Dynamique temporelle

C'est cet aspect qui a conduit l'école de Gantt à créer le concept d'autokinesis. La névrose expérimentale n'apparaît souvent que quelque temps après que la modalité névrogène a été appliquée: il y a une période d'«incubation» névrotique. On avance comme explication que la situation expérimentale a diminué la capacité de travail et dès lors, que même les activités habituelles sont devenues trop difficiles, supraliminaires, et déclenchent la symptomatologie névrotique.

Un autre aspect lié à cette dynamique temporelle est celui du *réflexe conditionné névrotique* qui contribue à l'auto-entretien d'un état névrotique. C'est à Fedorov et Yakovleva que l'on doit l'expérience initiale qui a permis à Kupalov de créer ce terme, basé sur le concept du réflexe conditionné raccourci.

Un chien est soumis, dans deux chambres différentes, aux manipulations de deux expérimentateurs différents. Tous les deux élaborent le même stéréotype dynamique, ensuite l'un d'eux, soit A, entame un procédé névrogène. L'expérimentateur B ne change rien à son programme. Pendant 2-3 mois, l'animal est malade chez A et dans la chambre A alors qu'il reste normal chez B et dans la chambre B. Ensuite seulement il devient névrotique dans les deux situations.

Ainsi, dans l'évolution d'une névrose expérimentale, il existe une période dans laquelle la symptomatologie est déclenchée par le réflexe conditionné raccourci, représenté par l'ambiance expérimentale. C'est ce que Kupalov appelle le «réflexe conditionné névrotique». Si on change de situation, la névrose ne se manifeste pas. Le réflexe conditionné pathologique est très inerte et difficile à supprimer. Les personnes qui ont vécu dans des villes ayant subi des bombardements pendant la guerre, ne courent certes plus vers un abri à l'audition d'une sirène, mais éprouvent encore un certain stress et présentent de la tachycardie. Il y a donc un certain clivage entre les réactions motrices et les réactions neurovégétatives à un stimulus qui rappelle un moment dangereux de la vie. Ceci est un exemple supplémentaire de ce que Gantt a appelé la «schizokinesis».

6.7. TRAITEMENT DES NEVROSES EXPERIMENTALES

Le traitement des névroses expérimentales, comme leur symptomatologie, montre une certaine analogie avec celui des névroses humaines, ce qui renforce l'intérêt porté par le corps médical à cet aspect de la théorie de Pavlov.

6.7.1. Traitement médicamenteux

Déjà du temps de Pavlov, on utilisait :
- le bromure comme calmant (pour renforcer l'inhibition);
- la caféine comme excitant.

Les bromures, à faibles doses, en renforçant l'inhibition, aident les animaux à mieux supporter les discriminations difficiles. Ils sont cependant assez toxiques. La caféine, à doses moyennes, renforce l'excitation: les latences des réponses conditionnées diminuent et les animaux résistent mieux à des expériences de longue durée. A des doses plus importantes, la caféine peut toutefois provoquer des effets inverses, par inhibition supraliminaire.

La définition d'une dose « moyenne » ou « trop grande » dépend bien sûr, du type de système nerveux, mais également de l'état fonctionnel du sujet. Nous reviendrons sur cet aspect thérapeutique au chapitre consacré à la psychopharmacologie.

6.7.2. Traitement psychothérapeutique (fonctionnel)

6.7.2.1. Suppression de la situation névrogène

On sort l'animal de l'ambiance dans laquelle on a provoqué la névrose expérimentale et on tient compte de trois règles :
- on s'abstient d'utiliser les stimuli névrogènes ;
- on veille à utiliser des stimuli appropriés (ni trop intenses ni trop complexes) ;
- on veille à respecter les intervalles entre les stimuli et entre les expériences (une par jour, par exemple).

Notons que le simple repos n'est pas très utile. Laisser un chien névrotique au chenil est une situation assez nocive. Il vaut mieux le faire travailler, mais dans une autre ambiance. De même, pour l'homme en état de surcharge nerveuse, il vaut parfois mieux changer d'activité que ne rien faire.

6.7.2.2. La thérapie « de groupe »

Liddell a montré, sur des chevreaux soumis à la même procédure névrogène, que l'animal qui est seul dans la chambre d'expérience présente des troubles névrotiques plus graves que celui qui est accompagné par sa mère (rôle préventif).

Massermann a remarqué que les chats névrosés mis en présence de chats normaux récupèrent plus vite que les chats isolés (rôle curatif).

Le rôle de l'expérimentateur peut être bipolaire, comme l'a montré Gantt :

- positif, s'il est près de l'animal pendant la procédure névrogène et que le chien, encouragé par sa présence, ne fait pas de névrose ;
- négatif, s'il représente pour l'animal — devenu névrotique en sa présence — un stimulus associé à la situation névrogène.

6.7.3. Traitement physiothérapique

a) Electrochocs convulsivants : L'électrochoc diminue les manifestations névrogènes mais aussi la qualité de l'activité mentale.

b) Opérations chirurgicales : On a pratiqué des lobotomies frontales chez des animaux névrotiques et on a obtenu, comme avec les électrochocs, des résultats positifs mais aux dépens de l'activité mentale.

Une dernière remarque générale pour conclure, au sujet des névroses expérimentales. Plus que tout autre aspect de la théorie de Pavlov, c'est celui-ci qui a le plus souvent intéressé l'ensemble du corps médical. Il est vrai que, comme nous l'avons vu, le chien névrotique présente des ressemblances frappantes au niveau comportemental, avec la pathologie mentale humaine. Nous verrons par ailleurs de quelle manière la psychiatrie a essayé d'utiliser les concepts pavloviens dans l'interprétation et la maîtrise de certains états névrotiques et même psychotiques. Il ne faut cependant pas pousser trop loin l'analogie, qui, bien que justifiée, s'arrête au seuil de la parole et du milieu socio-économique propres à l'homme. Si les mécanismes cérébraux fondamentaux du chien et de l'homme sont certes similaires, il ne faut pas perdre de vue — et nous y reviendrons — que seul l'homme possède le langage, parlé ou écrit, qui lui permet d'utiliser au niveau individuel des expériences ancestrales, et que de plus l'être humain vit dans un contexte socio-économique unique qui peut difficilement être comparé au simple élevage en groupe des animaux.

Tout en soulignant l'impact indiscutable de la théorie pavlovienne des névroses expérimentales sur les théories médicales modernes, nous devons également être conscients des limitations d'une transposition pure et simple des concepts applicables au chien à l'interprétation de la psychopathologie humaine.

Chapitre 7
La dimension psychopharmacologique

> « *Il est forcément erroné et naïf d'espérer que des drogues puissent faire des cadeaux à l'esprit... Le psychopharmacien ne saurait rien ajouter aux facultés du cerveau; mais il peut sans doute éliminer les obstructions et les blocages qui en entravent le bon fonctionnement... en facilitant un état d'équilibre dynamique dans lequel, émotions et pensées réunies, sera restauré l'ordre hiérarchique.* »
>
> Arthur KOESTLER

L'importance de l'héritage pavlovien au niveau psychopharmacologique est à notre avis considérablement sous-estimée. Il ne s'agit pas uniquement des aspects strictement historiques, de ce qu'on pourrait appeler les racines pavloviennes de la neuropharmacologie, quoique même ces aspects ont une importance indiscutable. Ortega-y-Gasset n'écrivait-il pas à ce propos : « Ceux qui ignorent l'histoire sont condamnés à la répéter »? Il faut cependant souligner en priorité la modernité des approches pavloviennes de la psychopharmacologie. Nous disons bien modernité et non pas « à la mode », car les questions traitées dans ce chapitre ne sont absolument pas « à la mode » mais, à notre avis, sont déjà modernes et le seront de plus en plus. Par ailleurs, on peut admettre, sur un plan général, qu'une des voies de la recherche dans le domaine des neurosciences — et bien au-delà de ce cadre — serait de puiser dans le trésor de la pensée des grands neurophysiologistes, neuroanatomistes, neurologues, ou psychiatres du siècle passé. Il serait de plus important, non pas de rejeter en bloc, les soi-disant « vieilleries » (que par ailleurs nous ignorons bien souvent) mais au contraire de dégager les grandes idées qui ont survécu, de s'en inspirer pour apprécier, sous un autre éclairage, les faits nouveaux découverts grâce au merveilleux arsenal méthodologique moderne et ainsi, d'imaginer des ouvertures, des voies nouvelles de recherche. Qu'on se rappelle à ce sujet la belle citation de Szent-Gyorgy: «La recherche c'est de voir ce que tout le monde a vu, mais de penser autrement»! Il s'agit évidemment d'une facette seulement de la recherche mais sans doute d'une facette essentielle. Pavlov lui-même, dans sa «Lettre à la Jeunesse», dit que les fait sont «l'air du savant» et il attire l'attention sur l'importance de la théorie. Il met notamment en garde les jeunes scientifiques contre le danger de devenir des «archivistes des faits» et les incite à chercher les lois que les faits expriment, à formuler des théories qui, elles, font réellement progresser la science. On sait en effet que l'appartenance à une école théorique peut faciliter la découverte de faits nouveaux ou peut au contraire jouer un rôle inhibiteur. Comme l'a écrit Einstein: «C'est la théorie qui décide de ce qui est observable»! Rappelons-nous que la grande découverte de Pavlov ne fut pas l'apprentissage. On sait en effet depuis toujours, que les animaux sont capables d'apprendre. Le trait de génie de Pavlov a été, comme nous l'avons déjà souligné, le «saut périlleux» qu'il fait dans son esprit, de l'estomac au cerveau, en passant par la sécrétion salivaire. Saisir la relation entre la physiologie salivaire et celle du cerveau et en faire une méthode pour l'étude des activités cérébrales de type cognitif, voilà le coup de génie de Pavlov! Il a vu — pour revenir à Szent-Gyorgy — ce que tout le monde avait vu, mais il a pensé autrement et a ainsi ouvert à la physiologie l'accès aux activités mentales.

C'est dans ce cadre théorique général — que nous avons par ailleurs poursuivi dans les autres chapitres également — que nous aborderons le problèmes des rapports entre l'Activité Nerveuse Supérieure et la Psychopharmacologie. Le sujet est vaste et assez controversé, mais nous n'évoquerons — à titre d'exemple et à propos de la modernité de cette facette de l'héritage pavlovien — que trois aspects:

1. A l'aube de la psychopharmacologie.
2. Tonus central et modulations pharmacologiques.
3. L'apport méthodologique.

7.1. A L'AUBE DE LA PSYCHOPHARMACOLOGIE

Les origines de la psychopharmacologie traditionnelle se perdent dans la nuit des temps et, pour notre civilisation, elles remontent à l'Odyssée avec le népenthès et les pharmakons de la Belle Hélène et de Circé, les philtres d'amour des légendes moyenâgeuses ainsi que les multiples traditions locales pour l'emploi des plantes médicinales.

L'origine de la psychopharmacologie moderne est cependant bien connue. C'est d'une part, Laborit, à l'hôpital du Val-de-Grâce, et d'autre part Delay et Deniker, à l'hôpital Sainte-Anne, tous deux à Paris, qui en 1952, avec l'étude de la chlorpromazine[9] dans la schizophrénie, ont ouvert le grand chapitre thérapeutique des médicaments psychotropes, médicaments pour le cerveau, ou encore, comme on le dit prudemment en anglais, «CNS-acting drugs» (médicaments qui agissent sur le système nerveux central).

Ce qu'on connaît cependant beaucoup moins, ce sont les études novatrices commencées chez Pavlov au début du XXe siècle. Ainsi, en 1908 déjà, Zavadtzki présente à la Société des Médecins Russes le premier travail qui applique la méthode des réflexes conditionnés à la pharmacologie. Dans cette étude :

1. l'alcool, aux doses actives, déprime l'activité réflexe conditionnée ;
2. la morphine supprime l'activité réflexe conditionnée ;
3. la caféine ainsi que la cocaïne augmentent les réponses conditionnées.

Il nous semble particulièrement intéressant d'évoquer les commentaires de Pavlov sur les expériences de Zavadtski, commentaires exprimés en 1908 à la même Société. Il souligne le fait qu'après une dose inhibante d'alcool, le retour à la normale se fait en passant par une phase d'excitation, qui n'est pas observée avec de faibles doses d'alcool. Ainsi, conclut-il, lorsqu'il est actif, l'alcool est toujours «paralysant» et l'excitation subséquente n'est qu'une réaction de compensation de l'organisme qui intervient après que l'effet de l'alcool a disparu ou a fortement diminué. On voit ainsi que Pavlov, dès le début des études pharmacologiques sur l'ANS et bien que limité par les connaissances de l'époque, ne se contente pas de décrire les effets mais, fidèle à lui-même, il essaie de les interpréter en termes de physiologie cérébrale.

L'intérêt de l'ANS pour la pharmacologie, quoique relativement secondaire, s'est maintenu dans l'école de Pavlov (voir revue du problème dans Zakusov, 1961). Ainsi, en 1910, Nikiforovski a utilisé chez le chien les bromures (bromure de sodium) et la caféine pour moduler l'excitation et l'inhibition comportementales ou l'inhibition conditionnée, ainsi que pour prévenir et traiter les névroses expérimentales. Les bromures facilitent la précision des discriminations fines et des réponses retardées, surtout chez les chiens de type « colérique » caractérisés par un déficit d'inhibition. Rappelons que le terme « inhibition » est pris ici au sens pavlovien, comportemental, et non pas au sens strictement synaptique de Sherrington et d'Eccles. De plus, chez les chiens possédant ce type de système nerveux, les bromures, aux doses appropriées, préviennent l'apparition des névroses expérimentales ou atténuent leur symptomatologie, surtout lorsque la modalité névrogène est la surcharge de l'inhibition.

Quant à la caféine, aux doses optimales, elle désinhibe les discriminations mais chez les chiens de type faible, « mélancolique », elle facilite le maintien d'un bon niveau d'activité réflexe conditionnée au cours d'une expérience; au fil des jours, elle permet, en outre, de mieux résister aux stimuli conditionnés forts et complexes. Chez les chiens de type « flegmatique » (type fort et équilibré mais inerte), la caféine facilite la mobilité de l'excitation et de l'inhibition conditionnées. La caféine donne ainsi aux « flegmatiques » une meilleure résistance aux névroses lorsqu'ils doivent passer rapidement d'un stimulus positif à un stimulus conditionné négatif, d'une motivation à une autre, ou lorsqu'ils doivent apprendre à inverser la connotation motivationnelle d'un stimulus conditionné. Par exemple, la fréquence d'un métronome qui, auparavant, annonçait la nourriture, devient tout d'un coup un signal d'alarme à la douleur.

Ces expériences, confirmées par Potekhin en 1911, par Deriabina en 1916 et plus tard par d'autres collaborateurs de Pavlov, ont en outre été élargies à l'étude d'autres substances comme par exemple l'apomorphine, le chloral-hydrate, le phénobarbital, etc. Ces mêmes substances psychotropes ont par la suite été étudiées sur des modèles pavloviens plus élaborés comme l'inhibition de retardement, le réflexe conditionné du second ordre ou celui de trace, etc. (Valkov, 1923; Prorokov, 1924; Siriatzki, 1924; Yakovleva, 1930; Rosental, 1930, etc.).

D'autres aspects de ces études novatrices de psychopharmacologie de l'ANS sont illustrés par les exemples suivants :

1. Podkopaev (1926) : le premier à notre connaissance à avoir conditionné un effet pharmacologique. Après avoir associé quelque 200 fois (une ou deux fois par jour) l'injection d'apomorphine à une tonalité, il est arrivé à provoquer, par la seule tonalité, des vomissements du chien.

2. Kaminski (1930) : a réalisé, chez Pavlov, la première étude pharmacologique avec le bromure de sodium chez le singe.

3. Usievitch et Gyorgyevskaya (1934) : ont dosé le brome dans le plasma des chiens et ont été les premiers à proposer une certaine relation entre l'évolution du taux plasmatique et les effets des bromures sur les réflexes conditionnés.

4. La longue série des travaux d'Andreev (1924), Yakovleva (1931), Pavlova (1931), Petrova (1934) etc. qui ont établi la réactivité pharmacologique différentielle, principalement aux bromures et à la caféine, chez les animaux vieux, thyroïdectomisés ou castrés. Il fut de plus bien établi que la réactivité pharmacologique aux hypno-sédatifs dépend également du type de SNC (Fedorov, 1935).

Parmi les nombreuses études modernes qui ont élargi et confirmé les études faites chez Pavlov, citons celles de son élève américain Gantt, études faites par ailleurs aux USA (Gantt, 1970). Dans le cadre de son intérêt plus général pour l'effet placebo, Gantt s'est posé la question de savoir quels sont les médicaments qui peuvent servir de base pour l'élaboration d'un réflexe conditionné. La conclusion générale de ces études est que l'on ne peut conditionner que les effets qui sont médiatisés par le système nerveux central et non les effets de nature périphérique. Ainsi, nous avons vu que Fedorov a pu conditionner les vomissements à l'apomorphine et on sait qu'il est également possible de conditionner l'«ébriété» (titubements, perte d'équilibre, sédation) due à l'alcool (Speranski, 1930), ainsi que les effets cardio-vasculaires, sédatifs et hypothermiques de la morphine (Delov, 1949; Eikelboom et Stewart, 1979). Par contre, il a été impossible jusqu'à présent de conditionner les effets tachycardisants de l'atropine ou bradycardisants de l'acétylcholine, effets qui dépendent de l'action respective de ces produits au niveau de la jonction myo-neurale du nerf vague dans le cœur.

Dans les années vingt, poussant plus loin cette ligne de recherche, une des très brillantes élèves de Pavlov, Petrova, imagine un mélange savamment dosé de bromure et de caféine: chez les chiens de tout type de système nerveux, ce mélange recule les limites de l'endurance aux conditions névrogènes. De plus, Pavlov ne se contente pas d'approfondir les aspects fondamentaux de ces découvertes pharmacologiques. Il pratique une sorte d'autofinancement — partiel mais non négligeable — de la recherche, comme il l'avait fait avec les sucs digestifs qu'il recueillait en quantités importantes à l'aide de fistules gastriques et intestinales dans le modèle du «repas fictif». Il embouteillait et vendait ces sucs en pharmacie comme source d'enzymes digestifs et le bénéfice était réinvesti dans le laboratoire. Par ailleurs, et d'une manière générale, à l'instar de Pasteur, non seulement Pavlov ne méprisait pas la recherche dite «appliquée», mais au contraire il souhaitait vivement que toute recherche bio-médicale, aussi fondamentale soit-elle, débouche, ne fût-ce que partiellement, sur des applications pratiques. Ainsi, après les intéressants résultats de Petrova, Pavlov et Petrova ont mis au point une association à base de bromures, de caféine, d'un barbiturique et de faibles doses de strychnine, association destinée à l'homme. Quelques bons résultats ont été décrits avec cette potion dans des états psycho-névrotiques surtout lorsque la symptomatologie était dominée par des somatisations, de l'angoisse, dépression et insomnie. Bien sûr, l'apparition des nouveaux médicaments psychotropes ainsi que la faiblesse méthodologique des études cliniques sus-mentionnées, ont fait abandonner complètement ce traitement et ont relégué la potion Pavlov-Petrova dans le domaine du folklore historique médical. Néanmoins, et c'est ce que nous voulons souligner ici, l'approche de Pavlov était moderne. Il utilisait en effet des médicaments sélectifs pour suppléer à des déficits de tempérament, pour renforcer des «points faibles» du SNC, afin d'augmenter la résistance aux exigences inhabituelles, aux «stress» (comme on dirait aujourd'hui) liés au milieu environnant.

C'est donc le caractère *moderne* que nous soulignons dans ce bref rappel historique de l'approche pavlovienne de la psychopharmacologie.

7.2. TONUS CENTRAL ET MODULATIONS PHARMACOLOGIQUES

Nous avons décrit plus haut l'importance pour l'ANS de la régulation innée et acquise du tonus central. Rappelons que la régulation *innée* du tonus central est assurée essentiellement par la substance réticulaire méso-diencéphalique et par le système limbique. La réticulaire reçoit des collatérales de tous les axones qui transmettent au cortex cérébral, à travers les relais thalamiques, les messages sensoriels du milieu environnant et du milieu interne. La substance réticulaire est ainsi activée par la quantité et l'intensité physique des stimuli et, à son tour, elle active le cortex cérébral en fonction de ces stimuli de manière diffuse, non localisée. Le système limbique, à travers le circuit de Papez, et partiellement par l'intermédiaire de la substance réticulaire, module également le tonus cortical mais en fonction de la tonalité affective des stimuli.

La régulation *acquise* du tonus central est assurée essentiellement par le mécanisme cortical du réflexe conditionné raccourci, décrit par Kupalov (voir à ce sujet l'Annexe A).

Les implications psychopharmacologiques de ces mécanismes centraux sont multiples mais nous insisterons sur ce qui nous semble essentiel :

1. la modulation du tonus central par les médicaments psychotropes ;
2. la modulation des effets psychopharmacologiques par les variations innées du tonus central ;
3. le réflexe conditionné raccourci comme modulateur psychopharmacologique.

7.2.1. Modulation du tonus central par les médicaments psychotropes

La classification de Delay et Deniker est sans doute la plus utilisée, surtout en Europe. Suivant cette classification, les substances psychotropes peuvent exercer chez l'homme trois types d'action sur l'activité mentale :

1. Elles peuvent la tempérer, la réduire, ce qui est certes nécessaire dans des cas d'insomnie, d'agitation, d'anxiété exagérée, etc. Les substances douées de ce type d'action ont été nommées *psycholeptiques*. Plusieurs sous-groupes de psycholeptiques sont décrits, les principaux sont :
- les *hypnotiques* ou inducteurs du sommeil ;
- les *neuroleptiques* ou antipsychotiques, utilisés surtout chez les grands malades mentaux ;
- les *tranquillisants* d'usage répandu à travers le monde, permettant de surmonter les anxiétés et les stress exagérés.

2. Elles peuvent l'augmenter, ce qui est utile en cas de fatigue extrême mais surtout en cas de dépression nerveuse. Ces substances sont appelées *psycho-analeptiques* et sont généralement divisées en activateurs du comportement *(psychostimulants)*, de l'humeur *(antidépresseurs)* ou des fonctions cognitives *(nootropes)*.

3. Elles peuvent enfin déséquilibrer, perturber, l'activité mentale, comme le font les substances dites *psychodysleptiques* qui

sont essentiellement ce qu'on appelle « la drogue » (opiacées, haschisch, LSD, etc.).

Il est évident que, parmi les psychotropes, seuls les psycholeptiques et les psychoanaleptiques sont des médicaments. Ceci ne veut pas dire, bien sûr, que leur abus n'est pas nuisible, mais qu'ils ont sans aucun doute des vertus thérapeutiques, qu'ils sont bénéfiques pour de nombreux patients.

Les médicaments psychotropes, à deux exceptions près — les sels de lithium parmi les antidépresseurs et les nootropes — agissent tous, quels que soient leurs mécanismes neurochimiques d'action, sur l'excitabilité des structures réticulaires et limbiques. Ils les activent ou, au contraire, les inhibent, c'est-à-dire réduisent leur activité. Ainsi les médicaments psychotropes doivent une partie essentielle de leur activité aux modulations du tonus central: les psycholeptiques le réduisent alors que presque tous les psychoanaleptiques l'élèvent. Ceci a des conséquences immédiates sur le niveau de vigilance et donc sur le sommeil. En effet, généralement parlant, les psycholeptiques facilitent le sommeil alors que les psychoanaleptiques s'y opposent. Les choses ne sont certes pas aussi simples dans la réalité. Pour ne donner qu'un exemple: le sujet déprimé dort mal à cause de ses problèmes de nature affective; dans la mesure où un antidépresseur, donc un psychoanaleptique, l'aide à lutter contre son humeur dépressive, il peut améliorer aussi la qualité de son sommeil. En fait, pour que notre activité mentale soit optimale par rapport à nos capacités, nous avons besoin de bien dormir lorsque nous allons coucher et d'être bien éveillé, sans agitation, lorsque nous exerçons une activité, que ce soit de travail ou de loisir. Nous avons donc besoin d'un tonus central mobile, adapté en permanence aux activités quotidiennes. Les médicaments psychotropes, comme on l'a vu, corrigent les excès dans un sens ou dans l'autre, et favorisent — quels que soient leurs autres effets — l'adaptation permanente du tonus central à l'activité mentale qui se déroule ou pour laquelle on se prépare.

Les médicaments psychotropes exercent donc une partie majeure de leurs effets bénéfiques en modulant le tonus central dans un sens adaptatif.

7.2.2. Modulation des effets pharmacologiques par les variations innées du tonus central

Il est évident — c'est pourquoi nous n'insisterons pas sur cet aspect — que pour un même individu, l'effet de la même dose d'un médicament donné n'est pas toujours identique. Ainsi par exemple, un cachet d'hypnotique pris par erreur pendant la matinée pourrait n'avoir aucun effet, surtout si nous sommes fort intéressés par ce que nous faisons. Pour nous endormir à ce moment-là il faudrait une quantité d'hypnotique nettement plus grande que celle qui, prise le soir, facilite l'endormissement. Une expérience réalisée par Valzelli en 1975, illustre à ce sujet l'effet de la caféine chez le rat. Le rat est normalement un animal nocturne. Pendant la journée il est peu actif, plutôt endormi. Chez le même groupe de rats, Valzelli injecte une dose de caféine (25 mg/kg), parfois le matin, parfois le soir. Il constate que la caféine administrée le matin active les rats : ils bougent plus, explorent, mangent, boivent, etc. Par contre, lorsque la caféine est administrée le soir, l'effet est inverse : elle calme plutôt les animaux, réduit l'activation du soir. Ainsi, le matin, lorsque le tonus central est relativement réduit, la caféine « réveille » les rats, alors que le soir, quand le tonus central est élevé, la caféine les « endort » ou les tranquillise. Cet effet, apparemment paradoxal, s'expliquerait par un phénomène du type inhibition supraliminaire. Nous avons vu que Pavlov avait décrit une inhibition comportementale, innée, qui apparaît lorsque les stimuli sont trop forts, lorsqu'il y a excès d'excitation. Ainsi, dans l'expérience qui vient d'être décrite, le soir, lorsque les animaux sont déjà actifs, un excès de stimulation dû à la caféine, provoquerait une inhibition de type supraliminaire. Le matin, par contre, sur fond de tonus central faible, la caféine produit une excitation tout à fait supportable et les rats s'activent.

Cette expérience illustre un grand chapitre de la pharmacologie générale, que nous n'aborderons d'ailleurs pas, celui de la chronopharmacologie : cette orientation essaie de décrire et d'interpréter les différences très importantes observées dans les effets de tout médicament, selon le moment de la journée auquel il est utilisé (voir revue du problème dans Weyers, 1983).

Une bonne partie des différences liées à l'âge, dans la manière de réagir aux médicaments, dépend également des variations du tonus central. A cela s'ajoute encore le fait que le sort d'un médicament dans l'organisme, c'est-à-dire la vitesse d'absorption dans le cerveau et dans les autres organes, ainsi que les diverses transformations chimiques qu'il subit dans l'organisme, et son élimination, tout cela dépend de l'âge et probablement aussi des variations du tonus central.

Pour conclure ce bref paragraphe, ajoutons que l'effet d'un médicament en général et d'un psychotrope en particulier, dépend à la fois de ses propriétés physico-chimiques, de la manière dont il est transformé par l'organisme, des particularités différentielles de chaque individu (en fonction à la fois de propriétés innées et de l'histoire individuelle, propre à chacun) ainsi que du tonus central au moment de la prise du médicament. Rien d'étonnant par conséquent au fait qu'il soit très difficile de prédire l'effet précis d'un médicament, à la fois d'une personne à l'autre, et aussi pour le même sujet, d'une fois à l'autre.

7.2.3. Le réflexe conditionné raccourci comme modulateur pharmacologique

Un bref retour en arrière tout d'abord pour rappeler que le réflexe conditionné raccourci, tel qu'il a été décrit par Kupalov dans les années trente, est le principal mécanisme psychophysiologique de régulation acquise du tonus central. Pour autant que les expériences se déroulent de manière régulière, l'ensemble de l'ambiance expérimentale agit comme un stimulus conditionné complexe qui déclenche un réflexe conditionné particulier. Il est particulier par le fait qu'il ne se manifeste pas par une sécrétion ou par un mouvement précis mais par une mise en place d'un certain tonus central, essentiellement télencéphalique, approprié à l'activité réflexe conditionnée que l'animal va développer tout au long de l'expérience qui va suivre. Ainsi par exemple, dans les expériences de Mouravieva effectuées chez Kupalov dans les années 50, si le chien est régulièrement renforcé par une portion de 50 g de nourriture pour chaque stimulus conditionné positif, dès le premier stimulus conditionné de la journée, *avant* qu'il reçoive le premier renforcement, le réflexe conditionné — mesuré en quantité de salive sécrétée pendant l'action isolée du stimulus conditionné — est nettement plus grand que lorsque le renforcement n'est que de 10 g de nourriture. Ainsi, l'ambiance expérimentale signale le niveau de renforcement et établit, par un mécanisme réflexe conditionné, un certain tonus central qui correspond à l'importance du renforcement alimentaire. Dans le modèle de la «commutation» imaginé par Asratyan, nous avons vu que c'est l'ambiance expérimentale qui détermine le sens du réflexe conditionné déclenché par le même stimulus conditionné. Dans l'ambiance expérimentale où un son est suivi de nourriture, le chien va saliver à ce son, alors que dans l'ambiance où le son est suivi d'un choc électrique douloureux sur une patte, il va, pour le même son, gémir et lever la patte. C'est ce réflexe conditionné «tonique» — ou «situationnel» comme il a parfois été appelé — que Kupalov a finalement dénommé «raccourci», en ce sens qu'il s'arrête en quelque sorte dans le cerveau lui-même et ne déclenche pas l'activité des effecteurs, glandes ou muscles. Nous avons vu l'importance du réflexe conditionné raccourci dans toute activité psychophysiologique d'anticipation, comme par exemple dans les stéréotypes dynamiques et en général dans tout ce qui, dans notre activité mentale, peut être modulé par un certain contexte.

Après ce bref rappel, nous allons voir maintenant deux exemples de la manière dont le réflexe conditionné raccourci peut moduler les effets des médicaments psychotropes.

1. Le réflexe conditionné «cortico- réticulaire»

Les premières expériences à ce sujet ont été à notre connaissance, celles que nous avons réalisées avec la chlorpromazine à Bucarest (Giurgea, 1955) et que nous avons également discutées à Bruxelles (Giurgea, 1964, 1970). Voici en bref l'essentiel de nos résultats.

Chaque chien est soumis à un apprentissage de réflexes conditionnés positifs à renforcement alimentaire dans deux conditions expérimentales : a) en conditions pavloviennes classiques, c'est-à-dire restreint dans des harnais sur une table et b) en comportement libre, dans une chambre dite «Kupalov» : comme nous l'avons déjà décrit, il doit attendre, à un emplacement conditionné, les stimuli conditionnés positifs avant de traverser la chambre et sauter sur une table où il trouve une portion de nourriture. Les stimuli conditionnés, positifs et négatifs, sont les mêmes dans les deux situations : même ordre de présentation, même qualité et même quantité de renforcement. Les chiens sont entraînés de manière à passer dans un ordre aléatoire, d'un jour à l'autre ou même plusieurs fois par jour, d'une condition expérimentale à l'autre. Les deux chambres de réflexes conditionnés se trouvaient aux deux extrémités d'un long couloir d'environ 30 m. Au milieu du couloir, une porte donnait sur une petite chambre dans laquelle les animaux recevaient les injections, d'habitude intra-veineuses, de chlorpromazine (voir fig. 18).

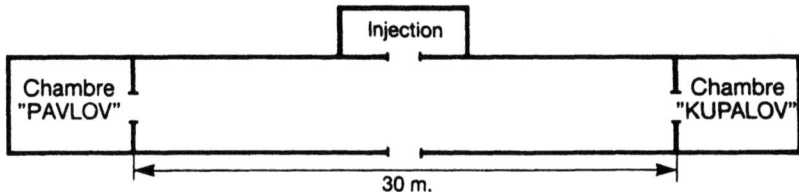

Fig. 18. La disposition des locaux dans le cadre des études sur le réflexe conditionné «cortico-réticulaire» (d'après Giurgea, 1964). La chambre «Pavlov» (comportement relativement restreint) est séparée de la chambre «Kupalov» (comportement libre) par un corridor d'environ 30 m au milieu duquel débouche un petit local dans lequel on administre les produits.

De la longue série d'études réalisées sur ce modèle complexe, que nous avons appelé «le double stéréotype», retenons ici deux aspects :

a) *Le premier aspect* est que l'effet de la même dose de chlorpromazine, sur le même chien, varie de manière spectaculaire selon les conditions expérimentales. Ainsi par exemple, un chien qui, un quart d'heure environ après avoir reçu une injection intra-veineuse de 2-3 mg/kg de chlorpromazine, est soumis à une expérience dans la chambre de comportement libre (chambre «Kupalov»), se comporte comme s'il avait reçu du placebo. Il attend à l'emplacement conditionné, saute sur la table lors des stimuli conditionnés positifs, mange, retourne à l'emplacement conditionné et attend le stimulus suivant. Si celui-ci est positif, il refait la même chose, s'il est négatif (discrimination d'une lampe de 40 W au lieu de celle de 100 W ou son d'une autre fréquence), il reste à l'emplacement conditionné. Parfois il est un peu plus lent dans tout ce qu'il fait — seul indice que le produit reçu était la chlorpromazine! Le même chien, un autre jour, après avoir reçu la même dose de neuroleptique, est amené dans la chambre pavlovienne et y reçoit les mêmes stimuli conditionnés que dans la chambre «Kupalov». On constate alors que l'effet de la chlorpromazine est très prononcé: le chien ne répond à aucun stimulus conditionné, ni par sécrétion salivaire, ni par une activité motrice appropriée. Il ne regarde pas vers la mangeoire, ne salive pas, et lorsque la nourriture arrive devant lui, il la touche à peine. Le chien semble totalement indifférent aux signaux du milieu environnant; il est, comme cela a été décrit pour les patients traités à la chlorpromazine, «déconnecté». De plus, il pend dans son harnais, titube et est en catatonie: il peut rester avec une patte en l'air ou adopter d'autres positions bizarres.

Pour le même chien donc, d'un jour à l'autre, l'effet de la même dose de chlorpromazine est modulé de manière spectaculaire par les conditions expérimentales (voir fig. 19).

Si l'animal travaille en comportement libre, dans une vaste chambre où il peut courir et sauter, son tonus central est donc élevé et l'effet du puissant neuroleptique peut être quasi totalement masqué. Son activité réflexe conditionnée et son activité locomotrice se déroulent presque normalement: le cerveau compense donc, maîtrise les effets déconnectants du produit. Par contre, si le tonus central est relativement faible, comme c'est le cas dans la condition pavlovienne où le comportement est

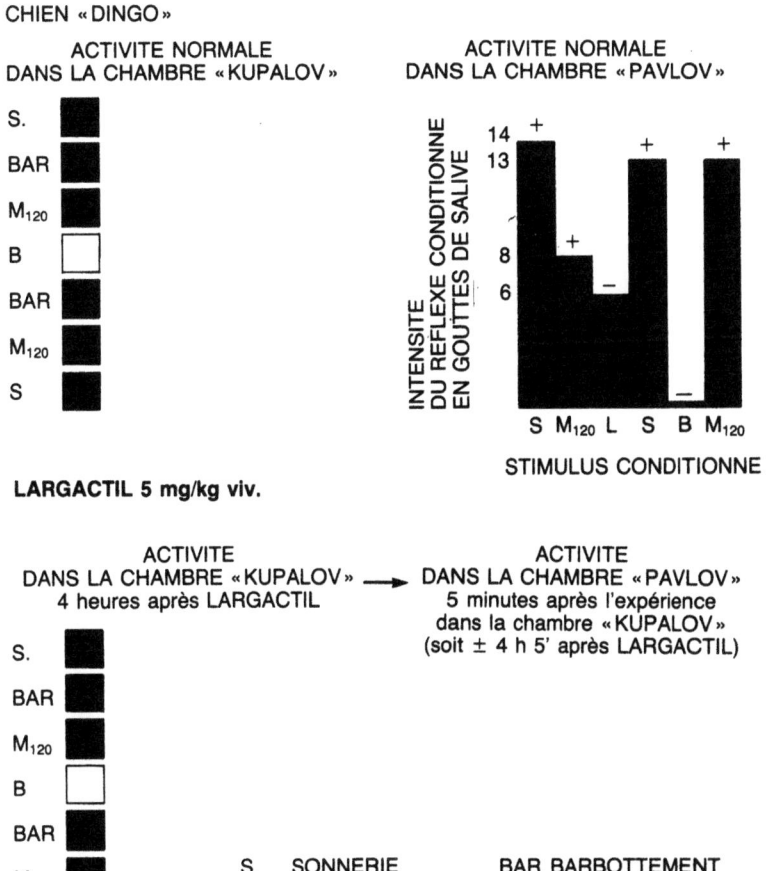

Fig. 19. *Dépendance de l'effet de la chlorpromazine des conditions expérimentales — chien « Dingo »* (d'après Giurgea, 1964).
Haut (activité habituelle): a) *dans la chambre « Kupalov »*, les carrés noirs représentent la réponse normale aux stimuli conditionnés positifs; le carré blanc représente la réponse normale au stimulus conditionné négatif (discrimination); b) *dans la chambre « Pavlov »*, chaque colonne représente la sécrétion salivaire conditionnée (noter qu'au buzzer — discrimination — le chien ne salive pas); les signes + ou − expriment la présence ou l'absence de la composante motrice du réflexe conditionné.
Bas (après chlorpromazine): l'activité réflexe conditionnée est normale dans la chambre Kupalov, alors que tous les réflexes conditionnés sont supprimés dans la chambre Pavlov.

assez restreint, l'effet du médicament est maximal (fig. 19, gauche).

La modulation de l'effet pharmacologique par les conditions expérimentales se manifeste, non seulement d'un jour à l'autre, mais également le même jour si les conditions changent. En effet, si après avoir constaté que la chlorpromazine abolit l'activité réflexe conditionnée dans la chambre pavlovienne, on déplace alors l'animal dans la chambre «Kupalov», on constate que là le chien se comporte comme s'il n'était plus sous l'action du médicament (fig. 19, droite).

b) *Le deuxième aspect* est celui qui nous a conduit à formuler l'hypothèse du réflexe conditionné «cortico-réticulaire». Nous avons constaté que l'effet de la chlorpromazine est soit manifeste, soit masqué, même si le chien n'est pas réellement soumis à l'expérience différentielle mais qu'il est simplement amené *devant* la chambre respective. Rappelons que l'injection intraveineuse se fait dans un local situé entre les deux chambres expérimentales. On injecte la chlorpromazine et on attend les 10-15 minutes nécessaires pour constater l'effet du produit : le chien titube, s'affaisse, devient plus ou moins catatonique, apathique, indifférent. Pour le sortir de cette chambre, il faut le tirer par la laisse. On prend alors la direction de la chambre «Pavlov» et on ne fait pas entrer le chien. Il reste assis ou couché devant la porte de cette chambre, parfois avec les pattes dans des positions bizarres, expression de la tendance catatonique. Si quelqu'un passe à côté de lui ou si on amène un autre chien normal, non injecté qui l'approche et le renifle, l'animal injecté reste pratiquement immobile, désintéressé. On le tire alors dans la direction opposée et dès qu'on dépasse la porte du local d'injection et que l'on s'approche de la chambre «Kupalov», le comportement change nettement, le chien s'active. Arrivé devant la porte de la chambre «Kupalov» le chien se transforme sous nos yeux. Il remue la queue, gratte la porte, aboie et essaie d'ouvrir la porte. Si quelqu'un passe près de lui ou qu'arrive un autre chien, il se comporte normalement, manifeste l'intérêt ou l'hostilité habituels. On a l'impression que l'effet de la chlorpromazine est terminé, comme si, pendant le trajet d'une chambre à l'autre, le produit avait été éliminé ou métabolisé, inactivé dans l'organisme. Il suffit cependant de tirer à nouveau le chien dans l'autre direction pour voir que le médicament est toujours là et bien actif. En effet, dès qu'on dépasse le niveau «injection» et surtout lorsqu'on arrive devant la porte de la chambre «Pavlov», le chien retombe dans l'état presque léthargique que nous avons décrit plus haut. On attend un peu, on le tire vers la chambre «Kupalov» et à nouveau le chien s'active et redevient normal.

On observe donc, dans le comportement du chien, une alternance spectaculaire: catatonique, déconnecté et immobile devant la chambre «Pavlov» et une ou deux minutes plus tard, alerte, actif et normal devant la chambre «Kupalov», puis à nouveau affaissé devant une chambre et alerte devant l'autre. Cela peut se répéter 10 à 12 fois pendant 30 à 45 minutes après l'injection de chlorpromazine (fig. 20).

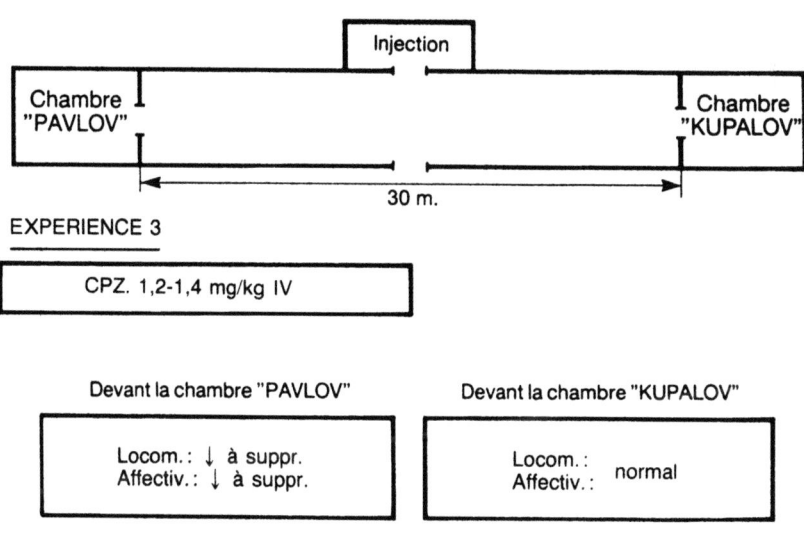

Fig. 20. Le réflexe conditionné «cortico-réticulaire» (d'après Giurgea, 1964; voir détails dans le texte).

Il est impossible de ne pas être impressionné, expérimentateur ou spectateur sceptique, devant la force de ce phénomène: le puissant neuroleptique est potentialisé ou maîtrisé par l'expectation de l'animal: s'il s'attend à travailler à un tonus central élevé, l'effet de la chlorpromazine est antagonisé, sur le plan moteur et cognitif, avant même que le travail ne commence; l'effet de la drogue est au contraire maximal s'il s'attend à travailler sous faible tonus. Ce qui impressionne le plus — comme l'a par ailleurs écrit le Professeur Gastaut en 1957, après avoir visité notre laboratoire en 1956 — c'est la facilité avec laquelle l'animal peut passer d'un état à l'autre, plusieurs fois successivement lors d'une même expérience. C'est comme s'il était touché par une baguette magique qui l'enfonce ou qui le sort de l'influence du neuroleptique. Cette baguette, c'est évidemment un réflexe conditionné raccourci. L'ensemble de l'ambiance expérimentale signale d'un côté du couloir la condition expérimentale «tonus faible», de l'autre côté «tonus élevé». Lorsque le chien est bien entraîné, l'élévation réflexe conditionnée du tonus central suffit pour contrecarrer l'influence du médicament et l'animal se comporte comme s'il n'avait pratiquement pas reçu de chlorpromazine. Bien entendu, cet effet est limité; en effet, si la dose de neuroleptique est élevée, par exemple 10-15 mg/kg, viv, l'effet du médicament se manifeste dans n'importe quelle condition expérimentale.

Compte tenu du fait que, d'une part l'effet sédatif de la chlorpromazine implique essentiellement la formation réticulaire méso-diencéphalique et que, d'autre part, le réflexe conditionné raccourci est un phénomène essentiellement cortical, nous avons appelé ce réflexe conditionné raccourci, «cortico-réticulaire». En effet, tout se passe comme si, au signal de l'ambiance expérimentale indiquant «tonus élevé», l'excitabilité réticulaire était augmentée et par conséquent la dose active, mais modérée de chlorpromazine n'était plus assez efficace.

Nous voyons encore une fois, à la lumière de cet exemple, combien des facteurs autres que le produit lui-même influencent de manière critique les effets d'un médicament. On peut, par exemple, prendre un somnifère et s'endormir facilement si l'on se couche, alors qu'on peut rester éveillé malgré le somnifère si un événement intéressant ou une alerte interviennent. Il faut une fois de plus souligner que cela n'est valable qu'endéans certaines limites et que, par exemple, rien ne pourra nous empêcher de dormir si on a pris une dose narcotique de somnifère. Quant au réflexe conditionné «cortico-réticulaire», il attire notre attention sur le fait que des mécanismes corticaux d'*anticipation* peuvent également moduler les effets des médicaments, avant même que n'interviennent les événements en question. Dans ce cas, et en fonction du type de médicament et de la connotation affective de l'événement signalé, l'effet du médicament peut être renforcé ou antagonisé, totalement ou partiellement. Nous verrons dans le paragraphe suivant que ces anciennes expériences ont été confirmées récemment, sur un plan théorique général, dans un modèle très différent, l'habituation pharmacologique, et sur une autre espèce animale.

Avant de développer ce point, voyons cependant encore un autre aspect des interactions réflexe conditionné-médicaments, tel qu'il apparaît dans les expériences très connues de Corson (1967) et de Corson et O'Leary (1968) dont nous avons décrit le principe au chapitre 5. Rappelons que dans la chambre expérimentale, dans laquelle les chiens reçoivent d'habitude les chocs douloureux précédés d'un signal avertisseur (son), ils présentent tous les signes de stress même si on ne les choque pas et on ne les stimule pas.

Corson et ses collègues *(ibid.)* ont appliqué leur méthode aux études psychopharmacologiques. Ils ont essentiellement montré que seules les substances anxiolytiques, les tranquillisants comme le méprobamate par exemple, sont coupables de diminuer considérablement les effets neuro-végétatifs des signaux du stress. C'est encore un exemple de l'utilité des méthodes pavloviennes pour la psychopharmacologie (voir fig. 21).

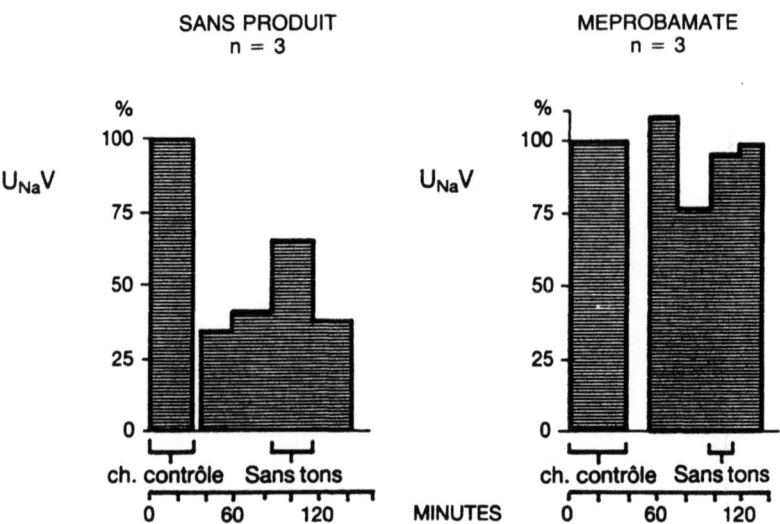

Fig. 21. L'effet du méprobamate sur les réponses neurovégétatives de la réponse conditionnée à l'ambiance expérimentale (d'après Corson et O'Leary, 1968). Le méprobamate rétablit un niveau normal du flux urinaire dans les conditions de stress (voir détails dans le texte).

2. Habituation pharmacologique différentielle en fonction de l'environnement

Nous avons évoqué auparavant le fait que, comme l'a souligné Gantt (1970, 1972), pour beaucoup de médicaments à action centrale on a réussi à «conditionner» leur activité. Ainsi par exemple, en donnant au chien de l'alcool dans une chambre expérimentale, Speranski avait réussi à montrer que dans cette ambiance expérimentale, les chiens manifestent un comportement d'«ébriété», même après avoir reçu de l'eau. De même Delov (1949) a pu conditionner les effets électrocardiographiques de la morphine alors que Eikelboom et Stewart (1979) ont conditionné l'hyperthermie morphinique, toujours en relation avec l'ambiance expérimentale. L'expérience récente de Poulos et Hinson (1982) élargit la portée de ces travaux à un paradigme expérimental particulièrement intéressant, à savoir celui de l'habituation pharmacologique.

Il est bien connu en effet que l'organisme s'habitue progressivement aux substances exogènes comme les médicaments, lorsque ceux-ci sont administrés régulièrement, jour après jour. Le célèbre sultan oriental de culture hellénique Mithridate a utilisé cette connaissance afin de pouvoir résister à une éventuelle tentative d'empoisonnement: il absorbait tous les jours de petites quantités de poison et avait ainsi progressivement réussi à résister à des quantités de plus en plus importantes. De là le terme de «mithridatisation» donné à ce type d'immunisation contre les poisons, qui fait qu'on peut résister à une dose de poison qui, auparavant, aurait été mortelle. Certains médicaments comme la morphine, par exemple, induisent plus facilement que d'autres l'habituation, qu'on appelle aussi «tolérance». Cette propension est d'ailleurs assez ennuyeuse, car pour obtenir le même effet contre la douleur, le malade doit prendre des quantités de morphine de plus en plus importantes. Il peut ainsi atteindre des doses franchement toxiques et, par ailleurs, ce besoin constant et grandissant pour la substance donnée est également à la base des toxicomanies.

Poulos et Hinson ont utilisé, pour leur expériences d'habituation chez le rat, de l'haloperidol, antipsychotique différent de la chlorpromazine, de la classe chimique des butyrophénones. Injecté par voie intrapéritonéale à la dose appropriée, il provoque des effets sédatifs ainsi qu'une raideur caractéristique des pattes, la catatonie, qui peut être mesurée et quantifiée par des tests relativement simples. On sait de plus que si les mêmes rats sont injectés tous les jours, ils développent progressivement une habituation à l'haloperidol. Ainsi par exemple, après 21-23 jours d'injections quotidiennes, l'haloperidol ne provoque plus, ou très peu, de catatonie. On dit que les sites spécifiques des cellules nerveuses sur lesquels agit le médicament, à savoir les récepteurs, s'«habituent». On suppose par là qu'ils subissent des changements subtils dans leurs propriétés physico-chimiques, les rendant de moins en moins sensibles au produit. Celui-ci, injecté aux doses habituelles aura donc de moins en moins d'effet. L'expérience de Poulos et Hinson va cependant nous montrer que la réalité est beaucoup plus complexe. Les auteurs ont injecté chaque rat deux fois par jour, mais chaque fois dans une chambre différente, une fois avec l'haloperidol et une autre fois avec du liquide physiologique, c'est-à-dire du placebo ou substance inactive. Ainsi, par exemple, dans la chambre A un rat reçoit le placebo et cela ne lui fait bien entendu aucun effet; dans la chambre B le même rat reçoit de l'haloperidol qui provoque la catatonie. On constate que, comme prévu, après environ 23 jours, dans la chambre B, les rats montrent une habituation à l'haloperidol: le produit ne provoque plus de catatonie. Cependant, quand l'habituation est bien installée, on constate un fait extrêmement intéressant. Si l'haloperidol est injecté dans la chambre A, c'est-à-dire là où les animaux reçoivent d'habitude le placebo, il provoque le même degré de catatonie que s'il avait été injecté pour la première fois. On arrive ainsi à la situation suivante: le même rat «est» ou «n'est pas» habitué au médicament selon la chambre expérimentale. Si l'haloperidol lui est administré dans la chambre dans laquelle il s'«attend» à le recevoir, l'habituation est manifeste: catatonie absente ou extrêmement réduite. Si par contre, le médicament lui est donné dans la chambre où il ne s'«attend» pas à le recevoir, il n'y a pas d'habituation: la catatonie est belle et bien présente! Ainsi, pour un médicament aussi puissant que l'haloperidol, le même rat montre ou ne montre pas d'habituation en fonction de ce qu'il «attend»: s'il s'attend à recevoir le médicament, il est «habitué»; s'il ne s'y attend pas, il n'est pas habitué! Mais que signifie pour un rat «s'y attendre»? Cela veut dire que l'ambiance expérimentale, par le truchement d'un réflexe conditionné raccourci, et donc par des mécanismes télencéphaliques complexes, lui signale «haloperidol» ou «placebo». Le rat va réagir au médicament en fonction de ces signaux du milieu environnant, donc de manière souple, flexible. Sa réaction pourra donc être différente selon le moment. Elle ne va pas dépendre uniquement d'une adaptation structurale supposée des récepteurs, ou d'un changement du nombre de récepteurs actifs, dus à l'administration répétitive de la même substance. Tous ces mécanismes, d'une certaine manière «périphériques», cellulaires, sont subordonnés à des mécanismes intégratifs, à des commandes supérieures, en provenance du cerveau et notamment du cortex cérébral. Ce sont ces derniers qui vont décider de la réponse au médicament: habituation ou pas. Par ailleurs, cette réponse n'est pas «une fois pour toutes», elle reste souple, adaptable aux signaux du milieu environnant.

Bien entendu les expériences de Poulos et Hinson mériteraient tout d'abord d'être reproduites dans d'autres laboratoires car, en cas de confirmation, elles pourraient à notre avis avoir des implications théoriques et pratiques considérables. En effet, dans la mesure où la tolérance est un pas vers la toxicomanie, ces expériences pourraient servir de modèle relativement simple pour aborder le problème des mécanismes intégratifs — au niveau anatomo-physiologique et neurochimique — qui assument, au plus haut niveau cérébral, cette régulation des relations médicament/organisme récepteur. Cet aspect nous semble d'autant plus important que ce n'est pas seulement la drogue, loin s'en faut, qui fait le drogué, mais davantage la personnalité du toxicomane et ses interactions avec le milieu socio-culturel et familial.

Sur un plan pharmacothérapeutique général, ces expériences, ainsi que celles qui utilisent le «double stéréotype», contribuent à dresser l'inventaire des multiples facteurs dont dépendent les effets à court et à long terme d'un médicament. Ces expériences contribuent donc à la compréhension des variations de réactivité à un médicament, d'un sujet à l'autre et, pour le même sujet, d'un moment à l'autre.

Prenons, pour le développer en tant que source d'hypothèses de travail, l'exemple de la méthode des «deux stéréotypes». Dans notre laboratoire de Bucarest, Zuckerman et Bufty (1960) ont implanté chroniquement des canules chez des chiens, au-dessus du sinus veineux longitudinal de la dure-mère. Ce sinus draine du sang veineux, presque exclusivement d'origine corticale. Par la canule, et sans abîmer le sinus, on peut faire des prélèvements de sang du sinus veineux longitudinal. Les auteurs ont dosé biologiquement l'acétylcholine dans le plasma du sang ainsi collecté et cela dans trois situations différentes: a) «au repos», c'est-à-dire chez le chien qui, amené du chenil, a passé à peu près une heure dans une salle «neutre» avec l'expérimentateur; b) tout de suite après une expérience de réflexes conditionnés dans la chambre «Pavlov» et c) tout de suite après une expérience dans la chambre «Kupalov». Zuckerman et Bufty ont montré qu'après une expérience dans cette dernière condition, le taux d'acétylcholine liée aux protéines dans le plasma du sang veineux cortical est significativement augmenté. De plus, dans des expériences préliminaires qui n'ont pas été publiées, ils ont également observé cette augmentation cholinergique même si le chien ne «travaille» pas dans la chambre «Kupalov» mais reste seulement quelques minutes devant la porte de cette chambre. Bien sûr, comme on vient de le voir, ces expériences, bien que significatives, sont restées préliminaires et ont été réalisées avec les méthodes neurochimiques de l'époque. Elles mériteraient donc, à notre avis, d'être reproduites, en utilisant une méthodologie moderne, surtout sur le plan neurochimique. En cas de confirmation, elles prendraient alors toute leur importance. En attendant, admettons-les quand même comme point de départ possible, comme prémices de travail. D'autant plus que nous avons également prouvé (Giurgea et Stoica, 1955) que la résistance aux névroses expérimentales lors des procédures névrogènes appliquées dans les conditions pavloviennes, est nettement augmentée chez les chiens qui ont «travaillé» 3 ou 4 heures auparavant dans la chambre «Kupalov». Ce sont réellement les conditions expérimentales dans leur ensemble qui sont responsables de cet effet favorable, protecteur vis-à-vis de conditions névrogènes. En effet, dans des expériences de contrôle, au lieu de travailler dans la chambre «Kupalov», les chiens sont simplement promenés quelques minutes et ils reçoivent pendant cette promenade la même quantité de nourriture que s'ils avaient effectué l'expérience des réflexes conditionnés en comportement libre. Si, 3 ou 4 heures après cette expérience «sham» (fictive) ils sont soumis, dans la chambre «Pavlov», à la procédure névrogène respective, il n'y a aucune protection.

En conclusion, il nous semble utile d'attirer l'attention sur ces anciennes expériences qui ont montré des changements tellement spectaculaires dans la réactivité pharmacologique et dans la résistance aux situations névrogènes en fonction des modulations du tonus central et de sa régulation réflexe conditionnée. En avançant dans la connaissance neuro-endocrinologique et neurochimique de telles interactions médicament / organisme / environnement, nous atteindrons des niveaux d'autant plus élevés dans la compréhension des modes d'action des substances psychotropes et nous serons par conséquent mieux à même de prédire correctement la valeur thérapeutique et clinique de ces médicaments. C'est dans ce sens que nous comprenons, comme nous l'avons dit au début de ce chapitre, la modernité des approches pavloviennes de la psychopharmacologie. Il ne s'agit nullement de plaider pour un retour en arrière ou de sous-estimer l'impact théorique et pratique des connaissances modernes aux niveaux électro-physiologique, neurochimique, cellulaire et subcellulaire, sur l'avenir de la psychopharmacologie. Il s'agit seulement d'ajouter à nos études et à notre façon de penser, la dimension holistique qui tient compte de l'organisme humain dans sa triple intégration, neurophysiologique, historique et socio-culturelle.

7.3. L'APPORT METHODOLOGIQUE

Il est apparu aux chapitres précédents que l'école pavlovienne a laissé un important héritage méthodologique à la recherche psychopharmacologique.

C'est en effet à Pavlov et à ses élèves que revient le mérite d'avoir élaboré une série de techniques expérimentales qui ont permis l'étude de l'influence des substances aujourd'hui appelées psychotropes, sur la sphère mentale. Toutes les variantes des réflexes conditionnés classiques, englobant des réponses motrices, viscérales (cardiaques, respiratoires, digestives, excrétoires, etc.), endocriniennes, électrophysiologiques, etc. se sont développées pour la plupart dans les laboratoires de Pavlov et de ses élèves, et nous ne les reprendrons pas ici. Par ailleurs, en nous référant précédemment aux anciens travaux du laboratoire de Pavlov, puis à ceux de Gantt et à ceux de Corson, nous avons quand même eu un bref aperçu de quelques-uns de ces modèles. Ils ont fait éclater le cadre théorique restreint du behaviorisme watsonien, qui cherchait à décrire les multiples et sans doute importantes relations stimuli-réponses, plutôt qu'à savoir ce qui se passait pendant ce temps dans la «boîte noire», le cerveau. C'est l'école pavlovienne qui a par ailleurs fait naître un intérêt croissant pour la recherche psychophysiologique et a ainsi contribué à l'essor des écoles d'inspiration skinnérienne.

Du point de vue psychopharmacologique de l'ANS, il est vrai que la plupart des études disponibles sont faites avec des techniques de conditionnement opérant et sur rats (voir, par exemple, l'excellente revue de Mc Gaugh, 1973). Ces études présentent plusieurs avantages: elles facilitent l'automatisation et le traitement informatisé des données, elles permettent aussi d'utiliser un plus grand nombre d'animaux par dose qu'avec des chiens et une moins grande quantité de produit par étude. Loin de nous donc l'idée de déconsidérer ces travaux. Nous avons voulu dans ce chapitre attirer l'attention sur un univers dont le discours est différent du discours habituel, sur sa priorité historiques certes, mais surtout sur la richesse, à notre avis trop souvent négligée, des approches psychopharmacologiques pavloviennes.

Il est effectivement difficile de considérer que des expériences comme celle de Gantt sur son chien névrotique «Nick», observé pendant 12 ans (!), puissent servir de modèle psychopharmacologique courant. Il est vrai également que le fait d'utiliser des modèles du type névroses expérimentales, ainsi que des concepts comme ceux d'autokinesis, de types de systèmes nerveux centraux, d'inhibition interne, de lois de l'ANS, etc., pourrait donner des dimensions nouvelles à la psychopharmacologie. Prenons à ce sujet un seul exemple, celui des développements techniques et conceptuels de Khananashvili et de son groupe de recherche de Tbilissi. Khananashvili a particulièrement développé le modèle de Kupalov, les réflexes conditionnés en comportement libre. Parmi ces développements, citons l'autostimulation, les études neurochimiques et morphologiques in vivo et la névrose informationnelle.

Autostimulation: Les chiens sont entraînés suivant la méthode de Kupalov mais ils ont subi au préalable l'implantation de plusieurs électrodes dans le cerveau (dans l'amygdale, le septum, le cortex frontal, occipital, l'hippocampe, etc.). Le chien qui est libre de ses mouvements peut choisir, pendant l'intervalle de temps entre les stimuli conditionnés, l'emplacement qui lui convient. Le plancher de la chambre est divisé en quelques grands rectangles assez visibles. Par un dispositif électronique de téléstimulation placé sous chaque rectangle, le chien peut s'autostimuler dans la région pour laquelle il développe une certaine préférence en choisissant le rectangle approprié. Précisons que le terme «autostimulation» n'est pas pris ici dans le sens de celui qu'Olds avait employé pour les rats. Dans le paradigme d'Olds, le rat, en appuyant sur un levier, s'autostimule autant de fois qu'il appuie. C'est le seul renforcement, la seule motivation pour laquelle il travaille. Le chien de Khananashvili répond aux stimuli conditionnés positifs en sautant sur une table où il trouve son renforcement, la nourriture. Ce n'est qu'au cours des intervalles entre les stimuli conditionnés que, par le choix d'un rectangle, il recevra une brève stimulation intra-crânienne, dont les paramètres et la durée sont déterminés par l'expérimentateur. Il peut par ailleurs choisir de ne pas s'autostimuler s'il reste sur un rectangle déterminé qui lui, ne délivre aucune stimulation.

Khananashvili a décrit en détails comment chaque chien, en fonction de ses caractéristiques typologiques mais surtout en fonction de son état fonctionnel, choisit de ne pas s'autostimuler ou bien de le faire, et dans quelle région du cerveau. Très souvent par exemple, les animaux choisissent une région rhinencéphalique au début de l'apprentissage, puis quand l'apprentissage est bien en route, ils préfèrent ne plus s'autostimuler. Ils recommencent à s'autostimuler lorsqu'ils sont soumis à des procédures névrogènes et peuvent changer l'endroit d'autostimulation au cours de l'évolution de l'état névrogène.

Il est évident qu'une telle méthodologie trouvera sa place dans l'étude des mécanismes anatomo-physiologiques impliqués non seulement dans les névroses expérimentales, mais aussi dans l'action des médicaments psychotropes.

Etude neurochimique et morphologique in vivo: Dans certaines de ses expériences, Khananashvili implante des canules dans divers endroits du cerveau ainsi que dans les ventricules cérébraux. Grâce à cette méthodologie, il peut récolter du liquide céphalo-rachidien et il peut aussi faire des biopsies cérébrales en vue d'études neuro-histo-chimiques et/ou de microscopie électronique. La méthode, dont les résultats très intéressants doivent encore être élargis et confirmés, ouvre ainsi une voie toute nouvelle permettant l'étude dynamique et in vivo d'éventuelles modifications neuro-chimiques et morphologiques caractéristiques, à la fois des états névrotiques du chien et des interventions psychopharmacologiques.

La névrose «informationnelle»: Comme on l'a évoqué dans son chapitre respectif, Khananashvili a imaginé et étudié depuis quelques années, un procédé névrogène nouveau qui rappelle des situations de stress dans notre vie quotidienne. Le principe de la méthode est le suivant. Dans une chambre Kupalov à trois tables, le chien apprend tout d'abord que pour tel stimulus conditionné positif il doit sauter sur la table A, pour un autre sur la table B et pour un troisième sur la table C. Il doit chaque fois revenir à un emplacement conditionné qu'il ne doit par ailleurs pas quitter lors de la présentation d'un stimulus conditionné négatif (une discrimination). Chaque fois qu'il se trompe, il ne trouve pas la nourriture et le nombre de stimuli conditionnés par jour est fixe. Se tromper est donc assez conséquent pour le chien, car c'est dans la chambre d'expérience qu'il reçoit toute la nourriture de la journée. Au chenil il ne reçoit que de l'eau.

C'est une tâche assez difficile pour les chiens mais beaucoup arrivent à l'accomplir. C'est alors que les choses se compliquent, car l'expérimentateur déclenche les stimuli conditionnés dès que le chien se trouve à l'emplacement conditionné et, pour trouver la nourriture, il doit non seulement ne pas se tromper de table, mais encore sauter immédiatement, dès l'application du stimulus. L'animal doit donc prendre très *rapidement* des décisions *importantes* — il y va de son «pain quotidien»! —, et *difficiles* — choisir entre trois tables celle qui correspond au stimulus. La plupart des chiens développent évidemment, plus ou moins rapidement, des névroses expérimentales avec leur cortège symptomatique classique, depuis les troubles comportementaux jusqu'aux perturbations de type cortico-viscéral (gastrites, diarrhée, ulcères d'estomac, eczéma, etc.). C'est ce type de névrose que Khananashvili a appelée «informationnelle» car elle s'apparente aux stress de notre vie courante: nous devons souvent prendre trop vite des décisions importantes et difficiles. Tous les chiens ne font cependant pas la névrose et parmi ceux qui la font, certains résistent plus longtemps que d'autres. Ceux-là, les plus résistants, trouvent un «truc» comportemental très probablement lié au fait qu'ils résistent. Ils trouvent le seul degré de «liberté» permis par cette procédure: ils sautent vite sur la table lors des stimuli conditionnés, mangent leur portion puis reviennent très lentement vers l'emplacement conditionné, ils «prennent leur temps»! En effet, l'expérience n'est pas limitée dans le temps; seul le nombre de stimuli conditionnés est limité. Ils ne ratent ainsi aucune portion de nourriture, car dès qu'ils arrivent à l'emplacement conditionné, l'expérimentateur déclenche le stimulus suivant et ils doivent alors courir vite et sans se tromper. Une fois la réponse correcte récompensée, ils regagnent de plus en plus lentement l'emplacement conditionné! La différence par rapport au début des expériences est très importante. En effet le temps total «table-emplacement conditionné» augmente progressivement de 10 à 20 fois! Le fait intéressant dans ce paradigme expérimental est qu'on a l'impression de mesurer un paramètre vraiment cognitif, une sorte de «compréhension» de ce qu'on peut faire pour trouver une solution au problème difficile auquel ces animaux sont confrontés. Khananashvili présente des arguments théoriques et expérimentaux plaidant en faveur d'une intégration corticale pour cette activité cognitive. Des études pharmacologiques préliminaires montrant la possibilité de protection envers cette procédure névrogène sont déjà disponibles.

NOTE

[9] La Chlorpromazine (Largactil) est un dérivé de la phénothiazine, doué de propriétés antipsychotiques. Il est le premier des «neuroleptiques», appelés ainsi parce qu'ils provoquent comme effets secondaires, des troubles neurologiques caractéristiques, qui ressemblent à la maladie de Parkinson.

L'avenir de Pavlov

« Le nom de Pavlov sera beaucoup mieux connu cent ans après sa mort que pendant sa vie. »

H.G. WELLS, 1927

La prophétie de H.G. Wells concernant Pavlov est en train de se réaliser comme par ailleurs bien d'autres émises par ce visionnaire rationaliste. En effet, cinquante ans après sa mort, l'importance de Pavlov ne s'affaiblit pas. Bien au contraire, les concepts théoriques de l'école pavlovienne sont de plus en plus acceptés comme bases rationnelles de nouveaux développements dans la recherche psychophysiologique et psychopathologique. Il est un fait généralement admis, qu'un des problèmes les moins bien résolus, bien que crucial pour notre avenir, est celui de l'intégration et des interrelations entre le cerveau, le comportement et la pensée. Pavlov reste sans doute un des plus grands penseurs et chercheurs que l'histoire ait connu dans ce domaine. Pavlov, comme nous l'avons vu tout au long des chapitres précédents, a été un grand innovateur, un défricheur des voies originales en vue de trouver de nouvelles vérités, des méthodes, des concepts et même des philosophies nouvelles. Il a radicalement transformé notre manière de considérer le rôle de l'homme dans son environnement, la nature de cette pensée humaine, les possibilités de maîtriser la pensée et d'améliorer rationnellement son efficience, en un mot, la manière de comprendre l'homme à travers son activité mentale. Il est évident que Pavlov a compris et a répondu substantiellement au cri socratique :

« Connais-toi toi-même », dont le vrai sens était de se connaître pour s'améliorer.

Il est vrai que de grands précurseurs ont existé, et Pavlov leur a rendu l'hommage qui leur était dû, tels par exemple Jacques Loeb, Herbert Jennings et surtout Edward Thorndike. C'est cependant Pavlov qui fut le véritable architecte idéologique du système actuel de pensée dans l'approche du comportement animal. Les écoles behavioristes américaines et l'éthologie en général n'auraient pu progresser dans leurs recherches et dans leurs idées sans les concepts pavloviens que nous avons brièvement évoqués ici, comme par exemple le réflexe conditionné et la connexion temporaire, l'extinction, la généralisation et la discrimination, les réponses retardées, le conditonnement du second degré, le conditionnement aux stimuli conditionnés complexes, l'inhibition et la désinhibition, le tonus central et sa régulation, le réflexe d'orientation, les névroses expérimentales, le deuxième système de signalisation, etc.

C'est dans la permanence des concepts fondamentaux et dans l'orginalité théorique de la méthodologie du conditionnement que se trouve la clef pour comprendre le mystère de l'avenir de Pavlov. Nous en évoquerons ci-après quelques aspects seulement à titre d'exemples, liés tous à ce qui nous semble avoir été l'ambition suprême de Pavlov, à savoir : objectiver le monde subjectif.

Un domaine qui illustre la manière dont les concepts pavloviens fertilisent la méthodologie post-pavlovienne est celui de l'électrophysiologie. C'est en effet à partir des années trente que M.N. Livanov, ainsi que A.B. Kogan, ont commencé leurs études systématiques pour détecter des corrélations électrophysiologiques aux paramètres comportementaux de l'apprentissage. Livanov a par exemple étudié l'EEG chez le lapin soumis à l'apprentissage d'un réflexe conditionné classique de défense. Le stimulus conditionné était un flash stroboscopique, donc une lumière clignotante à fréquence donnée. Le renforcement était un choc électrique douloureux inévitable sur une patte et l'animal était immobilisé à l'aide d'un hamac dans une chambre obscure. Assez curieux pour un pavlovien, le choix du lapin! Livanov explique que son choix a été guidé par deux raisons, une raison pratique et une raison théorique. Raison pratique : le lapin se laisse facilement manipuler et une fois immobilisé dans le hamac approprié, il reste relativement calme, ce qui facilite l'enregistrement EEG. C'était important à l'époque car les difficultés techniques étaient considérables. Raison théorique : le lapin apprend lentement cette tâche, il faut quelques jours et à peu près 100 associations avant qu'il ne présente, au stimulus visuel, la réaction conditionnée de défense. Ainsi, dans un apprentissage qui se déroule «au ralenti» il est plus aisé de détecter des signes EEG qui accompagnent ou précèdent le conditionnement. En effet Livanov a observé que, un jour ou deux avant l'apparition du réflexe conditionné moteur, on constate des réponses EEG différentes de celles du début de l'expérience. Ainsi apparaît notamment le phénomène d'«assimilation» du rythme, c'est-à-dire que sur l'EEG, en particulier sur la dérivation occipitale, on enregistre pendant la stimulation visuelle, un rythme qui est du même ordre que celui de la stimulation. Plus on avance dans le conditionnement, plus ce phénomène est régulier. Comme on sait que l'assimilation du rythme est en rapport avec l'excitabilité corticale, le phénomène décrit par Livanov confirme le point de vue de Pavlov concernant le rôle critique du cortex cérébral dans le conditionnement et offre une approche méthodologique à l'étude des corrélations électrophysiologiques du conditionnement. Le lecteur intéressé trouvera dans l'excellente revue générale de Rusinov et Rabinovitch (1958) l'abondante littérature au sujet des premières études des auteurs soviétiques dans ce domaine. En Occident, le premier travail dans cette direction est celui de Durup et Fessard (1935). Ils étudiaient chez l'homme la réaction d'éveil, c'est-à-dire l'arrêt du rythme alpha à un flash lumineux. L'EEG était suivi sur un écran oscilloscopique et pour chaque flash ils prenaient une photographie, car il n'y avait, à l'époque, pas d'autre moyen pour enregistrer l'EEG. Les auteurs ont constaté que rien que le déclic de l'appareil photographique provoquait, après quelques associations, la réaction d'éveil, même quand le stimulus visuel n'était pas appliqué. Durup et Fessard ont ainsi montré qu'un réflexe conditionné avait été établi, avec le clic comme stimulus conditionné et la réaction d'éveil comme réponse conditionnée.

La découverte fortuite de Durup et Fessard — encore un exemple de sérendipité ! — a été confirmée et élargie par Jasper et Shagass (1941) puis par d'autres auteurs, notamment Morrell et Ross (1953), Morrell et al. (1956), etc. L'ensemble des données électroencéphalographiques novatrices dans le domaine du conditionnement chez l'homme, ont été revues par Gastaut (1957, 1958).

Un autre aspect important est celui du caractère diffus ou au contraire focalisé des signes EEG du conditionnement, en fonction du temps. Ainsi, par exemple, Morrell et Ross (1953) ont utilisé chez des sujets normaux, l'association d'un son qui ne provoque pas la réaction EEG d'éveil, avec un flash lumineux qui la provoque très rapidement : après 9-10 associations, la réaction d'éveil apparaît au son. Au début du conditionnement, on observe l'arrêt du rythme alpha sur l'ensemble des dérivations : le réflexe conditionné touche donc largement le cortex cérébral. A un stade ultérieur, après de nombreuses associations, on constate que le rythme alpha est bloqué par le son mais uniquement sur le cortex occipital, c'est-à-dire sur l'aire de projection du stimulus non conditionné.

Parmi les études novatrices dans ce domaine, il faut encore citer celles de John et de ses collègues (1961) qui, chez le chat, ont établi des corrélations entre un tracé EEG lent et l'inhibition de discrimination.

L'importance de ces travaux, qui ont établi les première corrélations EEG-réflexes conditionnés, est double.

D'une part, ces études et beaucoup d'autres qui ont suivi, confirment les idées fondamentales de Pavlov. Elles confirment en effet qu'en étudiant l'activité nerveuse supérieure, on peut non seulement avancer dans la compréhension des performances du cerveau, mais qu'on peut aussi intervenir pour les modifier : en associant convenablement et un nombre suffisant de fois deux signaux, l'un d'entre eux auparavant «indifférent», le stimulus conditionné, peut finalement provoquer la réponse qui, au début, était induite seulement par le stimulus non conditionné. Pavlov avait ensuite postulé qu'à la base de ce comportement acquis, appris, il devait y avoir de nouvelles connexions fonctionnelles, essentiellement au niveau cortical. Les études EEG ont effectivement confirmé des changements dans l'activité électrique du cortex cérébral comme expression de la formation des nouvelles connexions temporaires, à caractère adaptatif. De plus, ces changements dans l'activité électrique corticale sont au départ généralisés et ensuite focalisés, ce qui correspond tout à fait à la généralisation initiale et à la concentration ultérieure que Pavlov avait décrites dans la séquence temporelle de l'établissement d'un réflexe conditionné.

En général, les études électrophysiologiques confirment donc, dans le cerveau, des traits fondamentaux du concept pavlovien sur l'activité réflexe conditionnée, concept qui — à cause des limitations techniques de l'époque — fut essentiellement basé sur le comportement, donc sur des critères périphériques.

D'autre part, la possibilité d'investiguer directement le processus d'apprentissage, en enregistrant l'activité des foyers neuronaux dans lesquels les événements se déroulent, représente un grand espoir de pouvoir aller plus profondément dans les mécanismes intimes de l'apprentissage et de la mémoire. On trouve un exemple d'une pareille «descente» dans les abîmes de l'apprentissage, dans les travaux classiques de Yoshii et al. (1957), eux-mêmes représentant un développement de ceux de Morrell et Jasper (1956). Ces derniers ont utilisé l'association d'un son avec une lumière intermittente. Lorsque le conditionnement était effectif, le son seul provoquait sur le cortex visuel des réponses rythmiques dont la fréquence était celle du stimulus visuel. Yoshii et al. (1957) ont étudié la même réponse conditionnée chez le chat, mais en enregistrant en plus l'activité électrique de la formation réticulaire. Ils ont découvert que l'apparition des réponses répétitives au son est tout d'abord observée dans la formation réticulaire et plus tard seulement sur le cortex cérébral. De plus, le même groupe de Yoshii ainsi que Doty

(1959) et Morrell (1958), ont démontré que des lésions dans les noyaux non spécifiques du thalamus et dans certaines régions du tronc cérébral, empêchent ce type de conditionnement.

Dans l'ensemble ces études, tout en soulignant — comme l'a fait Pavlov — l'importance du cortex cérébral dans le conditionnement, ont quand même attiré l'attention sur le rôle non négligeable de certaines structures sous-corticales dans l'apprentissage. Ajoutons que Pavlov lui-même était en général assez prudent dans ses écrits. En effet, ses « leçons » réputées s'intitulent : « Leçons sur la Physiologie des Hémisphères Cérébraux », et non pas sur la physiologie du cortex cérébral. De même, dans la plupart de ses écrits, lorsqu'il parle des structures essentielles pour la connexion temporelle, il parle du « cortex cérébral et des structures sous-corticales les plus proches ». Peu importe par ailleurs que la stricte « orthodoxie » pavlovienne soit quelque peu élargie par les études électroencéphalographiques mentionnées, car Pavlov lui-même n'était pas un dogmatique et il ajustait chaque fois ses théories aux réalités expérimentales (voir à ce sujet l'Annexe B). L'essentiel c'est que, d'une part, la méthodologie électrophysiologique ait généralement confirmé les concepts fondamentaux de Pavlov et que, d'autre part, elle ait permis et permette encore des ouvertures nouvelles dans la connaissance des mécanismes intimes du conditionnement. Grâce à cette heureuse conjonction entre le comportement et l'activité électrique du cerveau, il est devenu possible de continuer l'essentiel de l'œuvre de Pavlov, l'approche physiologique de l'activité mentale. Par le comportement déjà, et encore davantage par les études électrophysiologiques, ce qui semblait une impossibilité théorique devient possible : objectiver le subjectif, ne fût-ce que dans certaines limites.

Reprenons à ce propos les expériences de Livanov, avec l'« assimilation » du rythme du stimulus conditionné. Chez des lapins bien entraînés, on constate que le rythme « assimilé » a tendance à apparaître spontanément dans les intervalles entre les associations, en dehors donc de toute stimulation visuelle. Tout se passe donc comme si le cerveau avait la capacité de se représenter les caractéristiques temporelles d'un stimulus, en son absence. Ce phénomène a été confirmé chez d'autres espèces animales. Ainsi, par exemple, John et Killam (1959) ont entraîné un chat à fournir une réponse motrice à un stimulus lumineux intermittent (SLI1) à une fréquence donnée (F1). Lorsque le conditionnement est bien établi, on enregistre sur l'EEG, au SLI1, des rythmes à la fréquence F1. La présentation aléatoire d'une autre stimulation lumineuse intermittente (SLI2) à une autre fréquence (F2) montre le phénomène de généralisation, c'est-à-dire que SLI2 déclenche la même réponse conditionnée que SLI1. Pendant la généralisation, les rythmes corticaux enregistrés ont la fréquence F1, donc celle du stimulus conditionné (SLI1) et non pas celle du stimulus aléatoire (SLI2).

Toutes ces études et d'autres qu'on retrouve dans la revue générale de John (1961), montrent que le cerveau possède la capacité de déclencher une sorte de «représentation», d'«image», des séquences temporelles des stimulations auxquelles il a été soumis au préalable. Ce phénomène électrophysiologique est probablement analogue aux processus qui ont mené Beritashvili et Konorsky à suggérer la notion d'«image» cérébrale de l'expérience antérieure, suite à des observations comportementales sur des chiens. Konorsky (1967) montre, par exemple, que si un chien est nourri dans une pièce, même une seule fois, et qu'on le remet dans cette même pièce le lendemain ou même quelques jours plus tard, et que dans la pièce, à l'aide de paravents, on a placé quelques chicanes, le chien va chercher et va retrouver l'endroit précis où il a reçu la première fois la nourriture. En se référant à des expériences analogues de Beritashvili et aux interprétations qu'il en a faites, Konorsky dit que le chien se comporte comme si, en entrant dans la pièce respective, il a en tête une «image» de l'endroit où il a mangé. C'est en se guidant d'après cette image qu'il arrive, malgré les chicanes, à s'orienter spatialement et à retrouver l'endroit voulu.

Il est probable qu'à la base de ces «représentations» au niveau cérébral des éléments de l'espace expérimental ainsi que des séquences temporelles des stimuli conditionnés, il y ait le mécanisme du réflexe conditionné raccourci, mais cela demande encore à être prouvé.

Aborder objectivement le monde subjectif semblait auparavant une impossibilité théorique. Descartes l'a ressenti en son temps et il a trouvé une solution, plutôt de facilité : il a tout simplement nié aux animaux l'existence même d'un monde subjectif, d'une «âme». Pavlov, avec le réflexe conditionné, a ouvert la voie à une approche objective du monde subjectif et les études électrophysiologiques évoquées plus haut ont confirmé la fertilité de cette voie de recherche. Les études de Khananashvili, que nous avons citées à propos de névroses expérimentales, vont dans le même sens : le chien qui choisit une région du cerveau à stimuler, en fonction de l'évolution de l'état névrotique ; les biopsies cérébrales et leur étude morphologique et neurochimique, etc.

C'est dans la même direction que s'inscrit la découverte de Grey Walter sur l'«onde de l'expectation» (ou Variation Contingente Négative) qui apparaît sur l'électroencéphalogramme lorsque le sujet a «saisi», même de manière non consciente, la relation de contiguïté temporelle entre deux stimuli. Par ailleurs, tous les potentiels évoqués dits «contingents à des événements» ou «cognitifs», comme le potentiel «préparatif» ou le «P300» (onde positive qui apparaît à peu près 300 msec après un stimulus visuel), s'inscrivent dans le même large souhait pavlovien : objectiver le subjectif.

Signalons encore, d'après Gantt (1976), que déjà en 1925, donc quelques années avant la découverte de l'acétylcholine par Loewi, Pavlov avait postulé l'existence dans le cerveau, de substances biochimiques responsables de l'excitation et de l'inhibition. Le caractère précurseur et fertile des idées pavloviennes apparaît donc également dans le domaine de la neurochimie de l'apprentissage, en particulier l'étude des neurotransmetteurs (voir la revue du problème dans Jarvik et McGaugh, 1978 et dans Giurgea, 1981). En effet, la tendance actuelle dominante dans ce domaine va vers une intégration des données neurochimiques, comportementales et électrophysiologiques, ce qui fut toujours l'attitude fondamentale de Pavlov — à l'exception de l'électrophysiologie qui était peu développée à l'époque. Aujourd'hui, comme si on poursuivait l'enseignement pavlovien, on ne se contente plus de décrire tel changement — spontané ou induit — dans tel ou tel paramètre comme par exemple les taux de neurotransmetteurs dans le plasma, dans une région du cerveau ou dans une des structures subcellulaires, la recharge présynaptique ou la cascade enzymatique qui mène des précurseurs au neurotransmetteur ou au neuropeptide actif, etc. On essaie surtout de comprendre le sens qu'un tel changement peut avoir pour le comportement, pour l'intégration de l'organisme individuel dans le milieu environnant, physique et social. Dans cette approche non réductionniste, on fait forcément appel aux paradigmes expérimentaux appropriés. La richesse exceptionnelle des approches méthodologiques et théoriques de Pavlov et de son école apparaît ainsi de plus en plus évidente. On a de plus en plus tendance à s'y replonger, non pas de manière dogmatique, comme ce fut le cas dans les années cinquante faisant d'ailleurs beaucoup de tort à toute l'école pavlovienne, mais de manière libre et créatrice. Il s'agit de trouver dans les modèles de Pavlov et de son école, ce qui se prête le mieux à l'application de la méthodologie moderne, depuis les finesses de la régulation des neurotransmetteurs et des propriétés de la membrane cellulaire jusqu'aux subtilités neuroendrocrinologiques et aux études des structures subcellulaires. Ainsi, d'une part les données paramétriques isolées auront une portée intégrative, et d'autre part les concepts théoriques, issus des études exclusivement comportementales gagneront une assise moderne, neurochimique et électrophysiologique et garderont leur intérêt dans l'avenir des neurosciences. La recherche des critères objectifs pour une approche neuro-psychophysiologique du monde subjectif est donc en pleine expansion et, dans cette orientation des neurosciences, réside encore une part importante de l'avenir de Pavlov. D'autre part, nous avons évoqué ailleurs (voir Annexe B) quelques aspects de la personnalité exceptionnelle de Pavlov. Rien cependant n'illustre mieux l'envolée enthousiaste de la pensée de Pavlov que sa «Lettre à la Jeunesse» (voir Annexe D) qu'il a écrite à l'occasion du XVe Congrès International de Physiologie, qu'il a présidé à Leningrad en 1935 (voir fig. 22).

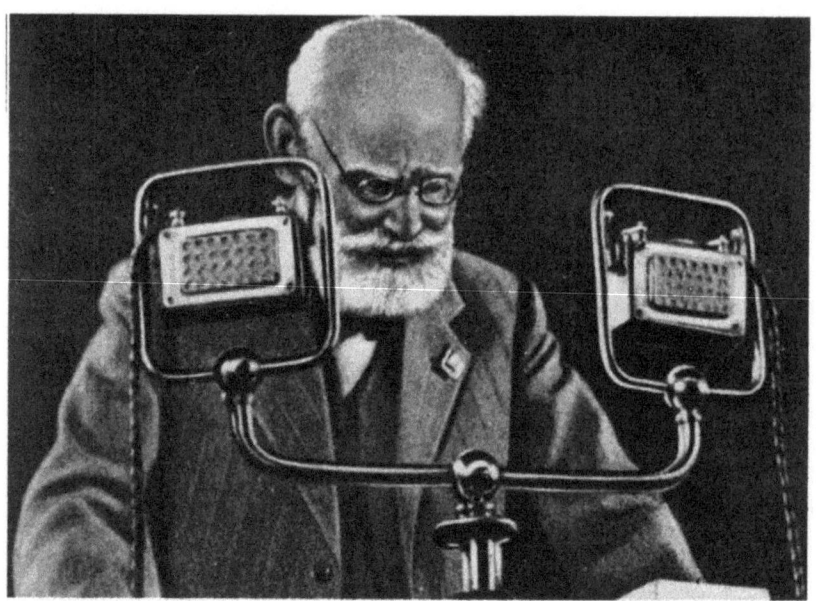

Fig. 22. I.P. Pavlov ouvrant le XVe Congrès International de Physiologie (août, 1935).

Ce magnifique message qu'un «jeune homme» de 86 ans adresse à la jeunesse exprime l'essentiel de la philosophie de Pavlov, philosophie en même temps profonde et simple. Ainsi, une autre part importante dans l'avenir de Pavlov, qui nous permet de mieux comprendre pourquoi il reste avec nous et pourquoi il sera encore avec nos successeurs, réside justement dans la fascination que cette personnalité débordante d'énergie, de courage et de modestie continue et continuera à exercer sur la jeunesse scientifique et sur la jeunesse en général.

Annexe A
L'univers créatif de P.S. Kupalov

*Adaptation française de l'article: Giurgea, C. (1974).
The Creative World of P.S. Kupalov. Pavlovian J.
Biol. Sci., 9(4), p. 192-206.*

Au début des années 20, quelque chose d'inhabituel se passait discrètement dans les «tours du silence» à Leningrad. Comme c'est souvent le cas, personne ne reconnut les conséquences à long terme et la valeur symbolique de l'événement. Un jeune médecin américain venu en Union Soviétique mû par sa générosité humanitaire pour soulager les souffrances imposées par la guerre et la révolution, fut fasciné par Pavlov et par ses idées nouvelles. Il décida de rester plus longtemps et de se joindre un moment à ce groupe de recherche inhabituel. Notre but n'est pas de relater les aventures, dignes d'un Marco Polo, de ce jeune homme qui affronta la toute fraîche nouvelle bureaucratie. Disons simplement qu'il a réussi et qu'au début des années 20, il travaillait à Leningrad avec un autre jeune homme, un Russe, qui avait commencé sa carrière scientifique avec Pavlov à l'Institut de Médecine Expérimentale.

Ces «jeunes lions», l'Américain et le Russe, travaillèrent ensemble de façon extrêmement fructueuse. Ils découvrirent une des lois fondamentales de l'activité nerveuse supérieure, la loi de la «force»: l'amplitude du réflexe conditionné (RC) dépend dans certaines limites de l'intensité physique du stimulus conditionné (SC). De plus, ils développèrent une amitié scientifique et personnelle durable. L'un deux devint le fondateur et le champion de la ligne de recherche pavlovienne aux USA. L'autre resta en Union Soviétique parmi les plus proches collaborateurs de Pavlov et devint un de ses successeurs les plus originaux et les plus créatifs. Son nom était Piotr Stepanovitch Kupalov. J'ai eu le privilège de travailler avec lui personnellement entre 1949 et 1952. Il me parlait souvent de son lointain ami américain qui était évidemment le professeur W. Horsley Gantt. C'est Gantt qui me proposa d'écrire cet article en hommage à son ami, mon professeur et un grand homme de science dont la vie de recherche débuta il y a environ 60 ans.

Le lecteur doit pourtant être prévenu qu'il ne trouvera ici ni une biographie de Kupalov, ni une esquisse de ses idées philosophiques, ni une présentation historique, systématique et exhaustive de ses articles et essais. A travers le regard de quelqu'un qui l'a admiré, le lecteur intéressé trouvera seulement ici un résumé de ce que l'auteur considère comme le plus représentatif de la créativité scientifique de Kupalov. Toute compréhension étant facilitée par un peu de systématisation, voici celle que nous suivrons ci-après: a) la contribution de Kupalov aux bases du concept pavlovien d'activité nerveuse supérieure; b) les concepts propres à Kupalov et ses lignes de recherche.

CONTRIBUTIONS AUX BASES DU CONCEPT PAVLOVIEN D'ACTIVITE NERVEUSE SUPERIEURE

1. Etapes de généralisation et de spécialisation dans l'évolution d'un RC

Kupalov était encore étudiant en médecine lorsqu'il a rejoint Pavlov. Sa première recherche, commencée en 1912-1913, révéla immédiatement une pensée originale, indépendante et créative.

On savait déjà qu'on pouvait obtenir une discrimination entre un stimulus conditionné renforcé (positif) et non renforcé (négatif). Mais à cette époque, les choses n'étaient pas assez claires et on hésitait souvent à accepter une observation comme un fait et donc à en chercher une interprétation ou bien à la rejeter comme un artefact. A ce sujet, L.A. Orbeli (1949) rapporte une anecodte édifiante. Avant la construction des tours du silence, à cause d'imperfections techniques, Pavlov acceptait l'idée d'une sorte de spécificité «innée» du RC. Pourtant, en travaillant avec des stimuli tactiles, quelqu'un obtint d'une manière inhabituellement rapide l'élaboration des RC. Cet auteur essaya alors la stimulation d'autres points de la peau et trouva qu'ils répondaient tous avec des RC.

Le RC était « généralisé », mais ce concept n'étant pas encore connu, Pavlov pensa que l'expérimentateur avait fait une erreur. Cela provoqua une intense discussion dans le laboratoire, suivie du départ du jeune homme. Orbeli rapporta que plus tard, lorsque ce point s'éclaircit grâce aux expériences de Kupalov, Pavlov envoya un message d'excuse et demanda au collaborateur déçu de revenir au laboratoire. Que cette histoire soit vraie ou pas, elle est significative de la situation confuse de ces jours-là.

C'est dans ces circonstances que Kupalov (1915) commença ses travaux. Les stimuli conditionnés étaient des stimulations tactiles répétées. Les stimuli non conditionnés étaient soit la présentation de nourriture (RC positif), soit de l'HCl dilué versé directement dans la gueule du chien (RC négatif).

Pendant l'expérience, tous les dispositifs pour les stimulations tactiles étaient fixés, bien qu'un ou deux points seulement de la peau fussent utilisés jour après jour pour élaborer les RC.

Tandis que ces RC étaient progressivement élaborés puis surentraînés, des stimulations identiques, au hasard, des autres points de la peau étaient essayées de temps en temps. Ces « points-test » étaient prévus pour mettre en évidence tout le long de l'évolution dans le temps d'un RC à la stimulation de l'un de ces points, l'existence possible d'une généralisation de l'excitation conditionnée sur l'analyseur cutané.

C'est au cours de ces expériences que le décours temporel habituel d'un RC a été clairement établi comme passant d'une phase de généralisation à celle de spécialisation.

Ce décours temporel est maintenant une notion classique à propos de l'activité RC et il a été largement utilisé par Pavlov pour élaborer son concept théorique sur la « mobilité » de l'excitation et de l'inhibition conditionnées.

2. La loi de la « force »

Cette formulation de type « western » a été forgée par Pavlov pour définir une des lois dites fondamentales de l'activité nerveuse supérieure : la loi de la « mobilité » des processus nerveux, la loi de l'induction réciproque et la loi de la «force». Dans sa forme la plus simple, cette dernière dit que plus le SC est fort, c'est-à-dire plus l'énergie arrivant au cerveau est importante, plus grande est — dans certaines limites — l'amplitude du RC.

Certaines données suggérant une relation entre l'amplitude des RC étaient déjà disponibles suite aux travaux de Zelenii (1907), Tikhomirov (1910), Kasherininova (1908), Orbeli (1908), etc. Ces études soulèvent souvent une question. Comment peut-on comparer des stimuli appartenant à des modalités sensorielles différentes? Habituellement les RC aux battements du métronome sont plus importants que les RC à la lumière d'une lampe de 60 W. Etait-ce dû à une «échelle de modalité» par modalité sensorielle ou était-ce un problème d'«échelle d'énergie», mal définie mais possible, en rapport avec l'intensité physique d'un stimulus, indépendante de la modalité sensorielle à laquelle il appartient? C'est cette sorte de controverse que le travail conjoint de Kupalov et de Gantt (qui n'a paru qu'en 1928) a résolu, permettant à Pavlov d'élaborer la formulation citée plus haut de la loi de la «force».

Les expériences de Kupalov et Gantt (1928) étaient basées sur l'hypothèse que c'est l'intensité physique (c'est-à-dire l'énergie disponible au cerveau) qui module l'amplitude du RC et non la propriété particulière, qualitative, d'une modalité sensorielle donnée. Pour vérifier cette hypothèse, ils ont utilisé sur des chiens un SC complexe consistant en un son à peine audible appliqué en même temps qu'une lumière intense (lampe de 400 W). Lorsque le RC à la nourriture était établi à ce SC complexe, ils appliquaient au hasard et individuellement l'un ou l'autre des deux composants du complexe. Il fut clairement démontré que le stimulus visuel «fort» produisait seul un RC presque aussi important que le SC complexe, tandis que le stimulus acoustique «faible» donnait un RC de seulement 12 % du SC complexe habituel. La généralité de cette découverte fut démontrée plus tard dans des expériences analogues dans lesquelles le SC complexe était l'application simultanée d'un bruit faible et d'un stimulus cutané thermique intense (zéro degré C).

3. Décours temporel de la «mosaïque» d'excitabilité corticale

Pavlov considérait qu'au cours des RC positifs ou négatifs (inhibiteurs), des changements d'excitabilité concomitants avaient lieu dans les structures télencéphaliques impliquées. Il visualisa par une image qu'on dirait aujourd'hui «toposcopique», le cortex cérébral comme une mosaïque toujours changeante de zones d'excitation et d'inhibition.

Le concept de «mosaïque» corticale d'excitation et d'inhibition est très intimement lié à celui de «stéréotypie dynamique» illustré dans les expériences bien connues d'Asratyan (1933), expériences qui sont à la base de l'une des implications théoriques les plus avancées dans la créativité pavlovienne. A nouveau, bien que certaines observations disparates étaient déjà disponibles (Siriatzki, 1925), ce fut le vaste travail expérimental de Kupalov (1925) qui ouvrit ce nouveau et important chapitre de la saga pavlovienne.

Kupalov commença ses expériences dans le but d'étudier les propriétés analytiques de l'analyseur cutané. Quelques chiens furent habitués à porter pendant l'expérience 9 dispositifs (K1 à K9) pour les stimulations tactiles sur la peau d'une patte arrière. Les RC à la nourriture commencèrent alors à être élaborés, le programme établissant que tous les stimuli impairs (K1-K3-K5-K7-K9) devaient devenir des SC positifs (renforcés à la nourriture), tandis que les stimuli pairs (K2-K4-K6-K8) devaient devenir des SC négatifs, discriminatifs (pas de nourriture).

Les expériences étaient réalisées dans un ordre séquentiel strict afin d'élaborer un premier SC positif (K1) puis une première discrimination (K2), le second SC positif (K3), la seconde discrimination (K4) et ainsi de suite. L'expérience démarra normalement, c'est-à-dire que chaque SC positif et négatif devait être élaboré après un nombre raisonnable de présentations renforcées ou non renforcées. Pourtant, après que les deux paires de RC à K1-K2 et K3-K4 étaient établies, des événements inattendus se passèrent. La troisième paire de RC (c'est-à-dire à K5+ et à K6−) fut étonnamment facile à élaborer et de plus, les RC suivants n'ont même pas dus être élaborés. Dès que le K7 était appliqué, avant d'être renforcé une première fois, les chiens commençaient à saliver, pour ce SC, c'est-à-dire qu'ils le considéraient comme un SC positif. Il en fut de même, dans le sens opposé pour le K8 : l'animal, à la première présentation, se comporta comme si c'était un SC négatif. Finalement, au K9 il a réagi immédiatement par un RC positif.

En résumé, il suffisait d'établir, sur l'analyseur cutané, quelques «points» positifs et négatifs en stricte alternance pour induire une situation dans laquelle les autres points du même analyseur vont se comporter immédiatement comme des SC positifs ou négatifs. C'était donc une continuation «spontanée» par l'animal de l'ordre imposé précédemment par l'expérimentateur.

Kupalov comprit qu'il avait créé un «rythme» dans une zone déterminée du cortex cérébral et que le rythme envahissait graduellement d'autres régions corticales sur lesquelles n'étaient pas encore intervenues les stimulations cutanées périphériques. Les structures cérébrales impliquées dans l'activité RC (néocorticale dans la tradition pavlovienne), semblaient donc montrer quelque chose de plus qu'une localisation fonctionnelle en termes de zones sensorielles spécifiques. On démontra l'existence d'une sorte d'activité *systématique* ou *synthétique*, qui regroupait dans une «harmonie» fonctionnelle les activités individuelles de chaque élément ponctuel de l'analyseur cutané.

Kupalov a décrit également des interrelations précises du type induction réciproque entre les zones corticales analysées. Il considéra ces données comme si elles révélaient le fait que les délimitations fonctionnelles endéans les zones corticales d'un analyseur sont les résultats d'interactions entre des foyers corticaux d'excitation et d'inhibition. Une certaine «mosaïque corticale» d'excitation et d'inhibition apparaît ainsi, et se trouve en permanence dans un équilibre instable, car l'excitabilité de chacune de ses unités change constamment.

Dans les mêmes expériences il fut montré que pendant les intervalles entre les SC, il n'y a ni inactivité corticale ni «repos» mais qu'au contraire des changements d'excitabilité ont lieu continuellement dans les points analysés, chacun d'eux étant capable de développer de l'excitation ou de l'inhibition suivant les circonstances. Les profils cycliques d'induction réciproque furent considérés comme l'un des mécanismes intra-cérébraux qui montre que l'expérience est traitée et conçue par le cerveau comme un tout et pas comme une séquence d'événements stimulus-réponse sans relation entre eux. Le cerveau, et spécialement les structures intégratives télencéphaliques, apparaît dès lors comme un complexe de «foyers», complexe qui remplit à chaque instant un rôle fonctionnel précis. Chaque foyer excitateur maintient une activité donnée tandis que chaque foyer inhibiteur arrête d'autres fonctions, ce qui en retour facilite à nouveau les zones excitatrices. Les foyers excitateurs et inhibiteurs sont en dépendance fonctionnelle réciproque intime de sorte qu'ils représentent en fait un *système* dynamique.

Quelle que soit sa valeur absolue, cette vue dynamique des événements corticaux devint un point crucial dans le concept pavlovien de l'activité nerveuse supérieure.

Remarquons en passant le fait qu'encore une fois une découverte importante fut réalisée de façon empirique. Les découvertes sont souvent fortuites mais, comme l'a souligné Pasteur, le hasard ne bénéficie qu'à ceux qui y sont préparés. En effet Kupalov conçut une expérience en vue d'étudier les capacités analytiques des projections corticales tactiles et cette même expérience eut comme résultat de révéler la capacité systématique, sythétique des structures cérébrales supérieures. Cet exemple illustre l'approche personnelle créative dans la recherche de Kupalov, et le fait qu'il était, à l'époque, «préparé» dans le sens pasteurien, pour saisir et comprendre le sens de ses observations.

CONCEPTIONS ET LIGNES DE RECHERCHE PROPRES A KUPALOV

Le titre de ce paragraphe n'aurait pas été bien accueilli par Kupalov lui-même. Il considérait toujours son propre travail ou celui qu'il dirigeait comme une part indissoluble du concept pavlovien sur l'activité nerveuse supérieure, ce qu'il était en fait. Nous essayerons néanmoins de souligner certaines des contributions personnelles et originales de Kupalov auxquelles Pavlov ne fit pas référence ou qui furent conçues après la mort de Pavlov. Pour Kupalov, «physiologie et pathologie sont des partenaires constants et indissolubles. C'est pourquoi le développement de la physiologie et de la pathologie de l'Activité Nerveuse Supérieure sont des événements parallèles et le succès dans un domaine amène le succès dans l'autre» (Kupalov, 1952).

En conséquence, nous présenterons ici ensemble des données et des réflexions physiologiques aussi bien que physiopathologiques proposées par Kupalov et ses collaborateurs. La plupart des problèmes abordés dans le laboratoire de Kupalov partaient d'une idée centrale: *découvrir l'organisation corticale complexe de l'excitation et de l'inhibition conditionnées.* C'était sa façon d'étudier ce qu'on appelle maintenant les «corrélats neuronaux de l'apprentissage». Son approche neurophysiologique ne ressemblait cependant pas à l'acception occidentale du terme mais continuait à être basée sur les concepts pavloviens classiques. Dans l'esprit de Kupalov cette ligne de recherche était en rapport direct avec ses travaux antérieurs sur la «systématisation», sur les fonctions «synthétiques», comme on le voit dans les expériences avec la «mosaïque» corticale.

1. Stimuli conditionnés à action brève

Les expériences dans lesquelles des stimuli conditionnés à action brève et au hasard étaient utilisés, sont probablement les premières dans ce domaine. Kupalov et Lukov (1932) ont élaboré, chez le chien, des RC alimentaires habituels et des SC qui duraient 30 sec. avant le renforcement. De temps en temps, les SC étaient maintenus un temps plus court (3, 5 ou 10 sec.). Un intervalle correspondant était respecté par la suite de la sorte que le renforcement était habituellement appliqué 30 sec. après le début du SC. La découverte principale fut que, d'une manière générale, l'amplitude du RC est indépendante de la durée absolue du SC. Les stimuli conditionnés se comportent comme s'ils déclenchaient des processus cérébraux, capables de continuer par eux-mêmes même si le SC cesse prématurément. Par ces données et d'autres, les auteurs suggèrent que le segment cortical du RC consiste en plusieurs unités fonctionnelles, à savoir d'abord les cellules réceptrices primaires et ensuite un système neuronal complexe «capable de fonctionner longtemps après le début d'un stimulus à action brève» (Maiorov, 1948). Le modèle neuronal proposé plus haut ressemble fort aux circuits réverbérants décrits plus tard par Lorente de No (1938) et utilisés par Hebb (1949) et Hilgard et Marquis (1940) dans leurs postulats concernant les bases neurales de l'apprentissage.

2. Régulation conditionnée du «tonus» cortical
Réflexes conditionnés raccourcis

Les études sur la régulation du «tonus» central, entreprises par Kupalov en 1933-1934, étaient en conformité avec sa préoccupation d'aborder le niveau intégratif supérieur de l'activité réflexe conditionnée.

Denisov et Kupalov (1933) ont montré, chez le chien, que la dimension des RC (en terme de sécrétion salivaire) est modulée par le niveau d'éclairement de la chambre expérimentale. Plus la chambre est claire, plus la sécrétion salivaire est importante — qu'elle soit conditionnée ou non conditionnée et cela à tous les SC, pas seulement aux stimuli visuels. Il en est de même si, au lieu d'être réalisées dans une chambre absolument silencieuse, les expériences sont réalisées avec un «bruit de fond» discontinu. Toutes les données furent confirmées et prolongées plus tard par Kostenetzkaia (1965).

Des phénomènes similaires furent obtenus par Chang (1952) qui a montré sur des chats que l'amplitude du potentiel cortical évoqué (PE) à la stimulation électrique du corps genouillé latéral était clairement modulée par l'éclairement de la chambre expérimentale. Plus la chambre est claire, plus les PE sont importants aussi bien dans le cortex visuel que dans le cortex acoustique.

Nous pouvons donc conclure avec Kupalov (1965) que «dans l'activité du cerveau, à côté des mécanismes dont dépendent les systèmes fonctionnels spécifiques, les complexes dynamiques menant à l'accomplissement d'une réaction donnée, il y a aussi un mécanisme particulier de nature diffuse, capable d'augmenter ou de diminuer le tonus général du cerveau, et particulièrement du cortex cérébral». Nous savons maintenant que sous ce rapport, un des principaux systèmes impliqué est le système réticulaire ascendant (Jasper, 1958).

On connaît beaucoup moins les études du groupe de Kupalov sur ce qu'il a appelé la régulation conditionnelle du tonus central. Prenons l'exemple de l'expérience dans laquelle l'amplitude des RC dépend de l'éclairement de la chambre. Il faut ici insister sur un détail important. Lorsque, après avoir établi un comportement dans une chambre sombre (40 W), on passe à un éclairage de 300 W, l'intensité des RC ne change pas immédiatement.

Il faut à peu près 3-5 jours pour atteindre le nouveau niveau d'activité. Il en est de même dans la situation inverse, si les expériences commencées dans une chambre bien éclairée continuent dans une chambre sombre (Kostenetzkaia, 1965). Ainsi, pendant les premiers jours après le changement, l'activité RC, autant que l'activité réflexe non conditionnée, continue comme si rien n'avait changé.

Dans ses expériences sur la commutation, Asratyan (1941) a clairement montré un fait similaire: selon l'environnement expérimental, le même animal produira au même SC soit un RC salivaire positif, soit un RC de défense, d'évitement, un RC négatif.

Ceci nous amène à l'importance de la situation expérimentale dans une expérience classique de RC. C'est de cette manière que Kupalov

(1961), en utilisant la notion de « RC de situation », a envisagé l'interprétation du concept pavlovien classique de stéréotypie dynamique corticale.

Le fait essentiel établi par Kupalov est que des processus à caractère régulateur général peuvent être provoqués par des RC d'un type particulier. Dans ce cas le SC est la situation expérimentale, tandis que le RC est un réflexe spécial qui ne produit pas une réaction externe définie mais seulement un changement de l'état fonctionnel du cerveau, changement dans le tonus de certaines unités fonctionnelles du cerveau. Kupalov (1935, 1948) a appelé ces RC particuliers : RC « raccourcis ».

Le RC « raccourci », tonique, joue une part importante dans l'intégration nerveuse de l'attention et de l'expectation aussi bien que dans l'évocation à un niveau conscient d'une expérience passée, étant pour cette raison un événement courant dans tout apprentissage normal. Kupalov considérait aussi que les RC « raccourcis », dans la mesure où ils préparent une situation de « start », sont régulateurs pour le cerveau lui-même, sont un mécanisme d'autodéfense du cerveau. En effet, si le SN devait se maintenir en permanence au niveau le plus élevé de son tonus, cela pourrait mener rapidement à une dépression nerveuse.

3. Les réflexes conditionnés « pathologiques » (ou névrotiques)

L'« inertie » de certaines névroses expérimentales pourrait être due aux RC de « situation » (RC raccourci) qui persévèrent, s'auto-entretiennent (Kupalov, 1941, 1948). L'expérience de V.K. Fedorov et V.V. Yakovleva (1948) est pertinente à ce propos. Les deux expérimentateurs, travaillant alternativement dans deux chambres différentes (A et B), ont élaboré sur le même chien, le même stéréotype de RC salivaires positifs. Ensuite Fedorov, dans la chambre A, a progressivement compliqué l'expérience tandis que Yakovleva dans la chambre B maintenait le protocole expérimental initial. Fedorov a obtenu une névrose expérimentale en A tandis que, pendant une période très longue, en utilisant le même chien dans la chambre B, Yakovleva a observé une activité RC normale. Le chien était donc alternativement, de jour en jour, « névrotique » en A et « normal » en B. Après un certain temps bien entendu, la situation s'aggrave et le chien devient « névrotique » en B également.

Pour interpréter la première partie des expériences, Kupalov et ses collaborateurs ont considéré qu'ils obtenaient un RC névrotique «raccourci» à l'«état fonctionnel» du cerveau, le SC étant la chambre expérimentale et l'expérimentateur lui-même. Kupalov pensait que de nombreux patients névrotiques développent des «réflexes conditionnés névrotiques» similaires, RC qu'il proposa comme alternative ou complément aux interprétations de type freudien. On doit finalement se rappeler que Kupalov considérait deux RC raccourcis possibles: a) sans le début habituel (c'est-à-dire par stimulation d'un récepteur périphérique) et b) sans la fin habituelle (c'est-à-dire contraction musculaire ou sécrétion glandulaire). Les RC raccourcis sont donc décrits comme des événements normaux ou pathologiques qui se produisent spécifiquement dans les structures intégratives supérieures du cerveau: Le RC «raccourci» pourrait être considéré comme un des mécanismes intimes du cerveau, sous-jacent au concept d'«autokinesis» (Gantt, 1953).

4. La névrose expérimentale

Le réflexe conditionné névrotique était une des premières contributions du groupe de Kupalov au problème de la névrose expérimentale. Il faut considérer d'autres données importantes dans ce domaine (Kupalov, 1952).

A. *Névrose expérimentale en «comportement libre»*. Le concept pavlovien de la névrose expérimentale a souvent été critiqué par Fulton, Liddell, Massermann, etc. qui considéraient qu'elle était due principalement aux conditions restreintes, traumatisantes, dans lesquelles les chiens étaient étudiés. Pour répondre à cette critique, Kupalov utilisa une procédure de conditionnement des chiens en «comportement libre» (Kupalov, 1948b). Le chien est libre de se mouvoir dans une grande chambre. Les RC à la nourriture (sauter sur une table pour le renforcement) sont établis à différents stimuli visuels ou acoustiques, sans aucune interférence directe entre le chien et l'expérimentateur (celui-ci est lui-même «restreint» dans une petite chambre d'observation d'où il dirige l'expérience). Dans cette situation, il est possible d'obtenir une névrose expérimentale soit en introduisant un stéréotype trop complexe (Yakovleva, 1951), soit en utilisant brusquement un bruit fort se produisant à différents moments de la séquence comportementale complexe imposée afin d'atteindre la nourriture (Voevodina, citée dans Kupalov, 1952). Dans le conditionnement en comportement libre, les chiens sont franchement plus résistants aux situations névrogènes, mais néanmoins le point principal était prouvé : l'absence de restriction n'empêche pas la névrose expérimentale.

B. *Procédures névrogènes originales.* Plusieurs nouvelles procédures pour obtenir une névrose expérimentale furent décrites par N.P. Muravieva, N.A. Kostenetzkaia et O.P. Iaroslavtzeva (voir Kupalov, 1952). Parmi celles-ci remarquons-en une qui se rapproche du conditionnement opérant, rarement utilisé dans l'école pavlovienne. Un son très intense était utilisé comme stimulus nocif et on voyait que le développement de la névrose dépendait très nettement de l'éclairement de la chambre expérimentale. En travaillant dans une obscurité relative, le niveau général de l'activité RC était très bas et dans cette situation les chiens étaient plus sensibles au son nocif. Kupalov présenta ces données pour marquer les relations entre le «tonus» central (ou «état fonctionnel» du SNC) et la réactivité névrogène.

Dans la même ligne, Kostenetzkaia (référence par Kupalov, 1952) a obtenu une névrose de longue durée chez les chiens soumis à l'association d'un stimulus visuel avec une anémie cérébrale intermittente.

Dans toute ces situations pathologiques, Kupalov attira l'attention sur les changements réguliers dans la mobilité de l'excitation conditionnée (salivation aux SC positifs) et de l'inhibition conditionnée (telle que la discrimination conditionnée). Il affirme que la tendance habituellement observée va dans le sens d'une labilité pathologique excitatrice et d'une inertie pathologique inhibitrice.

Le groupe de Kupalov a toujours manifesté de l'intérêt pour l'étude de la mobilité des processus nerveux (excitation et inhibition conditionnées dans la terminologie pavlovienne) le long de la structure impliquée dans l'«arc» réflexe conditionné (cortex cérébral dans l'«orthodoxie» pavlovienne). La plupart des expériences d'Abuladze (1958) — qui imagina une technique chirurgicale élégante pour stimuler séparément les papilles gauches et droites de la langue — étaient dirigées vers le même problème.

Des expériences similaires de Danilov furent discutées par Kupalov (1961). Danilov montra en effet que des stimulations répétées asynchrones par flashs dans les yeux de chiens, donnaient lieu à une hyperkinésie épileptogène marquée et des anormalités dans l'EEG. Les conclusions de Kupalov sur ces données furent : «Un processus nerveux d'organisation anormale, engendré dans le cortex visuel, irradie au cortex moteur et produit un tableau d'hyperkinésie par la présence de décharges de cellules nerveuses de caractère épileptiforme » (Kupalov, 1961).

En se basant sur des approches originales, Khananashvili (1971), un des derniers élèves de Kupalov, développa davantage les études d'électrophysiologie corticale en relation avec l'activité RC.

Pour conclure ce chapitre, il faut souligner l'effort constant de Kupalov pour révéler à travers les paradigmes pavloviens, les voies par lesquelles sont organisées l'excitation et l'inhibition conditionnées (mobilité, sommation, discrimination spatiale, etc.) afin d'intégrer l'activité RC complexe dans des situations normales et pathologiques (Kupalov, 1955). A ce sujet, c'est-à-dire l'effort pour découvrir les interrelations intimes et complexes des processus nerveux sous-jacents à l'activité RC, il semble que, bien qu'utilisant des concepts et des approches différents, Kupalov était assez proche des neurophysiologistes occidentaux de l'apprentissage comme par exemple Roy John (1967).

CONCLUSION

Nous sommes parfaitement conscients de n'avoir présenté qu'une vue incomplète et peut-être même déformée du monde créatif de Kupalov. Comme nous l'avons dit précédemment, c'est la façon dont nous considérons son impressionnante masse de travail. Nous apprécierions beaucoup que des personnes de son groupe d'Union Soviétique, en corrigeant nos imperfections, éclairent davantage des aspects insuffisamment connus de Kupalov.

Finalement, j'aimerais évoquer quelques impressions directes sur la personnalité de Kupalov.

Kupalov était un humaniste d'une rare qualité. Il était aimable, gentil et bien élevé, musicien et polyglotte. Il ne se montrait jamais autoritaire, ni par tempérament ni par autorité despotique : son personnel lui était dévoué à cause de sa gentillesse personnelle et de sa correction scientifique, pour la vivacité de son esprit et — enfin et surtout — pour sa créativité. Kupalov, avec sa manière calme et pacifique, était un grand enthousiaste, brûlant d'un vrai feu intérieur : la foi dans la recherche cérébrale. Je pense que ce qui frappait le plus les gens qui le connaissaient, c'était cette ténacité raffinée, gentille, et dévouée envers les buts de sa recherche. Ainsi, pour ne donner qu'un exemple, évacué à Tomsk (Sibérie) pendant la guerre et le siège de Leningrad, n'ayant rien pour travailler, il conçut les RC en « comportement libre ». C'est parce que tout d'abord, il n'avait besoin pour cela d'aucun instrument particulier, et ensuite, parce qu'il considérait, pour des raisons théoriques, que cette méthode en valait la peine.

Je vais maintenant donner un exemple de l'attitude personnelle de Kupalov envers ses élèves. Etant à Leningrad, j'ai été impressionné par sa conception des réflexes conditionnés raccourcis. A cette période, il était sérieusement critiqué à ce propos. J'ai conçu mon propre travail — la formation des réflexes conditionnés par stimulation électrique directe du cortex (Giurgea, 1952; 1956) — comme un argument direct en faveur de ses théories. Lorsque je lui proposai le sujet, sa première réaction fut de me prévenir que je pourrais avoir de sérieux ennuis. Ce n'est que quand il considéra qu'il avait bien éclairci les choses et que j'insistai pour continuer, qu'il approuva mon projet.

La dernière question que je désire soulever est la suivante : comment se considérait-il lui-même et son propre travail ? Ce n'est pas facile d'y répondre car Kupalov parlait rarement de lui, en tout cas pendant la période où je l'ai connu. Je dirais que le concept de RC « raccourci » était parmi ses réalisations théoriques les plus brillantes. Il en était convaincu et aimait en discuter. A ce propos, les considérations de Magoun sur la formation réticulaire et sur le cerveau « éveillé » (Magoun, 1960), étaient un bon « renforcement » pour son esprit. Sur les conceptions de Magoun, Kupalov a écrit :

« J'ai moi-même découvert qu'il y a dans le cerveau différents mécanismes : un qui répond à des stimuli tels que la nourriture et la nécessité de défense ; et un autre mécanisme qui n'implique qu'un changement fonctionnel du cerveau tel que l'excitabilité » (Kupalov, 1961).

Kupalov évoquait à peine les difficultés rencontrées à ce sujet et quand il le faisait, c'était d'une manière simple et sereine :

« Il y a 10 ans j'étais dans une position pas très agréable pour moi, mais je vois maintenant que tout a changé et mes idées avancées sont acceptées... Maintenant personne ne me blâme pour avoir proposé le concept de ce mécanisme » (Kupalov, 1961b, p. 897).

En tant qu'expérimentateur, Kupalov était un bon observateur, alliant harmonieusement patience et passion. Il maintenait souvent pourtant, que ces qualités, bien que nécessaires, ne sont pas suffisantes pour une réelle créativité scientifique. Il avait l'habitude de dire (un peu malicieusement) que ce qui le fatiguait le plus c'était l'effort constant pour continuer à réfléchir sur ce qui se passait dans son laboratoire et à l'extérieur.

Il sentait que seule une réflexion originale permet une créativité élevée, même si souvent tout commence par une observation expérimentale remarquable. Une réflexion profonde, originale et libre, non biaisée par des dogmes, c'était pour lui la seule façon de tirer un réel profit d'une expérience ou d'en engendrer d'autres nouvelles et pertinentes.

La raison pour laquelle j'ai mis en exergue la réflexion assez énigmatique de Szent-Gyorgy, est que je crois qu'elle illustre une des caractéristiques majeures de l'esprit créatif de Kupalov.

Je terminerai en soulignant sa dévotion à l'école pavlovienne. Kupalov avait le privilège de compter parmi les scientifiques russes qui avaient eu la possibilité de visiter et de travailler avec des physiologistes occidentaux de renom comme Hill, Liddell, Fulton, qu'il respectait profondément. Néanmoins — et c'était son propre choix, délibéré et lucide — la philosophie de la recherche de Kupalov était fondée sur une continuité non dogmatique mais sans équivoque avec la pensée pavlovienne.

Ce n'est pas notre but et nous ne sommes pas compétents pour prendre position dans ce débat, mais seulement de préciser le point de vue de Kupalov.

Rien ne définit mieux sa position philosophique que les lignes suivantes qui peuvent être considérées d'une certaine façon comme son testament scientifique.

«Supposons qu'il soit possible d'insérer des microélectrodes dans toutes les cellules nerveuses du cerveau sans les endommager ou sans altérer leur condition normale, et d'enregistrer leurs potentiels de repos et leurs potentiels d'action. Pourrions-nous alors, sur base de nos enregistrements, obtenir une image de l'activité du cerveau en tant que tout et la mettre en relation avec le comportement visible de l'animal? Pourrions-nous dire quelles sortes de réflexes conditionnés ont été formés dans cet animal, quels stimuli des organes internes et du monde externe agissent sur lui à un moment donné, ce que seront ses réactions en réponse à ces influences... et quand elles vont se passer ? Il est clair qu'on doit répondre à toutes ces questions par la négative. C'est pourquoi toutes les méthodes d'investigation qui ont été introduites par Pavlov, et auxquelles nous donnons notre adhésion, non seulement ont gardé leur importance aujourd'hui mais vont continuer à être importantes dans le futur» (Kupalov, 1961).

Annexe B
Faits et idéologies
dans la saga pavlovienne

Adaptation française de l'article: Giurgea, C. (1985).
On Facts and Ideologies in the Pavlovian Saga. Pavlovian J. Biol. Sci., 20(1), p. 7-10.

Il y a longtemps, le Professeur P. Rijlant a écrit une monographie assez inhabituelle pour un cardiologue: «Eléments de Physiologie Psychologique» (Rijlant, 1948). Si je me souviens de ce texte presque oublié, c'est parce que son titre exprime un accord fondamental, si pas explicite, avec la philosophie scientifique de Pavlov. Pour Pavlov en effet, la psychologie c'est la physiologie du cerveau: complexe, mal comprise, empreinte d'erreurs et d'incertitudes, mais de la physiologie quand même. Pour Pavlov, le cerveau est une partie de l'organisme qui, considéré comme un tout, est en interaction permanente, multiple et réciproque avec le milieu environnant, celui-ci étant, pour les humains, essentiellement social, économique, culturel et historique.

Par conséquent, Pavlov adopta une option moniste et n'accepta jamais ce qu'il considérait comme l'option dualiste de Sherrington. Il n'accepta jamais ce que Ryle appela un jour «le fantôme dans la machine».

A partir de ce point de vue général, on pourrait évoquer un aspect général de la saga pavlovienne, à savoir les interactions continuelles entre les faits et les idéologies.

RACINES PAVLOVIENNES FONDAMENTALES

Il faut d'abord se rappeler que Pavlov était enraciné dans la Russie du XIXe siècle. Dans sa jeunesse, il fut profondément influencé par l'«intelligentsia» libérale, représentée par les critiques artistiques et littéraires et par les philosophes tels que Belinski, Tchernishevski, Dobroliubov, Herzen et Pisarev. Ces noms sont quasi oubliés aujourd'hui, spécialement dans le monde occidental, mais à cette époque, en Russie, ils étaient les guides idéologiques, les Sartre et les Camus des jeunes comme Pavlov. Dans leurs écrits, ils luttaient pour l'établissement d'une société russe libérale et démocratique. C'est particulièrement Pisarev qui influença directement le jeune Pavlov car c'est par son intermédiaire que Pavlov eut la révélation de la théorie de l'évolution de Darwin. Ces influences réunies représentent une sorte d'idéologie qui façonna le mode de pensée théorique de Pavlov.

L'influence de Setchenov était plus directement liée à la physiologie, principalement son concept d'inhibition centrale qui débuta par une expérience dans le laboratoire de Claude Bernard et mena vers 1860 à la théorie moniste révolutionnaire des «réflexes du cerveau».

Malheureusement pour la physiologie soviétique, Pavlov ne coopéra jamais avec Wedenski et Uchtomski, étudiants de Setchenov; pas plus d'ailleurs que les élèves de Pavlov. Et ceci malgré une communauté d'idées théoriques clairement acceptée entre Pavlov et Setchenov; Pavlov a toujours révéré Setchenov. Cependant, le maître théorique qui influença directement Pavlov pendant toute sa vie, fut plutôt Botkin. Pratiquement inconnu aujourd'hui hors d'Union Soviétique, S.P. Botkin était en 1880 un professeur renommé de Médecine Interne à St-Petersbourg. Il appela sa théorie médicale générale le «nervisme». Il y affirme que la plupart des affections sont en relation d'une certaine manière avec des «échecs» du SNC pour adapter l'organisme aux exigences de la vie, échecs habituellement dus à une sorte de «dépassement», c'est-à-dire un excès de réactions adaptatives. La position assez intuitive de Botkin était extraordinairement en avance pour son temps. On peut en effet trouver dans ses articles et dans ses conférences, des points de vue qui sont maintenant les fondements de la psychosomatique, du concept de stress de Selye et de la chirurgie de la douleur de Leriche. Le «nervisme» peut également être mis en rapport avec l'idée de «cocktail lytique» de Laborit pour prévenir le choc opératoire, idée qui mena, par sérendipité, à la découverte de l'activité antipsychotique de la chlorpromazine, permettant à Delay et Deniker en 1952-1953 de lancer la psychopharmacologie moderne.

Le nervisme de Botkin servit donc de fondement théorique à Pavlov qui, en élargissant la connaissance de l'innervation cardiaque, fut le premier à entraîner des chiens à supporter, sans anesthésie, des cathétérismes veineux et artériels.

Les célèbres contributions de Pavlov à la physiologie gastro-intestinale, qui lui apporteront le Prix Nobel en 1904, étaient aussi fortement influencées par le nervisme de Botkin et il l'a toujours explicitement souligné. Pavlov développa en effet de nouvelles méthodes pour utiliser des animaux «chroniques», considérés comme des individus et habitués à l'expérimentateur. Chez ces animaux, spécialement des chiens, le physiologiste pouvait, grâce à des fistules, regarder à l'intérieur de la lumière gastro-intestinale comme à travers une fenêtre. Il put donc comprendre, dans des conditions proches des conditions naturelles, ce qui se passait là, en termes à la fois de sécrétion et de motilité. La façon dont Pavlov modifia la poche gastrique de Heidenhein afin de préserver son innervation vagale normale, est un exemple typique de sa philosophie générale, directement fondée sur le nervisme de Botkin. C'est en fait en travaillant sur ce qu'on appelait le «repas fictif» et plus particulièrement sur l'étude de la sécrétion salivaire, que Pavlov — à travers le phénomène de la «sécrétion psychique» — comprit rapidement qu'il avait entre les mains un nouvel outil pour étudier le cerveau. Ce formidable raccourci entre la salive et le cerveau fut précisément facilité, si pas précipité, par son profond enracinement nerviste.

FAITS «DESIRES» ET «NON DESIRES»

L'idéologie dont dépendait tellement, comme nous l'avons vu, la créativité de Pavlov, influença souvent sa première attitude à l'égard d'un nouveau fait expérimental. Habituellement cette sorte d'intuition orientée était positive, mais parfois elle lui joua des tours. Nous ne prendrons que deux exemples pour illustrer cette affirmation.

Nous savons que certaines des expériences initiales de Bykov concernant les réflexes conditionnés rénaux étaient basées sur des artefacts. En fait, Horsley Gantt (1972) développa son concept de «responsabilité des systèmes d'organes» en se basant sur le fait que certains conditionnements viscéraux, dont le conditionnement rénal, étaient à peine possibles. Pourtant Pavlov accepta immédiatement les faits de Bykov parce qu'ils collaient tellement bien avec sa théorie. Il eut évidemment tort car ces expériences étaient particulièrement non fiables. Elle furent pourtant suivies d'expériences fiables celles-ci, utilisant d'autres modèles et qui ouvrirent la voie à toute la physiologie et physiopathologie appelée «cortico-viscérale», contribution importante pour la physiologie.

Dans l'exemple précédent, un fait était immédiatement bien accueilli sur des bases idéologiques. D'autres faits furent refusés et suspectés par Pavlov sur des bases également idéologiques. Dans ce cas, son opposition personnelle empêchait la continuation de la recherche dans cette voie. Zelionii par exemple, pratiquait des décortications aussi importantes que possible sur des chiens qui étaient utilisés ensuite afin de prouver qu'ils n'étaient pas capables d'apprendre les réflexes conditionnés classiques. Ils apprenaient pourtant quelque chose, bien que handicapés (Zelionii, 1928, dans Maiorov, 1948). Pavlov s'éleva immédiatement contre Zelionii, arguant que certaines parties du cortex n'étaient sûrement pas extirpées et que ses conclusions étaient donc fausses.

Pavlov n'était évidemment pas un rude dictateur et Zelionii resta avec lui toute sa vie. Néanmoins, on peut sentir dans cet exemple une pointe d'intolérance dogmatique, idéologique, scientifique, nous prévenant d'une certaine manière une fois de plus qu'il y a de nombreuses sortes de bûchers sur lesquels les gens peuvent être brûlés réellement ou au moins socialement. Il n'est pas toujours facile pour un chercheur de rester attaché à des règles épistémologiques objectives. Comme l'écrivait Gantt:

«Les hommes de science sont des humains: nous réfléchissons suivant la routine, même suivant des modes et nous devenons crédules dans notre propre incrédulité; ayant découvert un principe, nous adhérons à des clichés; nous succombons à des modèles stéréotypés, nous sommes victimes de notre propre philosophie... Les idées ne sont utiles que pour un temps donné... puis deviennent improductives ou nocives car elles limitent la perspective et l'évaluation de faits nouveaux... Les idées ont leur durée de vie comme les organismes naturels» (Gantt, 1972).

Pavlov était en fait un esprit passionné. Toute sa vie il a élaboré des hypothèses neuves et courageuses. Il défendait énergiquement ses idées mais les abandonnait s'il était convaincu qu'elles étaient fausses. Par exemple, il abandonna l'idée de la transmission héréditaire des réflexes conditonnés acquis en une ou deux générations (Studentzov, 1930; Maiorov, 1948).

De plus Pavlov, comme dans le cas de Zelionii, a toujours soutenu ses collaborateurs. Ainsi par exemple, il a refusé une offre spéciale du gouvernement d'un supplément de nourriture si elle n'était pas accordée à tout son personnel, ce qui fut finalement accepté. Un autre exemple révélateur de son profond respect pour ses assistants, malgré un comportement parfois colérique, c'est une anecdote concernant son étudiant et successeur distingué, Orbeli. Il semble qu'un jour Orbeli ne réussit pas une démonstration pour le cours que Pavlov donnait aux étudiants en médecine. Après le cours et devant d'autres assistants, Pavlov se fâcha sur Orbeli, à tel point que celui-ci offrit sa démission. Le soir même, Pavlov, qui avait déjà reçu le Prix Nobel et était beaucoup plus âgé qu'Orbeli, alla chez lui et lui dit: «Je ne peux pas accepter votre démission. Vous êtes mon meilleur assistant. Prenons un accord: vous me laissez crier, n'y faites pas attention et faites votre travail». C'est ainsi que jusqu'aux tout derniers jours, Orbeli resta avec lui et fut même désigné par Pavlov pour lui succéder à la tête du fameux laboratoire biologique de Koltushi, près de Leningrad.

REMARQUES FINALES

Nous avons donné quelques exemples de la saga pavlovienne pour montrer à quel point les idéologies de base sont importantes pour le choix des options expérimentales et comme encouragements à bien accueillir ou à suspecter un fait expérimental. A ce sujet, on peut soulever une question légitime: comment se fait-il qu'en dépit de certaines faiblesses humaines normales, en dépit de l'«adoption» possessive de ses idées par les autorités officielles, l'école pavlovienne et post-pavlovienne soit restée un jalon dans la physiologie et non un dogme rigide et stérile?

Tout d'abord, c'est probablement parce que dans cette école régnait une ferme conviction, suscitée par Pavlov lui-même, de l'importance des faits expérimentaux valables et obtenus avec compétence. De plus, Pavlov montrait constamment son respect évident pour le travail parfois pénible d'un homme de science. Cette attitude découlait tout naturellement de sa position générale pragmatique et déterministe.

Une autre raison en est que Pavlov, qui croyait fermement dans les lois darwiniennes de l'évolution, ne négligeait pas l'importance, de type néo-lamarckien, accordée au milieu environnant. Ainsi, tandis que Pavlov d'une part considérait l'héritage génétique comme fondamental pour son concept des «types» de SNC, il découvrit que l'entraînement pouvait substantiellement moduler les types ou tempéraments innés. Comme l'ont montré les recherches de Petrova sur des chiens castrés, des changements endocrinologiques peuvent dramatiquement réorganiser une typologie innée. De plus, et cet aspect est malheureusement presque oublié, dans le laboratoire de Pavlov, Virjikovski et Maiorov (1930, voir dans Maiorov, 1948), ont soulevé le problème de l'«éducation» et de la qualité du milieu environnant en tant que facteurs critiques dans l'activité nerveuse supérieure de chiens. Ils élevèrent des chiots de même nichée dans deux conditions différentes: 1. en liberté presque totale, avec contacts multiples et variés avec d'autres chiens et avec des humains, et 2. isolés dans des cages individuelles avec le moins de contacts possible. Les deux groupes recevaient la même nourriture. A 3 mois, ils furent amenés au laboratoire et entraînés pour des réflexes conditionnés classiques à la nourriture. Le comportement général des «prisonniers», comme ils appelaient les chiens isolés, était très particulier. Ils s'effrayaient fréquemment de tout, avaient un réflexe d'orientation très important et difficile à supprimer et montraient une «inhibition externe» très intense. Les «prisonniers» s'habituèrent pourtant plus facilement que l'autre groupe à la condition artificielle d'isolation dans la chambre insonore expérimentale.

D'une manière générale, à première vue, tous les «prisonniers» montraient un comportement typique du «type faible». Plus tard on put cependant distinguer parmi eux des caractéristiques d'autres types innés de SNC. Ainsi leurs caractéristiques typologiques innées ont été masquées, les différences innées ont été apparemment et temporairement annulées par les influences du milieu socio-sensoriel dans lequel ces chiens ont été élevés. Par ces expériences, les pavloviens furent les vrais précurseurs des études de Hebb et Melzach et de celles de Rosenzweig et de ses collègues. En effet, Rosenzweig manipulait le milieu externe de rats, soit en l'«enrichissant», soit en l'«appauvrissant», en variant la quantité et la diversité des contacts socio-sensoriels. Il découvrit des conséquences importantes sur les paradigmes comportementaux ultérieurs, innés et appris, ainsi que sur les paramètres biochimiques et même morphologiques du cerveau (Rosenzweig, Bennett et Diamond, 1972).

Les facteurs de l'environnement jouent des rôles importants dans l'acquisition et le rappel des réflexes conditionnés classiques, dans la régulation sélective et générale de ce qu'on appelle le tonus central, ainsi que dans la résistance aux procédures névrogènes. L'environnement, considéré comme un tout, peut aussi agir comme stimulus conditionné particulier, conduisant à ce que Kupalov (1961) a décrit comme les réflexes conditionnés « raccourcis », qui jouent un rôle important dans les réflexes conditionnés habituels tout comme dans le phénomène de « commutation » (Asratyan, 1941) ou bien dans les RC « situationnels » (Kupalov, 1983). Pour ces derniers, l'effort technique pour les développer était à nouveau basé sur l'idéologie. En effet, Kupalov, par la méthode du « comportement libre », a essayé de réfuter certaines critiques contre le concept pavlovien des névroses expérimentales, à savoir qu'elles pourraient simplement être dues à la restriction de liberté de mouvement des animaux (Kupalov, 1983).

Enfin, et peut-être surtout, ce qui a évité aux pavloviens de tomber dans un dogme rigide, c'est l'idée « popperienne » de Pavlov à propos des hypothèses qui ne sont prises en considération que si elles peuvent être testées expérimentalement (Popper disait « falsifiées », mais l'idée est la même). En effet Pavlov rejetait énergiquement toute hypothèse qui ne pouvait pas donner lieu à une expérience. C'est dans ce sens qu'il préconisait le droit de la physiologie, par sa méthodologie objective, à participer à l'effort pour comprendre le mystère de l'esprit. Comme il l'a clairement déclaré dans sa lecture à la remise du Prix Nobel en 1904 :

« Une seule chose dans la vie nous intéresse : notre expérience psychique. Pourtant son mécanisme a été et reste entouré d'un profond mystère. Toutes les ressources humaines — art, religion, philosphie, histoire — s'unissent pour projeter un rayon de lumière dans cette mystérieuse obscurité. L'homme dispose d'un allié plus puissant — la science biologique avec ses méthodes strictement objectives » (Pavlov, 1928).

Annexe C
Eléments de biographie professionnelle

Ivan Petrovitch Pavlov, né à Riazan en 1894 et mort à Leningrad en 1936, a été contemporain de Marx et de Sartre, de Mendeleiev, Virchov, Claude Bernard et Pasteur, mais aussi de Fleming et de Bremer. Il le fut également de Victor Hugo et de Pasternak, de Moussorgski, de Tchaïkovski, de Ravel et de Bartok, de Disraeli et de Staline. C'est parce qu'il est toujours présent dans les neurosciences qu'il est utile d'évoquer ci-après quelques éléments de sa biographie professionnelle.

- 1849 (27 septembre) : Naissance de Pavlov à Riazan. Fils d'un prêtre orthodoxe, il suit les cours du séminaire local et est destiné, par son père, à devenir prêtre. Cependant, sous l'influence des écrivains démocrates-libéraux et, en particulier, de Pisarev, mais aussi sous celle de l'œuvre de Setchenov et du traité de physiologie de Lewes, Pavlov se décide pour une carrière scientifique.

- 1870-1877 : Université de St-Petersbourg et Académie Militaire de Médecine qu'il termine avec deux médailles d'or : une pour les résultats des études et une autre pour des recherches sur la digestion et la circulation.

- 1879-1884 : Assistant Universitaire, dirige le laboratoire de Médecine Expérimentale du Professeur S.P. Botkin, lui-même ancien élève de

Claude Bernard. Début de la méthodologie générale de l'expérimentation chronique, chez le chien. Découverte de l'innervation trophique du cœur. Thèse et nomination comme «privat-docent».

- 1884-1886: Formation complémentaire chez Ludwig, à Leipzig et chez Heidenhein à Breslau.
- 1886-1890: Retour à St-Petersbourg. Fistule du pancréas. Fistule gastrique simple et avec œsophagotomie (le «repas fictif»).
- 1890: Professeur de Pharmacologie à l'Académie Militaire de Médecine (St-Petersbourg).
- 1891-1936: Création et direction du Département de Physiologie à l'Institut de Médecine Expérimentale de St-Petersbourg. Réalisation du «petit estomac».
- 1895-1936: Professeur de Physiologie à la même Académie. NB. Grève des étudiants et répression sanglante; il prend ouvertement la défense des étudiants.
- 1897: Parution du traité «Leçons sur le travail des glandes digestives».
- Vers 1897-1900: La sécrétion «psychique» salivaire; début des réflexes conditionnés et du concept de l'Activité Nerveuse Supérieure. Désengagement progressif de toute activité dans le domaine de la physiologie digestive.
- 1903: Congrès de Madrid et première grande conférence sur les réflexes conditionnés.
- 1904: Prix Nobel, pour l'ensemble de ses travaux sur la physiologie digestive. Lecture Nobel sur l'Activité Nerveuse Supérieure.
- 1910: Construction à l'Institut de Médecine Expérimentale de St-Petersbourg, de la première «tour du silence».
- 1912: Docteur «honoris causa» de l'Université de Cambridge; les étudiants lui offrent le célèbre chien en peluche.
- 1921: Le décret de Lénine octroie à sa famille et au laboratoire des conditions matérielles exceptionnelles.
- 1923: Première édition de «Vingt ans d'expériences sur l'étude objective de l'activité nerveuse supérieure».
- 1927: Parution des «Leçons sur l'activité des hémisphères cérébraux». Rencontre à Leningrad avec l'écrivain H.G. Wells.

- Vers 1930 : Débuts de l'Institut Pavlov pour l'Etude de l'Evolution Physiologique et Pathologique du Système Nerveux Supérieur (à Koltouchi, près de Leningrad).
- 1935 : Président du 15ᵉ Congrès International de Physiologie à Leningrad. Déclaré par Walter Cannon « doyen des physiologistes du monde ». A cette occasion, il écrit l'émouvante « Lettre à la jeunesse scientifique ».
- 1936 (27 février) : Pavlov meurt à Leningrad des suites d'une broncho-pneumonie.

Annexe D
Lettre à la jeunesse

Qu'aurais-je à souhaiter à la jeunesse de ma Patrie qui s'est vouée à la science ?

Avant tout, de l'esprit de suite. Je ne peux jamais parler sans émotion de cette condition essentielle d'un travail scientifique fécond. De l'esprit de suite, de l'esprit de suite et encore de l'esprit de suite. Apprenez, dès le début de votre activité, à faire preuve d'un rigoureux esprit de suite dans l'accumulation de vos connaissances.

Etudiez l'abc des sciences, avant de tenter d'en franchir les cimes. N'entreprenez jamais la suite sans bien connaître ce qui précède. N'essayez jamais de couvrir l'insuffisance de vos connaissances par des suppositions ou des hypothèses, même les plus hardies. C'est une bulle de savon qui, bien qu'elle amuse votre regard de ses miroitements, finira inévitablement par éclater, ne laissant que honte après elle.

Apprenez à être retenus et patients. Habituez-vous à faire les gros travaux de la science. Etudiez, comparez, accumulez les faits.

Si parfaite que soit l'aile de l'oiseau, elle ne pourrait jamais le soulever dans les hauteurs si elle ne s'appuyait pas sur l'air. Les faits sont l'air du savant. Sans eux, vous ne pourrez jamais vous élever. Sans eux, vos «théories» resteront des efforts creux.

Mais tout en étudiant, expérimentant, observant, efforcez-vous de ne pas rester à la surface des faits. Ne soyez pas les archivistes des faits. Essayez de pénétrer le mystère de leur origine. Cherchez avec persévérance les lois qui les régissent.

En second lieu, de la modestie. Ne pensez jamais que vous savez déjà tout. Et, bien qu'on ait pour vous la plus haute estime, ayez toujours le courage de vous dire: je suis un ignorant.

Ne laissez pas l'orgueil s'emparer de vous. Il vous fera vous obstiner là où il faudrait être d'accord; il vous fera refuser un conseil utile et une aide amicale et perdre la mesure de l'objectivité.

Dans la collectivité que je suis chargé de diriger, c'est l'atmosphère qui fait tout. Nous sommes tous attelés à la même besogne, et chacun de nous la fait progresser selon ses forces et ses moyens. Très souvent, nous ne saurions dire où est «le mien» et «le tien», mais notre cause commune ne fait qu'y gagner.

Et, troisièmement, de la passion. Souvenez-vous que la science exige de l'homme sa vie entière. Et si vous aviez deux vies, elles ne vous suffiraient pas. C'est une forte tension et une grande passion que la science exige de l'homme. Soyez passionnés dans votre travail et vos recherches...

I.P. Pavlov (1935)

Bibliographie*

ANOKHIN P.K. (1974), Biology and Neurophysiology of the Conditioned Reflex and its Role in Adaptive Behavior, 574 pp. (English translation by S.A. Corson), Pergamon Press (New York).
ASTRUP C.H. (1975), Studies on higher nervous activity in functional psychoses. Pavl. J. Bio. Sci., 10(4): 194-215.
BACQ Z.M. (1975), Chemical Transmission of Nerve Impulses, a historical Sketch, pp. 106, Pergamon Press Inc. (Elmsford, N.Y.).
BENNETT E.L., ROSENZWEIG M.R. (1979), Brain plasticity, memory and ageing. Ageing, Physiology and Cell Biology of Ageing, vol. 8: 141-150, Eds. Cherkin A. et al, Raven Press (New York).
BLOCH V. (1966), Les niveaux de vigilance et l'attention. Traité de Psychologie expérimentale, vol. III: p. 79-122, Eds. Fraisse P. et Piaget J., Presses Universitaires (Paris).
BLOCH V. (1970), Facts and hypothesis concerning memory consolidation processes. Brain Research, 24: 561-575.
BRAZIER M.A.B. (1959), The historical development of neurophysiology. Handbook of Physiology — sect. 1: neurophysiology, vol. I: p. 1-58. Eds. Field, Magoun and Hall, Americain Physiological Society (Washington).
BREMER F. (1966), Le corps calleux dans la dynamique cérébrale. Experientia, 22: 201-208.
BURES J. et BURESOVA O. (1962), La dépression envahissante comme instrument de recherche en neuropharmacologie. Actualités Neurophysiologiques, 4ᵉ série, p. 107-124. Eds. M. Monnier, Masson et Cie (Paris).
CORSON S.A. (1967), Cerebrovisceral theory — A physiologic basis for psychosomatic medicine. Int. J. Psych. 4(3): 234-241.
CORSON S.A. et O'LEARY-CORSON E. (1968), The effects of psychotropic drugs on conditioning of water and electrolyte excretion: experimental research and clinical implications. Pychotropic Drugs in Internal Medicine, Excerpta Medica International Congress Series, nr. 182: 147-164.

DAVID-REMACLE M., LESCRENIER M.C. et GIURGEA C. (1969), Association and motivation in the establishment of conditioned reflexes in rats. Experientia, 25: 711-712.
DELGADO J.M.R. (1969), Physical control of the mind; toward a psychocivilized society. World Perspectives, vol. 41: pp. 280, Ed. Nanda Ashen R., Harper and Row (New York, Evanston, London).
DOTY R.W. (1969), Electrical stimulation of the brain in behavioral context. Annual Review of Psychology, 20: 289-320.
DOTY R.W. et GIURGEA C. (1961), Conditioned reflexes established by coupling electrical excitation of two cortical areas. Brain Mechanisms and Learning, p. 133-151, Ed. Delafresnay J.F., Blackwell Scientific Publication (Oxford).
DOTY R.W., OVERMAN W.H. Jr. et NEGRAO N. (1979), Role of forebrain commissures in hemispheric specialization and memory in macaques. Structure and Function of the Cerebral Commissures, p. 333-342, Eds. Russell I.S., Van Hof M.W. and Berlucchi G., Macmillan (London).
DURUP G. et FESSARD A. (1935), L'électroencéphalogramme de l'homme, observations psychophysiologiques relatives à l'action des stimuli visuels et auditifs. Ann. Psychol., 36: 1.
ECCLES J.C. (1966), Conscious Experience and Memory. Brain and Conscious Experience, p. 314-338, Ed. Eccles J.C., Springer Verlag (Berlin, Heidelberg, New York).
GANTT W.H. (1953), Principles of nervous breakdown-schizokinesis and autokinesis. Annals New York Acad. Sciences, 56: 148-168.
GANTT W.H. (1966), Reflexology, schizokinesis and autokinesis. Conditional Reflex, 1: 57-68.
GANTT W.H. (1972), Organ-system responsability homeostasis and the conditional reflex (editorial). Conditional Reflex, 7(1): 1-10.
GANTT W.H. (1974), A scientist's last words. Legacies in the Study of Behavior, p. 46-61, Ed. Cullen J. Charles C. Thomas (Springfield, Ill.).
GASTAUT H. (1957), Etat actuel des connaissances sur l'électroencéphalographie du conditionnement. EEG Clin. Neurophysiol. Suppl. 6: 133. In Conditionnement et Réactivité en Electroencéphalographie (Colloque de Marseille, 1955), pp. 475, Eds. Fishgold H. and Gastaut H., Masson et Cie (Paris).
GIURGEA C. (1964), Neurophysiologie et conditionnement. Ann. Soc. Royale Sci. Med. et Nat. Bruxelles, 17(2): 53-88.
GIURGEA C. (1981), Fundamentals to a pharmacology of the mind, pp. 446. A Monograph in the Bannerstone Division of American Lectures in Objective Psychiatry, American Lecture Series, Charles C. Thomas (Springfield, Ill.).
GIURGEA C. (1985), Bases Théoriques et Expérimentales de la Psychopharmacologie, pp. 184, CIACO Eds. (Louvain-la-Neuve).
GOLDSTEIN L. (1975), Time domain analysis to the EEG; the integrative methode in CEAN, p. 250-270, Eds. Dolce G. and Künkel H. Fischer (Stuttgart).
HILGARD E.R. et MARQUIS D.G. (1961), Conditioning and Learning, pp. 590, Appleton-Century-Crofts (New York).
JOHN E.R. (1961), Higher nervous functions: brain functions and learning. Ann. Rev. Physiol., 23: 451.
JOHN E.R. (1967), Mechanisms of Memory, pp. 468, Adad. Press (New York).
KHANANASHVILI M.M. (1967), Mechanisms of interaction between visual cortex and other neocortex structures in dog conditional activity. Neuropsychologia, 5: 85-97.
KLINE N.S., Editor (1961), Pavlovian Conference on Higher Nervous Activity Annals of the New York Academy of Sciences, 92(3): 813-1198.

A noter particulièrement dans KLINE les contributions de:

ANOKHIN P.K., Electroencephalographic Analysis of Cortico-Subcortical Relations in Positive and Negative Conditioned Reactions, p. 899.
ASRATYAN E.A., The Initiation and Localization of Cortical Inhibition in the Conditioned Reflex Arc, p. 1141.
GANTT W.H., Part V. Psychopharmacology. Introductory Remarks, p. 1073.
JOHN E.R., LEIMAN A.L. et SACHS E., An Exploration of the Functional Relationship Between Electroencephalographic Potentials and Differential Inhibition, p. 1160.
KUPALOV P.S., Discussion, Part I, p. 895.
KUPALOV P.S., Some Normal and Pathological Properties of Nervous Processes in the Brain, p. 1046.
KUPALOV P.S., Part VI. Inhibition. Summary, p. 1196.
LIDDELL H.S. Pavlov, the Psychiatrist of the Future, p. 981-983.
MAGOUN H.W., Recent Contributions to the Electrophysiology of Learning, p. 818.
MILLER N.E., Integration of Neurophysiological and Behavioral Research, p. 830.
ZAKUSOV V.V., The Effects of Pharmacological Agents on Conditioned and Unconditioned Reflexes, p. 984-989.

KONORSKI J. (1967), Integrative Activity of the Brain, pp. 530, The University of Chicago Press (Chicago, I11).
LEHMANN H.E. (1977), Drugs of the Future. Psychotherapeutic Drugs — Part II. Applications, p. 1469-1489, Ed. Usdin and Forrest, Marcel Dekker (New York).
LINDSLEY D.B. (1958), The reticular system and perceptual discrimination. Reticular Formation of the Brain, p. 513-534, Ed. Jasper H.H. et al, Brown and Co. (Boston, Toronto).
LIVANOV M.N. (1960), Concerning the establishment of temporary connections. EEG and Clinical Neurophysiology, 13 S: 185-198.
LURIA A.R. (1977), Higher Cortical Functions in Man, pp. 513. Basic Books Inc. (New York).
MAIOROV F.P. (1948), The History of the Concept of Conditional Reflexes (in Russian), pp. 374, Ed. Acad. Med. Sci. USSR, Moscow.
MASSERMAN J.H. et PECHTEL C. (1953), Neurosis in Monkeys. Annals N.Y. Acad. Sci., 56: 253-265.
MELZAK R. (1969), The role of early experience in emotional arousal. Annals N.Y. Acad. Sci., 159: 721-730.
MEULDERS M. (1966), Les bases neurophysiologiques de l'apprentissage. Médecine cybernétique, p. 1-32, Acta IVth Internat. Congress, 19-22 Sept.
MORRELL F., NAQUET R. et GASTAUT H. (1957), Evolution of some electrical signs of conditioning. Part I. Normal cat and rabbit. J. Neurophysiol., 20: 574-587.
MORUZZI G. et MAGOUN H.W. (1949), Brainstem reticular formation and activation of the EEG. EEG and Clin. Neurophysiol., 1: 455-465.
PAVLOV I.P. (1928), Lectures on Conditioned Reflexes (translated by Gantt H.W.), pp. 414, International Publ. (New York).
RICHELLE M. (1966), Le conditionnement opérant, pp. 221, Eds. Delachaux et Niestle, Neuchâtel (Suisse).
ROGER A. et GASTAUT H. (1957), Les mécanismes neurophysiologiques du conditionnement et leurs modifications sous l'effet des médicaments psychotropes. Drugs, p. 252-271, Ed. Garattini and Ghetti, Elsevier (Amsterdam).

ROSENZWEIG M. (1970), Evidence for anatomical and chemical changes in the brain during primary learning. Biology of Memory, p. 69-85, Eds. Pribram and Broadbent, Academic Press (New York).
RUSINOV V.S. et RABINOVICH M.Y. (1958), Electroencephalographic Researches in the Laboratories and Clinics of the Soviet Union. Electroencephalography and Clinical Neurophysiology, suppl. nr. 8: p. 1-36.
RUSINOV V.S., Editor (1970) Electrophysiology of the Central Nervous System, pp. 516, Plenum Press (New York, London).

A noter particulièrement dans RUSINOV les contributions de:

BEKHTEREVA N.P., SMIRNOV V.M. et TROKHACHEV A.I., Changes in Electrical Phenomena in the Human Subcortex in Relation to Operative Memory, p. 49.
DUMENKO V.N., Electroencephalographic Investigation of Cortical Relationships in Dogs During Formation of a Conditioned Reflex Stereotype, p. 107.
JOHN E.R., Current Problems in Electrophysiological Studies of Memory, p. 179.
KOGAN A.B., Properties of Spike Activity of Neurons in Different Layers of the Cortex, p. 225.
ROITBAK A.I., Electrical Excitability of Apical Dendrites, p. 363.
SHUL'GINA G.I., Investigation of Activity of Cortical Neurons in Early Stages of Conditioning, p. 403.

UNGAR G. (1976), A la recherche de la mémoire, pp. 170, Ed. Fayard (Paris).
RUSSELL I.S. (1966), Animal learning and memory. Aspects of Learning and Memory, p. 121-171, Ed. Richter, Heinemann Publ. (London).
WALTER W.G. (1964), The contingent negative variation: an electrocortical sign of significant association in the human brain. Science, 146: 434.
WEYERS M. (1983), Les régulations temporelles du comportement et les troubles du comportement. Revue des Questions Scientifiques, 154(4): 433-460.

* Le lecteur intéressé trouvera dans la liste des ouvrages proposés — liste non exhaustive — des références relativement disponibles (sauf celle de Maiorov, 1948, qui n'existe qu'en russe) qui lui permettront d'approfondir un thème particulier parmi ceux abordés dans la présente monographie.

Table des matières

PREFACE 7

CHAPITRE 1. LA PHYSIOLOGIE ACCEDE A L'ACTIVITE MENTALE 19

Les prémisses 23
- La théorie nerviste de Botkin 23
- L'expérience chronique 28
- L'innervation trophique du cœur 29
- Le nervisme de Pavlov et la physiologie de la digestion . 30
  - Le petit estomac 30
  - Le repas fictif 32
Le réflexe conditionné 34
La physiologie pénètre la sphère cognitive 44
- Le monisme pragmatique pavlovien 45

CHAPITRE 2. LE TEMPS ET L'ESPACE, DIMENSIONS PHYSIOLOGIQUES 51

Le temps 51
- Le réflexe conditionné au temps 52
- Le réflexe conditionné retardé 54
- La «commutation» 56
L'espace 58
- La «commutation» spatiale 58
- La saisie de la «source» des stimuli conditionnés 59
- Les réflexes conditionnés en comportement libre 60

CHAPITRE 3. ASSOCIATIONNISME ET GESTALTISME: L'UNITE ENTRE ANALYSE ET SYNTHESE DANS L'ACTIVITE NERVEUSE SUPERIEURE 67
La fonction analytique dans l'ANS 70
- L'analyseur 70
- La méthode de recherche de la fonction analytique 72
- La capacité d'analyse des analyseurs 73
La fonction de synthèse dans l'ANS 81
- La stéréotypie dynamique 82

CHAPITRE 4. LES LEVIERS DE PAVLOV 89
Le réflexe 90
- Les théories générales 91
- La transmission nerveuse 92
- La moelle épinière et le réflexe 94
  - Le réflexe 95
  - Le réflexe conditionné et l'excitation comportementale 97
Le concept pavlovien sur l'inhibition dans l'ANS 102
- Prémisses 102
- Formes particulières de l'inhibition dans l'ANS 107
  - Inhibition innée 108
  - Inhibition acquise 109
  - Le rôle du cortex cérébral 115

CHAPITRE 5. HERACLITE ET PAVLOV: LE TONUS CENTRAL . 119
Définition 119
Le réflexe d'orientation 120
Régulation innée, non conditionnée, du tonus central 123
- La formation réticulaire 124
- Le système limbique 133
Régulation réflexe conditionnée du SNC 135
- Bases expérimentales 136
- Rôle du réflexe conditionné raccourci 142
Le tonus central et la notion d'attention 149
- Les mécanismes innés du maintien de l'attention 149
- Les mécanismes acquis du maintien de l'attention 150

CHAPITRE 6. LES NEVROSES EXPERIMENTALES 153
Historique 154
- Les expériences initiales de l'Ecole de Pavlov 154
- Les écoles américaines 157
  - L'Ecole de Liddell 157
  - L'Ecole de Gantt 157
  - L'Ecole de Massermann 158
Les «types» de systèmes nerveux centraux 159
Modalités névrogènes 163

- Surcharge de l'excitation 164
- Intensité des stimuli 164
- Complexité des stimuli 164
- Surcharge de l'inhibition 165
- Surcharge de la mobilité 166
  - Conflit entre excitation et inhibition conditionnées 166
  - Conflit entre motivations 166
  - Changement de stéréotype dynamique 167
- Affaiblissement du tonus central 168
Relations entre types de SNC et modalités névrogènes 168
Symptomatologie des névroses expérimentales 172
- Signes généraux 172
- Signes particuliers 173
  - Signes neurologiques ou neuropsychiatriques 173
  - Signes médicaux généraux 174
- Les réponses neurovégétatives et le conditionnement opérant 177
Dynamique des névroses expérimentales 178
- Dynamique spatiale 179
- Dynamique temporelle 179
Traitement des névroses expérimentales 180
- Traitement médicamenteux 180
- Traitement psychothérapeutique (fonctionnel) 181
  - Suppression de la situation névrogène 181
  - La thérapie «de groupe» 181
- Traitement physiothérapique 182

CHAPITRE 7. LA DIMENSION PSYCHOPHARMACOLOGIQUE . 185

A l'aube de la psychopharmacologie 187
Tonus central et modulations pharmacologiques 191
- Modulation du tonus central par les médicaments psychotropes .. 192
- Modulation des effets pharmacologiques par les variations innées du tonus central 194
- Le réflexe conditionné raccourci comme modulateur pharmacologique . 195
L'apport méthodologique 209

L'AVENIR DE PAVLOV 215

ANNEXES

A. L'UNIVERS CREATIF DE P.S. KUPALOV 225

B. FAITS ET IDEOLOGIES DANS LA SAGA PAVLOVIENNE . 241

C. ELEMENTS DE BIOGRAPHIE PROFESSIONNELLE 248

D. LETTRE A LA JEUNESSE 251

BIBLIOGRAPHIE 253

PSYCHOLOGIE ET SCIENCES HUMAINES
collection publiée sous la direction de MARC RICHELLE

1 Dr Paul Chauchard: LA MAITRISE DE SOI, 9ᵉ éd.
5 François Duyckaerts: LA FORMATION DU LIEN SEXUEL, 9ᵉ éd.
7 Paul-A. Osterrieth: FAIRE DES ADULTES, 16ᵉ éd.
9 Daniel Widlöcher: L'INTERPRETATION DES DESSINS D'ENFANTS, 9ᵉ éd.
11 Berthe Reymond-Rivier: LE DEVELOPPEMENT SOCIAL DE L'ENFANT ET DE L'ADOLESCENT, 9ᵉ éd.
12 Maurice Dongier: NEVROSES ET TROUBLES PSYCHOSOMATIQUES, 7ᵉ éd.
15 Roger Mucchielli: INTRODUCTION A LA PSYCHOLOGIE STRUCTURALE, 3ᵉ éd.
16 Claude Köhler: JEUNES DEFICIENTS MENTAUX, 4ᵉ éd.
21 Dr P. Geissmann et Dr R. Durand: LES METHODES DE RELAXATION, 4ᵉ éd.
22 H. T. Klinkhamer-Steketée: PSYCHOTHERAPIE PAR LE JEU, 3ᵉ éd.
23 Louis Corman: L'EXAMEN PSYCHOLOGIQUE D'UN ENFANT, 3ᵉ éd.
24 Marc Richelle: POURQUOI LES PSYCHOLOGUES?, 6ᵉ éd.
25 Lucien Israel: LE MEDECIN FACE AU MALADE, 5ᵉ éd.
26 Francine Robaye-Geelen: L'ENFANT AU CERVEAU BLESSE, 2ᵉ éd.
27 B.F. Skinner: LA REVOLUTION SCIENTIFIQUE DE L'ENSEIGNEMENT, 3ᵉ éd.
28 Colette Durieu: LA REEDUCATION DES APHASIQUES
29 J.C. Ruwet: ETHOLOGIE: BIOLOGIE DU COMPORTEMENT, 3ᵉ éd.
30 Eugénie De Keyser: ART ET MESURE DE L'ESPACE
32 Ernest Natalis: CARREFOURS PSYCHOPEDAGOGIQUES
33 E. Hartmann: BIOLOGIE DU REVE
34 Georges Bastin: DICTIONNAIRE DE LA PSYCHOLOGIE SEXUELLE
35 Louis Corman: PSYCHO-PATHOLOGIE DE LA RIVALITE FRATERNELLE
36 Dr G. Varenne: L'ABUS DES DROGUES
37 Christian Debuyst, Julienne Joos: L'ENFANT ET L'ADOLESCENT VOLEURS
38 B.-F. Skinner: L'ANALYSE EXPERIMENTALE DU COMPORTEMENT, 2ᵉ éd.
39 D.J. West: HOMOSEXUALITE
40 R. Droz et M. Rahmy: LIRE PIAGET, 3ᵉ éd.
41 José M.R. Delgado: LE CONDITIONNEMENT DU CERVEAU ET LA LIBERTE DE L'ESPRIT
42 Denis Szabo, Denis Gagné, Alice Parizeau: L'ADOLESCENT ET LA SOCIETE, 2ᵉ éd.
43 Pierre Oléron: LANGAGE ET DEVELOPPEMENT MENTAL, 2ᵉ éd.
44 Roger Mucchielli: ANALYSE EXISTENTIELLE ET PSYCHOTHERAPIE PHENOMENO-STRUCTURALE
45 Gertrud L. Wyatt: LA RELATION MERE-ENFANT ET L'ACQUISITION DU LANGAGE, 2ᵉ éd.
46 Dr Etienne De Greeff: AMOUR ET CRIMES D'AMOUR
47 Louis Corman: L'EDUCATION ECLAIREE PAR LA PSYCHANALYSE
48 Jean-Claude Benoit et Mario Berta: L'ACTIVATION PSYCHOTHERAPIQUE
49 T. Ayllon et N. Azrin: TRAITEMENT COMPORTEMENTAL EN INSTITUTION PSYCHIATRIQUE
50 G. Rucquoy: LA CONSULTATION CONJUGALE
51 R. Titone: LE BILINGUISME PRECOCE
52 G. Kellens: BANQUEROUTE ET BANQUEROUTIERS
53 François Duyckaerts: CONSCIENCE ET PRISE DE CONSCIENCE
54 Jacques Launay, Jacques Levine et Gilbert Maurey: LE REVE EVEILLE-DIRIGE ET L'INCONSCIENT
55 Alain Lieury: LA MEMOIRE
56 Louis Corman: NARCISSISME ET FRUSTRATION D'AMOUR
57 E. Hartmann: LES FONCTIONS DU SOMMEIL
58 Jean-Marie Paisse: L'UNIVERS SYMBOLIQUE DE L'ENFANT ARRIERE MENTAL
59 Jacques Van Rillaer: L'AGRESSIVITE HUMAINE
60 Georges Mounin: LINGUISTIQUE ET TRADUCTION
61 Jérôme Kagan: COMPRENDRE L'ENFANT
62 Michael S. Gazzaniga: LE CERVEAU DEDOUBLE
63 Paul Cazayus: L'APHASIE
64 X. Seron, J.L. Lambert, M. Van der Linden: LA MODIFICATION DU COMPORTEMENT
65 W. Huber: INTRODUCTION A LA PSYCHOLOGIE DE LA PERSONNALITE, 2ᵉ éd.
66 Emile Meurice: PSYCHIATRIE ET VIE SOCIALE
67 J. Château, H. Gratiot-Alphandéry, R. Doron et P. Cazayus: LES GRANDES PSYCHOLOGIES MODERNES
68 P. Sifnéos: PSYCHOTHERAPIE BREVE ET CRISE EMOTIONNELLE
69 Marc Richelle: B.F. SKINNER OU LE PERIL BEHAVIORISTE
70 J.P. Bronckart: THEORIES DU LANGAGE
71 Anika Lemaire: JACQUES LACAN, 2ᵉ éd. revue et augmentée
72 J.L. Lambert: INTRODUCTION A L'ARRIERATION MENTALE
73 T.G.R. Bower: DEVELOPPEMENT PSYCHOLOGIQUE DE LA PREMIERE ENFANCE
74 J. Rondal: LANGAGE ET EDUCATION
75 Sheila Kitzinger: PREPARER A L'ACCOUCHEMENT
76 Ovide Fontaine: INTRODUCTION AUX THERAPIES COMPORTEMENTALES
77 Jacques-Philippe Leyens: PSYCHOLOGIE SOCIALE, 2ᵉ éd.
78 Jean Rondal: VOTRE ENFANT APPREND A PARLER
79 Michel Legrand: LE TEST DE SZONDI
80 H.J. Eysenck: LA NEVROSE ET VOUS
81 Albert Demaret: ETHOLOGIE ET PSYCHIATRIE
82 Jean-Luc Lambert et Jean A. Rondal: LE MONGOLISME

83 Albert Bandura: L'APPRENTISSAGE SOCIAL
84 Xavier Seron: APHASIE ET NEUROPSYCHOLOGIE
85 Roger Rondeau: LES GROUPES EN CRISE?
86 J. Danset-Léger: L'ENFANT ET LES IMAGES DE LA LITTERATURE ENFANTINE
87 Herbert S. Terrace: NIM, UN CHIMPANZE QUI A APPRIS LE LANGAGE GESTUEL
88 Roger Gilbert: BON POUR ENSEIGNER?
89 Wing, Cooper et Sartorius: GUIDE POUR UN EXAMEN PSYCHIATRIQUE
90 Jean Costermans: PSYCHOLOGIE DU LANGAGE
91 Françoise Macar: LE TEMPS, PERSPECTIVES PSYCHOPHYSIOLOGIQUES
92 Jacques Van Rillaer: LES ILLUSIONS DE LA PSYCHANALYSE, 2° éd.
93 Alain Lieury: LES PROCEDES MNEMOTECHNIQUES
94 Georges Thinès: PHENOMENOLOGIE ET SCIENCE DU COMPORTEMENT
95 Rudolph Schaffer: COMPORTEMENT MATERNEL
96 Daniel Stern: MERE ET ENFANT, LES PREMIERES RELATIONS
97 R. Kempe & C. Kempe: L'ENFANCE TORTUREE
98 Jean-Luc Lambert: ENSEIGNEMENT SPECIAL ET HANDICAP MENTAL
99 Jean Morval: INTRODUCTION A LA PSYCHOLOGIE DE L'ENVIRONNEMENT
100 Pierre Oleron et al.: SAVOIRS ET SAVOIR-FAIRE PSYCHOLOGIQUES CHEZ L'ENFANT
101 Bernard I. Murstein: STYLES DE VIE INTIME
102 Rondal/Lambert/Chipman: PSYCHOLINGUISTIQUE ET HANDICAP MENTAL
103 Brédart/Rondal: L'ANALYSE DU LANGAGE CHEZ L'ENFANT
104 David Malan: PSYCHODYNAMIQUE ET PSYCHOTHERAPIE INDIVIDUELLE
105 Philippe Muller: WAGNER PAR SES REVES
106 John Eccles: LE MYSTERE HUMAIN
107 Xavier Seron: REEDUQUER LE CERVEAU
108 Moreau/Richelle: L'ACQUISITION DU LANGAGE
109 Georges Nizard: ANALYSE TRANSACTIONNELLE ET SOIN INFIRMIER
110 Howard Gardner: GRIBOUILLAGES ET DESSINS D'ENFANTS, LEUR SIGNIFICATION
111 Wilson/Otto: LA FEMME MODERNE ET L'ALCOOL
112 Edwards: DESSINER GRACE AU CERVEAU DROIT
113 Rondal: L'INTERACTION ADULTE-ENFANT
114 Blancheteau: L'APPRENTISSAGE CHEZ L'ANIMAL
115 Boutin: FORMATION ET DEVELOPPEMENTS
116 Húsen: L'ECOLE EN QUESTION
117 Ferrero/Besse: L'ENFANT ET SES COMPLEXES
118 R. Bruyer: LE VISAGE ET L'EXPRESSION FACIALE
119 J.P. Leyens: SOMMES-NOUS TOUS DES PSYCHOLOGUES?
120 J. Château: L'INTELLIGENCE OU LES INTELLIGENCES?
121 M. Claes: L'EXPERIENCE ADOLESCENTE
122 J. Hayes et P. Nutman: COMPRENDRE LES CHOMEURS
123 S. Sturdivant: LES FEMMES ET LA PSYCHOTHERAPIE
124 A. Pomerleau et G. Malcuit: L'ENFANT ET SON ENVIRONNEMENT
125 A. Van Hout et X. Seron: L'APHASIE DE L'ENFANT
126 A. Vergote: RELIGION, FOI, INCROYANCE
127 Sivadon/Fernandez-Zoïla: TEMPS DE TRAVAIL, TEMPS DE VIVRE
128 Born: JEUNES DEVIANTS OU DELINQUANTS JUVENILES?
129 Hamers/Blanc: BILINGUALITE ET BILINGUISME
130 Legrand: PSYCHANALYSE, SCIENCE, SOCIETE
131 Le Camus: PRATIQUES PSYCHOMOTRICES
132 Lars Fredén: ASPECTS PSYCHOSOCIAUX DE LA DEPRESSION
133 Mount: LA FAMILLE SUBVERSIVE
134 Magerotte: MANUEL D'EDUCATION COMPORTEMENTALE CLINIQUE
135 Dailly / Moscato: LATERALISATION ET LATERALITE CHEZ L'ENFANT
136 Bonnet / Tamine-Gardes: QUAND L'ENFANT PARLE DU LANGAGE
137 Bruyer: LES SCIENCES HUMAINES ET LES DROITS DE L'HOMME
138 Taulelle: L'ENFANT A LA RENCONTRE DU LANGAGE
139 de Boucaud: PSYCHOLOGIE DE L'ENFANT ASTHMATIQUE
140 Duruz: NARCISSE EN QUETE DE SOI
141 Feyereisen / de Lannoy: PSYCHOLOGIE DU GESTE
142 Florin et Al.: LE LANGAGE A L'ECOLE MATERNELLE
143 Debuyst: MODELE ETHOLOGIQUE ET CRIMINOLOGIE
144 Ashton / Stepney: FUMER
145 Winkel et Al.: L'IMAGE DE LA FEMME DANS LES LIVRES SCOLAIRES
146 Bideaud / Richelle: PSYCHOLOGIE DEVELOPPEMENTALE
147 Schmid-Kitsikis: THEORIE CLINIQUE ET FONCTIONNEMENT MENTAL
148 Guggenbühl / Craig: POUVOIR ET RELATION D'AIDE
149 Rondal: LANGAGE ET COMMUNICATION CHEZ LES HANDICAPES MENTAUX
150 Moscato et Al.: FONCTIONNEMENT COGNITIF ET INDIVIDUALITE
151 Château: L'HUMANISATION OU LES PREMIERS PAS DES VALEURS HUMAINES
152 Avery / Litwack: NEE TROP TOT
153 Rondal: LE DEVELOPPEMENT DU LANGAGE CHEZ L'ENFANT TRISOMIQUE 21
154 Kellens: DEVIANCES, DELINQUANCES

Hors collection

Paisse : PSYCHOPEDAGOGIE DE LA LUCIDITE
Paisse : ESSENCE DU PLATONISME
Collectif : SYSTEME AMDP
Boulangé/Lambert : LES AUTRES, L'EXPRESSION ARTISTIQUE CHEZ LES HANDICAPES MENTAUX

Manuels et Traités

2 Thinès : PSYCHOLOGIE DES ANIMAUX
3 Paulus : LA FONCTION SYMBOLIQUE ET LE LANGAGE
4 Richelle : L'ACQUISITION DU LANGAGE
5 Paulus : REFLEXES-EMOTIONS-INSTINCTS
Droz-Richelle : MANUEL DE PSYCHOLOGIE
Hurtig-Rondal : MANUEL DE PSYCHOLOGIE DE L'ENFANT (Tome 1)
Hurtig-Rondal : MANUEL DE PSYCHOLOGIE DE L'ENFANT (Tome 2)
Hurtig-Rondal : MANUEL DE PSYCHOLOGIE DE L'ENFANT (Tome 3)
Rondal-Seron : LES TROUBLES DU LANGAGE (DIAGNOSTIC ET REEDUCATION)
Fontaine/Cottraux/Ladouceur : CLINIQUES DE THERAPIE COMPORTEMENTALE